Sigmund Freud

Gesammelte Schriften

Dritter Band

Verlag
der
Wissenschaften

Sigmund Freud

Gesammelte Schriften

Dritter Band

ISBN/EAN: 9783957004123

Auflage: 1

Erscheinungsjahr: 2015

Erscheinungsort: Norderstedt, Deutschland

Hergestellt in Europa, USA, Kanada, Australien, Japan
Verlag der Wissenschaften in Hansebooks GmbH, Norderstedt

SIGM. FREUD

GESAMMELTE SCHRIFTEN

III

GESAMMELTE SCHRIFTEN

VON

SIGM. FREUD

DRITTER BAND

ERGÄNZUNGEN U. ZUSATZKAPITEL ZUR TRAUMDEUTUNG / ÜBER DEN TRAUM / BEITRÄGE ZUR TRAUMLEHRE / BEITRÄGE ZU DEN WIENER DISKUSSIONEN

INTERNATIONALER
PSYCHOANALYTISCHER VERLAG
LEIPZIG / WIEN / ZÜRICH

ERGÄNZUNGEN UND ZUSATZKAPITEL ZUR TRAUMDEUTUNG

*Im vorhergehenden II. Bande dieser Gesamtausgabe gelangte, wie dort angegeben, der Text der e r s t e n Auflage der „Traumdeutung" (1900) zum Abdruck. Die hier folgenden „Ergänzungen und Zusatzkapitel" waren größtenteils (ohne allerdings, wie es hier der Fall ist, vom Text der 1. Auflage geschieden zu sein) in den späteren Auflagen der „Traumdeutung" enthalten, gehen aber zum Teil über den Inhalt der letzten (siebenten) Auflage (1922) auch hinaus. Die Ergänzungen sind abschnittweise fortlaufend numeriert und es verweisen im II. Bande auf sie, ebenso wie auf die Zusatzkapitel, besondere Zeichen [***E 1*** usw. und ***Zusatzkapitel A*** usw.].*

ERGÄNZUNGEN ZU ABSCHNITT I: „DIE WISSENSCHAFTLICHE LITERATUR DER TRAUMPROBLEME"

1

Welche Auffassung der Traum in den Urzeiten der Menschheit bei den primitiven Völkern gefunden und welchen Einfluß er auf die Bildung ihrer Anschauungen von der Welt und von der Seele genommen haben mag, das ist ein Thema von so hohem Interesse, daß ich es nur ungern von der Bearbeitung in diesem Zusammenhange ausschließe. Ich verweise auf die bekannten Werke von Sir J. Lubbock, H. Spencer, E. B. Tylor u. a. und füge nur hinzu, daß uns die Tragweite dieser Probleme und Spekulationen erst begreiflich werden kann, nachdem wir die uns vorschwebende Aufgabe der „Traumdeutung" erledigt haben.

Ein Nachklang der urzeitlichen Auffassung des Traumes liegt offenbar der Traumschätzung bei den Völkern des klassischen Altertums zugrunde.[1] Es war bei ihnen Voraussetzung, daß die Träume mit der Welt übermenschlicher Wesen, an die sie glaubten, in Beziehung stünden und Offenbarungen von seiten der Götter und Dämonen brächten. Ferner drängte sich ihnen auf, daß die Träume eine für den Träumer bedeutsame Absicht hätten, in der Regel, ihm die Zukunft zu verkünden. Die außerordentliche Verschiedenheit in dem Inhalt und dem Eindruck der Träume machte es

1) Das Folgende nach Büchsenschütz' sorgfältiger Darstellung (Traum und Traumdeutung im Altertum. Berlin 1868).

allerdings schwierig, eine einheitliche Auffassung derselben durchzuführen und nötigte zu mannigfachen Unterscheidungen und Gruppenbildungen der Träume, je nach ihrem Wert und ihrer Zuverlässigkeit. Bei den einzelnen Philosophen des Altertums war die Beurteilung des Traumes natürlich nicht unabhängig von der Stellung, die sie der Mantik überhaupt einzuräumen bereit waren.

2

Zu Aristoteles: Anstatt der Stelle „was wohl einen tiefen Sinn enthüllt, wenn man davon die richtige Übersetzung trifft“:

d. h. der Traum entstammt keiner übernatürlichen Offenbarung, sondern folgt aus den Gesetzen des allerdings mit der Gottheit verwandten menschlichen Geistes. Der Traum wird definiert als die Seelentätigkeit des Schlafenden, insofern er schläft.

Weiter unten die Notiz:

Über die Beziehung des Traumes zu den Krankheiten handelt der griechische Arzt Hippokrates in einem Kapitel seines berühmten Werkes.

Der letzte Satz dieses Abschnittes ist in späteren Auflagen weggeblieben. Es handelt sich übrigens nicht um eine, sondern um zwei Schriften des Aristoteles.

3

Gruppe (Griechische Mythologie und Religionsgeschichte, p. 390) gibt eine solche Einteilung der Träume nach Makrobius und Artemidoros wieder: „Man teilte die Träume in zwei Klassen. Die eine sollte nur durch die Gegenwart (oder Vergangenheit) beeinflußt, für die Zukunft aber bedeutungslos sein; sie umfaßte die ἐνύπνια, *insomnia*, die unmittelbar die gegebene Vorstellung oder ihr Gegenteil wiedergeben, z. B. den Hunger oder dessen Stillung, und die φαντάσματα, welche die gegebene Vorstellung phantastisch erweitern, wie z. B. der Alpdruck, Ephialtes. Die andere Klasse dagegen galt als bestimmend für die Zukunft; zu ihr gehören: 1) die direkte Weissagung, die man im Traume empfängt (χρηματισμός, *oraculum*), 2) das Voraussagen eines bevorstehenden Ereignisses (ὅραμα, *visio*), 3) der symbolische, der Auslegung bedürftige Traum (ὄνειρος, *somnium*). Diese Theorie hat sich viele Jahrhunderte hindurch erhalten."

Mit dieser wechselnden Einschätzung der Träume stand die Aufgabe einer „Traumdeutung" im Zusammenhange. Da man von den Träumen im allgemeinen wichtige Aufschlüsse erwartete, aber nicht alle Träume unmittelbar verstand und nicht wissen konnte, ob nicht ein bestimmter unverständlicher Traum doch Bedeutsames ankündigte, war der Anstoß zu einer Bemühung gegeben, welche den unverständlichen Inhalt des Traumes durch einen einsichtlichen und dabei bedeutungsvollen ersetzen konnte. Als die größte Autorität in der Traumdeutung galt im späteren Altertum Artemidoros aus Daldis, dessen ausführliches Werk uns für die verloren gegangenen Schriften des nämlichen Inhaltes entschädigen muß.[1]

4

Zur zitierten Äußerung Burdachs:

J. H. Fichte (I, 541) spricht im selben Sinne direkt von Ergänzungsträumen und nennt diese eine von den geheimen Wohltaten selbstheilender Natur des Geistes.

5

Zur Abhängigkeit des Traumes vom Wachleben:

Am unzweideutigsten nimmt zu dieser Frage der Philosoph I. G. E. Maaß (Über die Leidenschaften, 1805) Stellung: „Die Erfahrung bestätigt unsere Behauptung, daß wir am häufigsten

1) Die weiteren Schicksale der Traumdeutung im Mittelalter siehe bei Diepgen und in den Spezialuntersuchungen von M. Förster, Gotthard u. a. Über die Traumdeutung bei den Juden handeln Almoli, Amram, Löwinger sowie neuestens, mit Berücksichtigung des psychoanalytischen Standpunktes, Lauer. Kenntnis der arabischen Traumdeutung vermitteln Drexl, F. Schwarz und der Missionär Tfinkdji, der japanischen Miura und Iwaya, der chinesischen Secker, der indischen Negelein.

von den Dingen träumen, auf welche unsere wärmsten Leidenschaften gerichtet sind. Hieraus sieht man, daß unsere Leidenschaften auf die Erzeugung unserer Träume Einfluß haben müssen. Der Ehrgeizige träumt von den (vielleicht nur in seiner Einbildung) errungenen oder noch zu erringenden Lorbeeren, indes der Verliebte sich in seinen Träumen mit dem Gegenstand seiner süßen Hoffnungen beschäftigt ... Alle sinnlichen Begierden und Verabscheuungen, die im Herzen schlummern, können, wenn sie durch irgendeinen Grund angeregt werden, bewirken, daß aus den mit ihnen vergesellschafteten Vorstellungen ein Traum entsteht oder daß sich diese Vorstellungen in einen bereits vorhandenen Traum einmischen." (Mitgeteilt von Winterstein im „Zbl. für Psychoanalyse".)

6

Zum Traumgedächtnis:

Vaschide behauptet auch, es sei oft bemerkt worden, daß man im Traume fremde Sprachen geläufiger und reiner spreche als im Wachen.

7

Zur Hypermnesie des Traumes:

Einen hypermnestischen Traum, welcher sich durch die besondere Eigentümlichkeit auszeichnet, daß sich in einem darauffolgenden Traum die Agnoszierung der zuerst nicht erkannten Erinnerung vollzieht, erzählt der Marquis d'Hervey de St. Denis (nach Vaschide, p. 232): „Ich träumte einmal von einer jungen Frau mit goldblondem Haar, die ich mit meiner Schwester plaudern sah, während sie ihr eine Stickereiarbeit zeigte. Im Traume kam sie mir sehr bekannt vor, ich meinte sogar, sie zu wiederholten Malen gesehen zu haben. Nach dem Erwachen habe ich dieses Gesicht noch lebhaft vor mir, kann es aber absolut nicht erkennen. Ich schlafe nun wieder ein; das Traumbild wiederholt sich. In diesem neuen Traume spreche ich nun die blonde Dame an und frage sie, ob ich nicht schon das Vergnügen gehabt, sie irgendwo zu treffen. ‚Gewiß,' antwortet die Dame, ‚erinnern Sie sich nur an das Seebad von Pornic.' Sofort wachte ich wieder auf und weiß mich nun mit aller Sicherheit an die Einzelheiten zu besinnen, mit denen dieses anmutige Traumgesicht verknüpft war."

Derselbe Autor (bei Vaschide, p. 233) berichtet:

Ein ihm bekannter Musiker hörte einmal im Traum eine Melodie, die ihm völlig neu erschien. Erst mehrere Jahre später fand er dieselbe in einer alten Sammlung von Musikstücken aufgezeichnet, die vorher in der Hand gehabt zu haben er sich noch immer nicht erinnert.

8

Zur Aufdeckung der Herkunft unerkannter Traumelemente:

Ich habe selbst an eigenen Träumen erfahren, wie sehr man mit der Aufdeckung der Herkunft einzelner Traumelemente vom Zufalle abhängig bleibt. So verfolgte mich durch Jahre vor der Abfassung dieses Buches das Bild eines sehr einfach gestalteten Kirchturmes, den gesehen zu haben ich mich nicht erinnern konnte. Ich erkannte ihn dann plötzlich, und zwar mit voller Sicherheit, auf einer kleinen Station zwischen Salzburg und Reichenhall. Es war in der zweiten Hälfte der neunziger Jahre, und ich hatte die Strecke im Jahre 1886 zum erstenmal befahren. In späteren Jahren, als ich mich bereits intensiv mit dem Studium der Träume beschäftigte, wurde das häufig wiederkehrende Traumbild einer gewissen merkwürdigen Lokalität mir geradezu lästig. Ich sah in bestimmter örtlicher Beziehung zu meiner Person, zu meiner Linken, einen dunklen Raum, aus dem mehrere groteske Sandsteinfiguren hervorleuchteten. Ein Schimmer von Erinnerung, dem ich nicht recht glauben wollte, sagte mir, es sei ein Eingang in einen Bierkeller; es gelang mir aber weder aufzuklären, was dieses Traumbild bedeuten wolle, noch woher es stamme.

Im Jahre 1907 kam ich zufällig nach Padua, das ich zu meinem Bedauern seit 1895 nicht wieder hatte besuchen können. Mein erster Besuch in der schönen Universitätsstadt war unbefriedigend geblieben; ich hatte die Fresken Giottos in der Madonna dell' Arena nicht besichtigen können und machte mitten auf der dahin führenden Straße Kehrt, als man mir mitteilte, das Kirchlein sei an diesem Tage gesperrt. Bei meinem zweiten Besuche, zwölf Jahre später, gedachte ich mich zu entschädigen und suchte vor allem den Weg zur Madonna dell' Arena auf. An der zu ihr führenden Straße, linker Hand von meiner Wegrichtung, wahrscheinlich an der Stelle, wo ich 1895 umgekehrt war, entdeckte ich die Lokalität, die ich so oft im Traume gesehen hatte, mit den in ihr enthaltenen Sandsteinfiguren. Es war in der Tat der Eingang in einen Restaurationsgarten.

9

Die Bemerkung „der gegenwärtig in Wien lehrt" wurde später, wohl mit Recht, gestrichen, umso mehr, als der Betreffende gestorben war.

10

Zur Wiederkehr von Erinnerungen im Traum:

Aus späterer Erfahrung füge ich hinzu, daß gar nicht so selten harmlose und unwichtige Beschäftigungen des Tages vom Traume wiederholt werden, etwa: Koffer packen, in der Küche Speisen zubereiten u. dgl. Bei solchen Träumen betont der Träumer selbst aber nicht den Charakter der Erinnerung, sondern den der „Wirklichkeit". „Ich habe das alles am Tage wirklich getan."

11

Zum Traum von Simon:

Riesenhafte Personen im Traume lassen annehmen, daß es sich um eine Szene aus der Kindheit des Träumers handelt.

Die obige Deutung auf eine Reminiszenz an Gullivers Reisen ist übrigens ein gutes Beispiel dafür, wie eine Deutung nicht sein soll. Der Traumdeuter soll nicht seinen eigenen Witz spielen lassen und die Anlehnung an die Einfälle des Träumers hintansetzen.

12

Zur ärztlichen Verwertung der Träume:

Außer dieser diagnostischen Verwertung der Träume (z. B. bei Hippokrates) muß man ihrer therapeutischen Bedeutung im Altertum gedenken.

Bei den Griechen gab es Traumorakel, welche gewöhnlich Genesung suchende Kranken aufzusuchen pflegten. Der Kranke ging in den Tempel des Apollo oder des Äskulap, dort wurde er verschiedenen Zeremonien unterworfen, gebadet, gerieben, geräuchert, und so in Exaltation versetzt, legte man ihn im Tempel auf das Fell eines geopferten Widders. Er schlief ein und träumte von Heilmitteln, die ihm in natürlicher Gestalt oder in Symbolen und Bildern gezeigt wurden, welche dann die Priester deuteten.

Weiteres über die Heilträume der Griechen bei Lehmann I, 74, Bouché-Leclerq, Hermann, Gottesd. Altert. d. Gr. § 41, Privataltert. § 38, 16, Böttinger in Sprengels Beitr. z. Gesch. d. Med. II, p. 163 ff., W. Lloyd, Magnetism and Mesmerism in antiquity, London, 1877, Döllinger, Heidentum und Judentum, p. 130.

13

Zu Mourly Vold:

Näheres über die seither in zwei Bänden veröffentlichten Traumprotokolle dieses Forschers siehe unten.

14

Zu den hypnagogischen Halluzinationen:

H. Silberer hat an schönen Beispielen gezeigt, wie sich selbst abstrakte Gedanken im Zustande der Schläfrigkeit in anschaulich-plastische Bilder umsetzen, die das nämliche ausdrücken wollen. (Jahrbuch von Bleuler-Freud, Band I, 1909.)

Ich werde auf diese Befunde in anderem Zusammenhange zurückkommen.

15

Zur Abwendung von der Außenwelt:

Man vergleiche hiezu das „*Désintérêt*", in dem Claparède (1905) den Mechanismus des Einschlafens findet.

16

Zu Maurys Alliterationsträumen:

An späterer Stelle wird uns der Sinn solcher Träume, die von Worten mit gleichen Anfangsbuchstaben und ähnlichem Anlaute erfüllt sind, zugänglich werden.

17

Im Anschluß an die Würdigung des Traumes bei Havelock Ellis:

J. Sully (p. 362) vertritt dieselbe Auffassung des Traumes in einer noch weiter ausgreifenden und tiefer eindringenden Weise. Seine Aussprüche verdienen um so mehr Beachtung, wenn wir hinzunehmen, daß er wie vielleicht kein anderer Psychologe von der verhüllten Sinnigkeit des Traumes überzeugt war. „*Now our dreams are a means of conserving these successive personalities. When asleep we go back to the old ways of looking at things and of feeling about them, to impulses and activities which long ago dominated us.*"

18

Andere Beurteilungen der Inkohärenz:

Bei Vaschide, der uns eine bessere Kenntnis des Buches von d'Hervey vermittelt, finden wir, daß sich dieser Autor in folgender Art über die scheinbare Inkohärenz der Träume äußert. „*L'image du rêve est la copie de l'idée. Le principal est l'idée; la vision n'est qu'accessoire. Ceci établi, il faut savoir suivre la marche des idées, il faut savoir analyser le tissu des rêves; l'incohérence devient alors compréhensible, les conceptions les plus fantasques deviennent des faits simples et parfaitement logiques*" (p. 146). Und (p. 147): „*Les rêves les plus bizarres trouvent même une explication des plus logiques quand on sait les analyser.*"

J. Stärcke hat darauf aufmerksam gemacht, daß eine ähnliche Auflösung der Trauminkohärenz von einem alten Autor, Wolf Davidson, der mir unbekannt war, 1799 verteidigt worden ist (p. 136): „Die sonderbaren Sprünge unserer Vorstellungen im Traume haben alle ihren Grund in dem Gesetze der Assoziation, nur daß diese Verbindung manchmal sehr dunkel in der Seele vorgeht, so daß wir oft einen Sprung der Vorstellung zu beobachten glauben, wo doch keiner ist.

19

Zur Einschätzung des Traumes:

Der geistreiche Mystiker Du Prel, einer der wenigen Autoren, denen ich die Vernachlässigung in früheren Auflagen dieses Buches abbitten möchte, äußert, nicht das Wachen, sondern der Traum sei die Pforte zur Metaphysik, soweit sie den Menschen betrifft (Philosophie der Mystik, p. 59).

20

Zur Diskussion über die scheinbare Dauer der Träume:

Weitere Literatur und kritische Erörterung dieser Probleme in der Pariser Dissertation der Tobowolska (1900).

21

Zur geistigen Überleistung im Traume:

Vgl. die Kritik bei H. Ellis, World of Dreams, p. 268.

22

Zur ethischen Würdigung des Traumlebens:

Im Gegensatz hiezu meint Plato, diejenigen seien die besten, denen das, was andere wachend tun, nur im Traume einfalle.

23

Ebendazu:

Es ist nicht ohne Interesse zu erfahren, wie sich die heilige Inquisition zu unserem Problem gestellt. Im Tractatus de Officio sanctissimae Inquisitionis des Thomas Careña, Lyoner Ausgabe, 1659, ist folgende Stelle: „Spricht jemand im Traum Ketzereien aus, so sollen die Inquisitoren daraus Anlaß nehmen, seine Lebensführung zu untersuchen, denn im Schlafe pflegt das wiederzukommen, was unter Tags jemand beschäftigt hat." (Dr. Ehniger, S. Urban, Schweiz.)

24

Zum Wert des Traumes für die Selbsterkenntnis:

J. E. Erdmann äußert: „Mir hat nie ein Traum offenbart, was von einem Menschen zu halten sei, allein was ich von ihm halte und wie ich hinsichtlich seiner gesinnt bin, das habe ich bereits einigemal aus einem Traume gelernt zu meiner eigenen großen Überraschung." Und ähnlich meint J. H. Fichte: „Der Charakter unserer Träume bleibt ein weit treuerer Spiegel unserer Gesamtstimmung, als was wir davon durch die Selbstbeobachtung des Wachens erfahren."

25

Über das psychisch Unterdrückte:

Ganz ähnlich äußert sich der Dichter Anatole France (Lys rouge): *Ce que nous voyons la nuit, ce sont les restes malheureux de ce que nous avons négligé dans la veille. Le rêve est souvent la revanche des choses qu'on méprise ou le reproche des êtres abandonnés.*

26

Zum Thema: Traum und Geisteskrankheiten:

Spätere Autoren, die solche Beziehungen behandeln, sind: Féré, Ideler, Laségue, Pichon, Régis, Vespa, Gießler, Kazodowsky, Pachantoni u. a.

27

Zusatz 1909:

Es bedarf einer Rechtfertigung, daß ich die Literatur der Traumprobleme nicht auch über den Zeitabschnitt vom ersten Erscheinen bis zur zweiten Auflage dieses Buches fortgeführt habe. Dieselbe mag dem Leser wenig befriedigend erscheinen; ich bin nichstdestoweniger durch sie bestimmt worden. Die Motive, die mich überhaupt zu einer Darstellung der Behandlung des Traumes in der Literatur veranlaßt hatten, waren mit der vorstehenden Einleitung erschöpft; eine Fortsetzung dieser Arbeit hätte mich außerordentliche Bemühung gekostet und — sehr wenig Nutzen oder Belehrung gebracht. Denn der in Rede stehende Zeitraum von neun Jahren hat weder an tatsächlichem Material noch an Gesichtspunkten für die Auffassung des Traumes Neues oder Wertvolles gebracht. Meine Arbeit ist in den meisten seither veröffentlichten Publikationen unerwähnt und unberücksichtigt geblieben; am wenigsten Beachtung hat sie natürlich bei den sogenannten „Traumforschern" gefunden, die von der dem wissenschaftlichen Menschen eigenen Abneigung, etwas Neues zu erlernen, hiemit ein glänzendes Beispiel gegeben haben, „*Les savants ne sont pas curieux,*" meint der Spötter Anatole France. Wenn es in der Wissenschaft ein Recht zur Revanche gibt, so wäre ich wohl berechtigt, auch meinerseits die Literatur seit dem Erscheinen dieses Buches zu vernachlässigen. Die wenigen Berichterstattungen, die sich in wissenschaftlichen Journalen gezeigt haben, sind so voll von Unverstand und Mißverständnissen, daß ich den Kritikern mit nichts anderem als mit der Aufforderung, dieses Buch noch einmal zu lesen, antworten könnte. Vielleicht dürfte die Aufforderung auch lauten: es überhaupt zu lesen.

In den Arbeiten jener Ärzte, welche sich zur Anwendung des psychoanalytischen Heilverfahrens entschlossen haben, und anderer sind reichlich Träume veröffentlicht und nach meinen Anweisungen gedeutet worden. Soweit diese Arbeiten über die Bestätigung meiner Aufstellungen hinausgehen, habe ich deren Ergebnisse in den Zusammenhang meiner Darstellung eingetragen. Ein zweites Literaturverzeichnis am Ende stellt die wichtigsten Veröffentlichungen seit dem ersten Erscheinen dieses Buches zusammen. Das reichhaltige Buch von Sante de Sanctis über die Träume, dem bald nach seinem Erscheinen eine Übersetzung ins Deutsche zuteil geworden ist, hat sich mit meiner „Traumdeutung" zeitlich gekreuzt, so daß ich von ihm ebensowenig Notiz nehmen konnte wie der italienische Autor von mir. Ich mußte dann leider urteilen, daß seine fleißige Arbeit überaus arm an Ideen sei, so arm, daß man aus ihr nicht einmal die Möglichkeit der bei mir behandelten Probleme ahnen könnte.

Ich habe nur zweier Erscheinungen zu gedenken, die nahe an meine Behandlung der Traumprobleme streifen. Ein jüngerer Philosoph, H. Swoboda, der es unternommen hat, die Entdeckung der biologischen Periodizität (in Reihen von 23 und 28 Tagen), die von Wilh. Fließ herrührt, auf das psychische Geschehen auszudehnen, hat in einer phantasievollen Schrift[1] mit diesem Schlüssel unter anderem auch das Rätsel der Träume lösen wollen. Die Bedeutung der Träume wäre dabei zu kurz gekommen; das Inhaltsmaterial derselben würde sich durch das Zusammentreffen all jener Erinnerungen erklären, die in jener Nacht gerade eine der biologischen Perioden zum ersten- oder n-tenmal vollenden. Eine persönliche Mitteilung des Autors ließ mich zuerst annehmen, daß er selbst diese Lehre nicht mehr ernsthaft vertreten wolle. Es scheint, daß ich mich in diesem Schluß geirrt habe; ich werde an anderer Stelle einige Beobachtungen zu der Aufstellung Swobodas mitteilen, die mir aber ein überzeugendes Ergebnis nicht gebracht haben. Bei weitem erfreulicher war mir der Zufall, an unerwarteter Stelle eine Auffassung des Traumes zu finden, die sich mit dem Kern der

1) H. Swoboda, Die Perioden des menschlichen Organismus, 1904.

meinigen völlig deckt. Die Zeitverhältnisse schließen die Möglichkeit aus, daß jene Äußerung durch die Lektüre meines Buches beeinflußt worden sei; ich muß also in ihr die einzige in der Literatur nachweisbare Übereinstimmung eines unabhängigen Denkers mit dem Wesen meiner Traumlehre begrüßen. Das Buch, in dem sich die von mir ins Auge gefaßte Stelle über das Träumen findet, ist 1900 in zweiter Auflage unter dem Titel „Phantasien eines Realisten" von Lynkeus veröffentlicht worden.

Zusatz 1914:

Die vorstehende Rechtfertigung ist im Jahre 1909 niedergeschrieben worden. Seither hat sich die Sachlage allerdings geändert; mein Beitrag zur „Traumdeutung" wird in der Literatur nicht mehr übersehen. Allein die neue Situation macht mir die Fortsetzung des vorstehenden Berichtes erst recht unmöglich. Die „Traumdeutung" hat eine ganze Reihe neuer Behauptungen und Probleme gebracht, die nun von den Autoren in verschiedenster Weise erörtert worden sind. Ich kann diese Arbeiten doch nicht darstellen, ehe ich meine eigenen Ansichten entwickelt habe, auf welche die Autoren sich beziehen. Was mir an dieser neuesten Literatur wertvoll erschien, habe ich darum im Zusammenhange meiner nun folgenden Ausführungen gewürdigt.

ERGÄNZUNGEN ZU ABSCHNITT II „DIE METHODE DER TRAUMDEUTUNG"

1

Zu den Träumen bei Dichtern:

In einer Novelle „Gradiva" des Dichters W. Jensen entdeckte ich zufällig mehrere artifizielle Träume, die vollkommen korrekt gebildet waren und sich deuten ließen, als wären sie nicht erfunden, sondern von realen Personen geträumt worden. Der Dichter bestätigte auf Anfrage von meiner Seite, daß ihm meine Traumlehre fremd geblieben war. Ich habe diese Übereinstimmung zwischen meiner Forschung und dem Schaffen des Dichters als Beweis für die Richtigkeit meiner Traumanalyse verwertet. („Der Wahn und die Träume in W. Jensens ‚Gradiva'", erstes Heft der von mir herausgegebenen „Schriften zur angewandten Seelenkunde", 1906, dritte Auflage 1924. Ges. Schriften, Bd. IX.)

2

Zur Traumdeutung mittels Symbolik:

Aristoteles hat sich dahin geäußert, der beste Traumdeuter sei der, welcher Ähnlichkeiten am besten auffasse: denn die Traumbilder seien, wie die Bilder im Wasser, durch die Bewegung verzerrt, und der treffe am besten, der in dem verzerrten Bild das Wahre zu erkennen vermöge (Büchsenschütz, p. 65).

3

Zu Artemidoros von Daldis:

Artemidoros aus Daldis, wahrscheinlich zu Anfang des

zweiten Jahrhunderts unserer Zeitrechnung geboren, hat uns die vollständigste und sorgfältigste Bearbeitung der Traumdeutung in der griechisch-römischen Welt überliefert. Er legte, wie Th. Gomperz hervorhebt, Wert darauf, die Deutung der Träume auf Beobachtung und Erfahrung zu gründen und sonderte seine Kunst strenge von anderen, trügerischen Künsten. Das Prinzip seiner Deutungskunst ist nach der Darstellung von Gomperz identisch mit der Magie, das Prinzip der Assoziation. Ein Traumding bedeutet das, woran es erinnert. Wohlverstanden, woran es den Traumdeuter erinnert! Eine nicht zu beherrschende Quelle der Willkür und Unsicherheit ergibt sich dann aus dem Umstand, daß das Traumelement den Deuter an verschiedene Dinge und jeden an etwas anderes erinnern kann. Die Technik, die ich im folgenden auseinandersetze, weicht von der antiken in dem einen wesentlichen Punkte ab, daß sie dem Träumer selbst die Deutungsarbeit auferlegt. Sie will nicht berücksichtigen, was dem Traumdeuter, sondern was dem Träumer zu dem betreffenden Element des Traumes einfällt. — Nach neueren Berichten des Missionärs Tfinkdjit (Anthropos 1913) nehmen aber auch die modernen Traumdeuter des Orients die Mitwirkung des Träumers ausgiebig in Anspruch. Der Gewährsmann erzählt von den Traumdeutern bei den mesopotamischen Arabern: „*Pour interprêter exactement un songe, les oniromanciens les plus habiles s'informent de ceux qui les consultent de toutes les circonstances qu'ils regardent nécessaires pour la bonne explication En un mot, nos oniromanciens ne laissent aucune circonstance leur échapper et ne donnent l'interprétation désirée avant d'avoir parfaitement saisi et reçu toutes les interrogations désirables.*" Unter diesen Fragen befinden sich regelmäßig solche um genaue Angaben über die nächsten Familienangehörigen (Eltern, Frau, Kinder) sowie die typische Formel: *habistine in hac nocte copulam conjugalem ante vel post somnium?* — „*L'idée dominante dans l'interprétation des songes consiste à expliquer le rêve par son opposé.*"

4

Weiteres über die Traumdeutung der Alten:

Dr. Alfred Robitsek macht mich darauf aufmerksam, daß die orientalischen Traumbücher, von denen die unsrigen klägliche Abklatsche sind, die Deutung der Traumelemente meist nach dem Gleichklang und der Ähnlichkeit der Worte vornehmen. Da diese Verwandtschaften bei der Übersetzung in unsere Sprache verloren gehen müssen, würde daher die Unbegreiflichkeit der Ersetzungen in unseren populären „Traumbüchern" stammen. — Über diese außerordentliche Bedeutung des Wortspieles und der Wortspielerei in den alten orientalischen Kulturen mag man sich aus den Schriften Hugo Wincklers unterrichten. Das schönste Beispiel einer Traumdeutung, welches uns aus dem Altertum überliefert ist, beruht auf einer Wortspielerei. Artemidoros erzählt (p. 255): „Es scheint mir aber auch Aristandros dem Alexandros von Makedonien eine gar glückliche Auslegung gegeben zu haben, als dieser Tyros eingeschlossen hielt und belagerte und wegen des großen Zeitverlustes, unwillig und betrübt, das Gefühl hatte, er sehe einen Satyros auf seinem Schilde tanzen; zufällig befand sich Aristandros in der Nähe von Tyros und im Geleite des Königs, der die Syrier bekriegte. Indem er nun das Wort Satyros in σὰ und Τύρος zerlegte, bewirkte er, daß der König die Belagerung nachdrücklicher in Angriff nahm, so daß er Herr der Stadt wurde." (Σὰ — Τύρος = dein ist Tyros.) — Übrigens hängt der Traum so innig am sprachlichen Ausdruck, daß Ferenczi mit Recht bemerken kann, jede Sprache habe ihre eigene Traumsprache. Ein Traum ist in der Regel unübersetzbar in andere Sprachen und ein Buch wie das vorliegende, meinte ich, darum auch. Nichtsdestoweniger ist es Dr. A. A. Brill in New York gelungen, eine englische Übersetzung der „Traumdeutung" zu schaffen (London 1913, George Allen & Co.). Lopez Ballesteros hat 1925 eine spanische Übertragung gegeben, eine russische erschien 1913 in Moskau, eine ungarische und eine französische sind in Vorbereitung.

5

Zur Verwandlung der Vorstellungen in Traumbilder:

H. Silberer hat aus der direkten Beobachtung dieser Umsetzung von Vorstellungen in Gesichtsbilder wichtige Beiträge zur Deutung der Träume gewonnen. (Jahrbuch f. psychoanalyt. Forschungen I u. II, 1909 u. ff.)

6

Zur Methode der kritiklosen Selbstbeobachtung:

Die hier geforderte Einstellung auf anscheinend „freisteigende" Einfälle mit Verzicht auf die sonst gegen diese geübte Kritik scheint manchen Personen nicht leicht zu werden. Die „ungewollten Gedanken" pflegen den heftigsten Widerstand, der sie am Auftauchen hindern will, zu entfesseln. Wenn wir aber unserem großen Dichterphilosophen Fr. Schiller Glauben schenken, muß eine ganz ähnliche Einstellung auch die Bedingung der dichterischen Produktion enthalten. An einer Stelle seines Briefwechsels mit Körner, deren Aufspürung Otto Rank zu danken ist, antwortet Schiller auf die Klage seines Freundes über seine mangelnde Produktivität: „Der Grund deiner Klage liegt, wie mir scheint, in dem Zwange, den dein Verstand deiner Imagination auflegt. Ich muß hier einen Gedanken hinwerfen und ihn durch ein Gleichnis versinnlichen. Es scheint nicht gut und dem Schöpfungswerke der Seele nachteilig zu sein, wenn der Verstand die zuströmenden Ideen, gleichsam an den Toren schon, zu scharf mustert. Eine Idee kann, isoliert betrachtet, sehr unbeträchtlich und sehr abenteuerlich sein, aber vielleicht wird sie durch eine, die nach ihr kommt, wichtig, vielleicht kann sie in einer gewissen Verbindung mit anderen, die vielleicht ebenso abgeschmackt scheinen, ein sehr zweckmäßiges Glied abgeben: —

Alles das kann der Verstand nicht beurteilen, wenn er sie nicht so lange festhält, bis er sie in Verbindung mit diesen anderen angeschaut hat. Bei einem schöpferischen Kopfe hingegen, däucht mir, hat der Verstand seine Wache von den Toren zurückgezogen, die Ideen stürzen *pêle-mêle* herein, und alsdann erst übersieht und mustert er den großen Haufen. — Ihr Herren Kritiker, und wie Ihr Euch sonst nennt, schämt oder fürchtet Euch vor dem augenblicklichen, vorübergehenden Wahnwitze, der sich bei allen eigenen Schöpfern findet und dessen längere oder kürzere Dauer den denkenden Künstler von dem Träumer unterscheidet. Daher Eure Klagen über Unfruchtbarkeit, weil Ihr zu früh verwerft und zu strenge sondert." (Brief vom 1. Dezember 1788.)

Und doch ist ein „solches Zurückziehen der Wache von den Toren des Verstandes", wie Schiller es nennt, ein derartiges sich in den Zustand der kritiklosen Selbstbeobachtung Versetzen keineswegs schwer.

7

Zum Traum von Irmas Injektion:

Es ist dies der erste Traum, den ich einer eingehenden Deutung unterzog.

ERGÄNZUNGEN ZU ABSCHNITT III
„DER TRAUM IST EINE WUNSCHERFÜLLUNG"

1

Zur Note über die Durstträume:

Vgl. dazu Jesaias, 29, 8: „Denn gleich wie einem Hungrigen träumet, daß er esse, wenn er aber aufwacht, so ist seine Seele noch leer; und wie einem Durstigen träumet, daß er trinke, wenn er aber aufwacht, ist er matt und durstig"

2

Zum Satze: Die Träume der kleinen Kinder sind simple Wunscherfüllungen, habe ich später

ein einschränkendes häufig hinzugesetzt. Die Erfahrung hat gezeigt, daß schon bei vier- bis fünfjährigen Kindern entstellte, der Deutung bedürftige Träume vorkommen, was unseren theoretischen Ansichten über die Bedingung der Traumentstellung gut entspricht.

3

Korrektur zur Bemerkung über die sexuelle Unkenntnis der Kinder:

Eingehendere Beschäftigung mit dem Seelenleben der Kinder belehrt uns freilich, daß sexuelle Triebkräfte in infantiler Gestaltung in der psychischen Tätigkeit des Kindes eine genügend große, nur zu lange übersehene Rolle spielen, und läßt uns an dem Glücke der Kindheit, wie die Erwachsenen es späterhin konstruieren, einigermaßen zweifeln. (Vgl. des Verfassers „Drei Abhandlungen zur Sexualtheorie" 1905 und 5. Aufl. 1922. Ges. Schriften, Bd. V.)

4

Über andere Träume von infantilem Charakter:

Es soll nicht unerwähnt bleiben, daß sich bei kleinen Kindern bald kompliziertere und minder durchsichtige Träume einzustellen pflegen, und daß andererseits Träume von so einfachem infantilen Charakter unter Umständen auch bei Erwachsenen häufig vorkommen. Wie reich an ungeahntem Inhalt Träume von Kindern im Alter von vier bis fünf Jahren bereits sein können, zeigen die Beispiele in meiner „Analyse der Phobie eines fünfjährigen Knaben“ (Jahrbuch von Bleuler-Freud I., 1909) und in Jungs „Über Konflikte der kindlichen Seele“ (ebenda II. Bd., 1910). Analytisch gedeutete Kinderträume siehe noch bei v. Hug-Hellmuth, Putnam, Raalte, Spielrein, Tausk; andere bei Banchieri, Busemann, Doglia und besonders bei Wigam, der die Wunscherfüllungstendenz derselben betont. Anderseits scheinen sich bei Erwachsenen Träume vom infantilen Typus besonders häufig wieder einzustellen, wenn sie unter ungewöhnliche Lebensbedingungen versetzt werden. So berichtet Otto Nordenskjöld in seinem Buche „Antarctic“ 1904 über die mit ihm überwinterte Mannschaft (Bd. I, p. 336): „Sehr bezeichnend für die Richtung unserer innersten Gedanken waren unsere Träume, die nie lebhafter und zahlreicher waren als gerade jetzt. Selbst diejenigen unserer Kameraden, die sonst nur ausnahmsweise träumten, hatten jetzt des Morgens, wenn wir unsere letzten Erfahrungen aus dieser Phantasiewelt miteinander austauschten, lange Geschichten zu erzählen. Alle handelten sie von jener äußeren Welt, die uns jetzt so fern lag, waren aber oft unseren jetzigen Verhältnissen angepaßt. Ein besonders charakteristischer Traum bestand darin, daß sich einer der Kameraden auf die Schulbank zurückversetzt glaubte, wo ihm die Aufgabe zuteil wurde, ganz kleinen Miniaturseehunden, die eigens für Unterrichtszwecke angefertigt waren, die Haut abzuziehen. Essen und Trinken waren übrigens die Mittelpunkte, um die sich unsere Träume am häufigsten drehten. Einer von uns, der nächtlicherweise darin exzellierte, auf große Mittagsgesellschaften zu gehen, war seelenfroh, wenn er des Morgens berichten konnte, ‚daß er ein Diner von drei Gängen eingenommen habe'; ein anderer träumte von Tabak, von ganzen Bergen Tabak; wieder andere von dem Schiff, das mit vollen Segeln auf dem offenen Wasser daherkam. Noch ein anderer Traum verdient der Erwähnung: Der Briefträger kommt mit der Post und gibt eine lange Erklärung, warum diese so lange habe auf sich warten lassen, er habe sie verkehrt abgeliefert und erst nach großer Mühe sei es ihm gelungen, sie wieder zu erlangen. Natürlich beschäftigte man sich im Schlaf mit noch unmöglicheren Dingen, aber der Mangel an Phantasie in fast allen Träumen, die ich selbst träumte oder erzählen hörte, war ganz auffallend. Es würde sicher von großem psychologischen Interesse sein, wenn alle diese Träume aufgezeichnet würden. Man wird aber leicht verstehen können, wie ersehnt der Schlaf war, da er uns alles bieten konnte, was ein jeder von uns am glühendsten begehrte." Nach Du Prel (p. 231) zitiere ich noch: „Mungo Park, auf einer Reise in Afrika dem Verschmachten nahe, träumte ohne Aufhören von wasserreichen Tälern und Auen seiner Heimat. So sah sich auch der von Hunger gequälte Trenck in der Sternschanze zu Magdeburg von üppigen Mahlzeiten umgeben, und George Back, Teilnehmer der ersten Expedition Franklins, als er infolge furchtbarer Entbehrungen dem Hungertode nahe war, träumte stets und gleichmäßig von reichen Mahlzeiten."

5

Zum Träumen der Tiere:

Ein ungarisches, von Ferenczi angezogenes Sprichwort behauptet vollständiger, daß „das Schwein von Eicheln, die Gans von Mais träumt". Ein jüdisches Sprichwort lautet: „Wovon träumt das Huhn? — Von Hirse." (Sammlung jüd. Sprichw. u. Redensarten, herausg. v. Bernstein, 2. Aufl., S. 116.)

6

Zur Wunscherfüllung des Traumes:

Es liegt mir fern zu behaupten, daß noch niemals ein Autor vor mir daran gedacht habe, einen Traum von einem Wunsch abzuleiten. (Vgl. die ersten Sätze des nächsten Abschnittes.) Wer auf solche Andeutungen Wert legt, könnte schon aus dem Altertum den unter dem ersten Ptolemäus lebenden Arzt Herophilos anführen, der nach Büchsenschütz (p. 33) drei Arten von Träumen unterschied: gottgesandte, natürliche, welche entstehen, indem die Seele sich ein Bild dessen schafft, was ihr zuträglich ist und was eintreten wird, und gemischte, die von selbst durch Annäherung von Bildern entstehen, wenn wir das sehen, was wir wünschen. Aus der Beispielsammlung von Scherner weiß J. Stärcke einen Traum hervorzuheben, der vom Autor selbst als Wunscherfüllung bezeichnet wird (p. 239). Scherner sagt: „Den wachen Wunsch der Träumerin erfüllte die Phantasie sofort einfach darum, weil er im Gemüte derselben lebhaft bestand." Dieser Traum steht unter den „Stimmungsträumen"; in seiner Nähe befinden sich Träume für „männliches und weibliches Liebessehnen" und für „verdrießliche Stimmung". Es ist, wie man sieht, keine Rede davon, daß Scherner dem Wünschen für den Traum eine andere Bedeutung zuschrieb als irgendeinem sonstigen Seelenzustand des Wachens, geschweige denn, daß er den Wunsch mit dem Wesen des Traumes in Zusammenhang gebracht hätte.

ERGÄNZUNGEN ZU ABSCHNITT IV „DIE TRAUMENTSTELLUNG"

1

Nachtrag zur Wunscherfüllung in der Literatur:

Schon der Neuplatoniker Plotin sagte: „Wenn die Begierde sich regt, dann kommt die Phantasie und präsentiert uns gleichsam das Objekt derselben" (Du Prel, p. 276).

2

Zur Mahnung, Angstträume nicht vor ihrer Deutung zu beurteilen:

Es ist ganz unglaublich, mit welcher Hartnäckigkeit sich Leser und Kritiker dieser Erwägung verschließen und die grundlegende Unterscheidung von manifestem und latentem Trauminhalt unbeachtet lassen. — Keine der in der Literatur niedergelegten Äußerungen kommt aber dieser meiner Aufstellung so sehr entgegen wie eine Stelle in J. Sullys Aufsatz: „Dreams as a revelation", deren Verdienst dadurch nicht geschmälert werden soll, daß ich sie erst hier anführe: *„It would seem then, after all, that dreams are not the utter nonsense they have been said to be by such authorities as Chaucer, Shakespeare and Milton. The chaotic aggregations of our nightfancy have a significance and communicate new knowledge. Like some letter in cipher, the dream-inscription when scrutinised closely loses its first look of balderdash and takes on the aspect of a serious, intelligible message. Or, to vary the figure slightly, we may say that, like some palimpsest, the* *dream discloses beneath its worthless surface-characters traces of an old and precious communication*" (p. 364).

3

Mitteilung eines Traumes, der die Traumzensur in ausgezeichneter Weise verdeutlicht:

Frau Dr. H. v. Hug-Hellmuth hat im Jahre 1915 (Internat. Zeitschr. f. ärztl. Psychoanalyse III) einen Traum mitgeteilt, der vielleicht wie kein anderer geeignet ist, meine Namengebung zu rechtfertigen. Die Traumentstellung arbeitet in diesem Beispiel mit demselben Mittel wie die Briefzensur, um die Stellen auszulöschen, die ihr anstößig erscheinen. Die Briefzensur macht solche Stellen durch Überstreichen unlesbar, die Traumzensur ersetzt sie durch ein unverständliches Gemurmel.

Zum Verständnis des Traumes sei mitgeteilt, daß die Träumerin, eine hochangesehene, feingebildete Dame, fünfzig Jahre zählt, Witwe eines vor ungefähr zwölf Jahren verstorbenen höheren Offiziers und Mutter erwachsener Söhne ist, deren einer zur Zeit des Traumes im Felde steht.

Und nun der Traum von den „Liebesdiensten". „Sie geht ins Garnisonsspital Nr. 1 und sagt dem Posten beim Tor, sie müsse den Oberarzt ... (sie nennt einen ihr unbekannten Namen) sprechen, da sie im Spitale Dienst tun wolle. Dabei betont sie das Wort ‚Dienst' so, daß der Unteroffizier sofort merkt, es handle sich um ‚Liebesdienste'. Da sie eine alte Frau ist, läßt er sie nach einigem Zögern passieren. Statt aber zum Oberarzt zu kommen, gelangt sie in ein großes, düsteres Zimmer, in dem viele Offiziere und Militärärzte an einem langen Tisch stehen und sitzen. Sie wendet sich mit ihrem Antrag an einen Stabsarzt, der sie nach wenigen Worten schon versteht. Der Wortlaut ihrer Rede im Traum ist: ‚Ich und zahlreiche andere Frauen und junge Mädchen Wiens sind bereit, den Soldaten, Mannschaft und Offiziere ohne Unterschied, ...' Hier folgt im Traum ein Gemurmel. Daß dasselbe aber von allen Anwesenden richtig ver standen wird, zeigen ihr die teils verlegenen, teils hämischen Mienen der Offiziere. Die Dame fährt fort: ‚Ich weiß, daß unser Entschluß befremdend klingt, aber es ist uns bitterernst. Der Soldat im Feld wird auch nicht gefragt, ob er sterben will oder nicht.‘ Ein minutenlanges peinliches Schweigen folgt. Der Stabsarzt legt ihr den Arm um die Mitte und sagt: ‚Gnädige Frau, nehmen Sie den Fall, es würde tatsächlich dazu kommen, .‘ (Gemurmel). Sie entzieht sich seinem Arm mit dem Gedanken: Es ist doch einer wie der andere, und erwidert: ‚Mein Gott, ich bin eine alte Frau und werde vielleicht gar nicht in die Lage kommen. Übrigens, eine Bedingung müßte eingehalten werden: die Berücksichtigung des Alters; daß nicht eine ältere Frau einem ganz jungen Burschen (Gemurmel); das wäre entsetzlich.‘ — Der Stabsarzt: ‚Ich verstehe vollkommen.‘ Einige Offiziere, darunter einer, der sich in jungen Jahren um sie beworben hatte, lachen hell auf, und die Dame wünscht zu dem ihr bekannten Oberarzt geführt zu werden, damit alles ins Reine gebracht werde. Dabei fällt ihr zur größten Bestürzung ein, daß sie seinen Namen nicht kennt. Der Stabsarzt weist sie trotzdem sehr höflich und respektvoll an, über eine sehr schmale eiserne Wendeltreppe, die direkt von dem Zimmer aus in die oberen Stockwerke führt, in den zweiten Stock zu gehen. Im Hinaufsteigen hört sie einen Offizier sagen: ‚Das ist ein kolossaler Entschluß, gleichgültig, ob eine jung oder alt ist; alle Achtung!‘

Mit dem Gefühle, einfach ihre Pflicht zu tun, geht sie eine endlose Treppe hinauf.

Dieser Traum wiederholt sich innerhalb weniger Wochen noch zweimal mit — wie die Dame bemerkt — ganz unbedeutenden und recht sinnlosen Abänderungen.“

4

Zur Überkompensation der Feindseligkeit im Onkeltraum:

Solche heuchlerische Träume sind weder bei mir noch bei anderen seltene Vorkommnisse. Während ich mit der Bearbeitung eines gewissen wissenschaftlichen Problems beschäftigt bin, sucht mich mehrere Nächte kurz nacheinander ein leicht verwirrender Traum heim, der die Versöhnung mit einem längst beiseite geschobenen Freunde zum Inhalt hat. Beim vierten oder fünften Male gelingt es mir endlich, den Sinn dieser Träume zu erfassen. Er liegt in der Aufmunterung, doch den letzten Rest von Rücksicht für die betreffende Person aufzugeben, sich von ihr völlig frei zu machen, und hatte sich in so heuchlerischer Weise ins Gegenteil verkleidet. Von einer Person habe ich einen „heuchlerischen Ödipustraum" mitgeteilt, in dem sich die feindseligen Regungen und Todeswünsche der Traumgedanken durch manifeste Zärtlichkeit ersetzen. („Typisches Beispiel eines verkappten Ödipustraumes.") Eine andere Art von heuchlerischen Träumen wird an anderer Stelle (siehe Abschnitt VI „Die Traumarbeit") erwähnt werden.

5

Ausführung über Gegenwunschträume:

Fasse ich die sehr häufig vorkommenden Träume solcher Art, die meiner Lehre direkt zu widersprechen scheinen, indem sie das Versagen eines Wunsches oder das Eintreffen von etwas offenbar Ungewünschtem zum Inhalt haben, als „Gegenwunschträume" zusammen, so sehe ich, daß sie sich allgemein auf zwei Prinzipien zurückführen lassen, von denen das eine noch nicht erwähnt worden ist, obwohl es im Leben wie im Träumen der Menschen eine große Rolle spielt. Die eine Triebkraft dieser Träume ist der Wunsch, daß ich Unrecht haben soll. Diese Träume ereignen sich regelmäßig im Laufe meiner Behandlungen, wenn sich der Patient im Widerstand gegen mich befindet, und ich kann mit großer Sicherheit darauf rechnen, einen solchen Traum hervorzurufen, nachdem ich dem Kranken die Lehre, der Traum sei eine Wunscherfüllung, zuerst vorgetragen habe.[1] Ja, ich darf erwarten, daß es manchem meiner

1) Ähnliche „Gegenwunschträume" wurden mir in den letzten Jahren wiederholt

Leser ebenso ergehen wird; er wird sich bereitwillig im Traume einen Wunsch versagen, um sich nur den Wunsch, daß ich Unrecht haben möge, zu erfüllen. Der letzte Kurtraum dieser Art, den ich mitteilen will, zeigt wiederum das nämliche. Ein junges Mädchen, welches sich die Fortsetzung meiner Behandlung mühsam erkämpft hat, gegen den Willen ihrer Angehörigen und der zu Rate gezogenen Autoritäten, träumt: Zu Hause verbiete man ihr, weiter zu mir zu kommen. Sie beruft sich dann bei mir auf ein ihr gegebenes Versprechen, sie im Notfalle auch umsonst zu behandeln, und ich sage ihr: In Geldsachen kann ich keine Rücksicht üben.

Es ist wirklich nicht leicht, hier die Wunscherfüllung nachzuweisen, aber in all solchen Fällen findet sich außer dem einen Rätsel noch ein anderes, dessen Lösung auch das erste lösen hilft. Woher stammen die Worte, die sie mir in den Mund legt? Ich habe ihr natürlich nie etwas Ähnliches gesagt, aber einer ihrer Brüder, und gerade jener, der den größten Einfluß auf sie hat, war so liebenswürdig, über mich diesen Ausspruch zu tun. Der Traum will also erreichen, daß der Bruder Recht behalte, und diesem Bruder Recht verschaffen will sie nicht nur im Traume; es ist der Inhalt ihres Lebens und das Motiv ihres Krankseins.

Ein Traum, welcher der Theorie von der Wunscherfüllung auf den ersten Blick besondere Schwierigkeiten bereitet, ist von einem Arzt (Aug. Stärcke) geträumt und gedeutet worden:

„Ich habe und sehe an meinem linken Zeigefinger einen syphilitischen Primäraffekt an der letzten Phalange."

Man wird sich vielleicht von der Analyse dieses Traumes durch die Erwägung abhalten lassen, daß er ja bis auf seinen uner-

---

von meinen Hörern berichtet, als deren Reaktion auf ihr erstes Zusammentreffen mit der „Wunschtheorie des Traumes".

wünschten Inhalt klar und kohärent erscheint. Allein, wenn man die Mühe einer Analyse nicht scheut, erfährt man, daß „Primäraffekt" gleichzusetzen ist einer *„prima affectio"* (erste Liebe), und daß das widerliche Geschwür nach den Worten Stärckes „sich als Vertreter von mit großem Affekt belegten Wunscherfüllungen" erweist.[1]

Das andere Motiv der Gegenwunschträume liegt so nahe, daß man leicht in Gefahr kommt, es zu übersehen, wie mir selbst durch längere Zeit geschehen ist. In der Sexualkonstitution so vieler Menschen gibt es eine masochistische Komponente, die durch die Verkehrung ins Gegenteil der aggressiven, sadistischen entstanden ist. Man heißt solche Menschen „ideelle" Masochisten, wenn sie die Lust nicht in dem ihnen zugefügten körperlichen Schmerz, sondern in der Demütigung und seelischen Peinigung suchen. Es leuchtet ohne weiteres ein, daß diese Personen Gegenwunsch- und Unlustträume haben können, die für sie doch nichts anderes als Wunscherfüllungen sind, Befriedigung ihrer masochistischen Neigungen. Ich setze einen solchen Traum hieher: Ein junger Mann, der in früheren Jahren seinen älteren Bruder, dem er homosexuell zugetan war, sehr gequält hat, träumt nun nach gründlicher Charakterwandlung einen aus drei Stücken bestehenden Traum: I. Wie ihn sein älterer Bruder „sekkiert". II. Wie zwei Erwachsene in homosexueller Absicht miteinander schön tun. III. Der Bruder hat das Unternehmen verkauft, dessen Leitung er sich für seine Zukunft vorbehalten hat. Aus letzterem Traume erwacht er mit den peinlichsten Gefühlen, und doch ist es ein masochistischer Wunschtraum, dessen Übersetzung lauten könnte: es geschähe mir ganz recht, wenn der Bruder mir jenen Verkauf antäte, zur Strafe für alle Quälereien, die er von mir ausgestanden hat.

1) Zentralblatt für Psychoanalyse II, 1911/12.

6

Zur Auflösung der Unlustträume:

Ich verweise darauf, daß dies Thema hier nicht erledigt ist und noch später behandelt werden wird.

7

Zur Grundformel des Traumes:

Ein großer unter den lebenden Dichtern, der, wie mir gesagt wurde, von Psychoanalyse und Traumdeutung nichts wissen will, findet doch aus eigenem eine fast identische Formel für das Wesen des Traumes: „Unbefugtes Auftauchen unterdrückter Sehnsuchtswünsche unter falschem Antlitz und Namen." C. Spitteler, Meine frühesten Erlebnisse (Süddeutsche Monatshefte, Oktober 1913).

Vorgreifend führe ich hier die von Otto Rank herrührende Erweiterung und Modifikation der obigen Grundformel an: „Der Traum stellt regelmäßig auf der Grundlage und mit Hilfe verdrängten infantil-sexuellen Materials aktuelle, in der Regel auch erotische Wünsche in verhüllter und symbolisch eingekleideter Form als erfüllt dar." („Ein Traum, der sich selbst deutet.")

Ich habe an keiner Stelle gesagt, daß ich diese Ranksche Formel zur meinigen gemacht habe. Die kürzere, im Text enthaltene Fassung scheint mir zu genügen. Aber daß ich die Ranksche Modifikation überhaupt erwähnte, hat genügt, um der Psychoanalyse den ungezählte Male wiederholten Vorwurf einzutragen: sie behaupte, alle Träume haben sexuellen Inhalt. Wenn man diesen Satz so versteht, wie er verstanden werden will, so beweist er nur, wie wenig Gewissenhaftigkeit Kritiker bei ihren Geschäften zu verbrauchen pflegen, und wie gerne Gegner die klarsten Äußerungen übersehen, wenn sie ihrer Neigung zur Aggression nicht taugen, denn wenige Seiten vorher hatte ich die mannigfaltigen Wunscherfüllungen der Kinderträume erwähnt (eine Landpartie oder Seefahrt zu machen, eine ver-

versäumte Mahlzeit nachzuholen usw.), an anderen Stellen von den Hungerträumen, den Träumen auf Durstreiz, auf Exkretionsreiz, von den reinen Bequemlichkeitsträumen gehandelt. Selbst Rank stellt keine absolute Behauptung auf. Er sagt „in der Regel auch erotische Wünsche", und dies ist für die meisten Träume Erwachsener durchaus zu bestätigen.

Anders sieht es aus, wenn man „sexuell" in dem nun in der Psychoanalyse gebräuchlichen Sinne von „Eros" gebraucht. Aber das interessante Problem, ob nicht alle Träume von „libidinösen" Triebkräften (im Gegensatz zu „destruktiven") geschaffen werden, haben die Gegner kaum vor Augen gehabt.

ERGÄNZUNGEN ZU ABSCHNITT V
„DAS TRAUMMATERIAL UND DIE TRAUMQUELLEN“

1

Einschaltung über die angebliche periodische Wiederkehr des Erinnerungsmaterials in Träumen:

Hingegen konnte ich mich nicht davon überzeugen, daß zwischen dem erregenden Tageseindruck und dessen Wiederkehr im Traume ein regelmäßiges Intervall von biologischer Bedeutsamkeit (als erstes dieser Art nennt H. Swoboda achtzehn Stunden) eingeschoben ist.

H. Swoboda hat, wie in den Ergänzungen zum ersten Abschnitt (S. 14) mitgeteilt, die von W. Fließ gefundenen biologischen Intervalle von 23 und 28 Tagen in weitem Ausmaß auf das seelische Geschehen übertragen und insbesondere behauptet, daß diese Zeiten für das Auftauchen der Traumelemente in den Träumen entscheidend sind. Die Traumdeutung würde nicht wesentlich abgeändert, wenn sich solches nachweisen ließe, aber für die Herkunft des Traummaterials ergäbe sich eine neue Quelle. Ich habe nun neuerdings einige Untersuchungen an eigenen Träumen angestellt, um die Anwendbarkeit der „Periodenlehre“ auf das Traummaterial zu prüfen, und habe hiezu besonders auffällige Elemente des Trauminhaltes gewählt, deren Auftreten im Leben sich zeitlich mit Sicherheit bestimmen ließ.

I. Traum vom 1./2. Oktober 1910.

(Bruchstück) *Irgendwo in Italien. Drei Töchter zeigen*

mir kleine Kostbarkeiten, wie in einem Antiquarladen, setzen sich mir dabei auf den Schoß. Bei einem der Stücke sage ich: Das haben Sie ja von mir. Ich sehe dabei deutlich eine kleine Profilmaske mit den scharfgeschnittenen Zügen Savonarolas.

Wann habe ich zuletzt das Bild Savonarolas gesehen? Ich war nach dem Ausweis meines Reisetagebuches am 4. und 5. September in Florenz; dort dachte ich daran, meinem Reisebegleiter das Medaillon mit den Zügen des fanatischen Mönches im Pflaster der Piazza Signoria an der Stelle, wo er den Tod durch Verbrennen fand, zu zeigen, und ich meine, am 5., vormittags, machte ich ihn auf dasselbe aufmerksam. Von diesem Eindruck bis zur Wiederkehr im Traume sind allerdings 27 + 1 Tage verflossen, eine „weibliche Periode" nach Fließ. Zum Unglück für die Beweiskraft dieses Beispieles muß ich aber erwähnen, daß an dem Traumtage selbst der tüchtige, aber düster blickende Kollege bei mir war (das erstemal seit meiner Rückkunft), für den ich vor Jahren schon den Scherznamen „Rabbi Savonarola" aufgebracht habe. Er stellte mir einen Unfallkranken vor, der in dem Pontebbazug verunglückt war, in dem ich selbst acht Tage vorher gereist war, und leitete so meine Gedanken zur letzten Italienreise zurück. Das Erscheinen des auffälligen Elementes „Savonarola" im Trauminhalt ist durch diesen Besuch des Kollegen am Traumtage aufgeklärt, das achtundzwanzigtägige Intervall wird seiner Bedeutung für dessen Herleitung verlustig.

II. Traum vom 10./11. Oktober.

Ich arbeite wieder einmal Chemie im Universitätslaboratorium. Hofrat L. lädt mich ein, an einen anderen Ort zu kommen, und geht auf dem Korridor voran, eine Lampe oder sonst ein Instrument wie scharfsinnig (?) (scharfsichtig?) in der erhobenen Hand vor sich hintragend, in eigentümlicher Haltung mit vorgestrecktem

Kopf. Wir kommen dann über einen freien Platz (Rest vergessen).

Das Auffälligste in diesem Trauminhalt ist die Art, wie Hofrat L. die Lampe (oder Lupe) vor sich hinträgt, das Auge spähend in die Weite gerichtet. L. habe ich viele Jahre lang nicht mehr gesehen, aber ich weiß jetzt schon, er ist nur eine Ersatzperson für einen anderen, größeren, für den Archimedes nahe bei der Arethusaquelle in Syrakus, der genau so wie er im Traume dasteht und so den Brennspiegel handhabt, nach dem Belagerungsheer der Römer spähend. Wann habe ich dieses Denkmal zuerst (und zuletzt) gesehen? Nach meinen Aufzeichnungen war es am 17. September abends und von diesem Datum bis zum Traume sind tatsächlich 13 + 10 = 23 Tage verstrichen, eine „männliche Periode" nach Fließ.

Leider hebt das Eingehen auf die Deutung des Traumes auch hier ein Stück von der Unerläßlichkeit dieses Zusammenhanges auf. Der Traumanlaß war die am Traumtag erhaltene Nachricht, daß die Klinik, in deren Hörsaal ich als Gast meine Vorlesungen abhalte, demnächst anderswohin verlegt werden solle. Ich nahm an, daß die neue Lokalität sehr unbequem gelegen sei, sagte mir, es werde dann sein, als ob ich überhaupt keinen Hörsaal zur Verfügung habe, und von da an müßten meine Gedanken bis in den Beginn meiner Dozentenzeit zurückgegangen sein, als ich wirklich keinen Hörsaal hatte und mit meinen Bemühungen, mir einen zu verschaffen, auf geringes Entgegenkommen bei den hochvermögenden Herren Hofräten und Professoren stieß. Ich ging damals zu L., der gerade die Würde des Dekans bekleidete, und den ich für einen Gönner hielt, um ihm meine Not zu klagen. Er versprach mir Abhilfe, ließ aber dann nichts weiter von sich hören. Im Traum ist er der Archimedes, der mir gibt, ποῦ στῶ und mich selbst in die andere Lokalität geleitet. Daß den Traumgedanken weder Rachsucht noch Größenbewußtsein fremd sind, wird der Deutungskundige leicht erraten. Ich muß aber urteilen, daß ohne diesen Traumanlaß der Archimedes kaum in den Traum dieser Nacht gelangt wäre; es bleibt mir unsicher, ob der starke und noch rezente Eindruck der Statue in Siracusa sich nicht auch bei einem anderen Zeitintervall geltend gemacht hätte.

III. Traum vom 2./3. Oktober 1910.

(Bruchstück) ... *Etwas von Prof. O s e r, der selbst das Menu für mich gemacht hat, was sehr beruhigend wirkt* (anderes vergessen).

Der Traum ist die Reaktion auf eine Verdauungsstörung dieses Tages, die mich erwägen ließ, ob ich mich nicht wegen Bestimmung einer Diät an einen Kollegen wenden solle. Daß ich im Traum den im Sommer verstorbenen O s e r dazu bestimme, knüpft an den sehr kurz vorher (1. Oktober) erfolgten Tod eines anderen von mir hochgeschätzten Universitätslehrers an. Wann ist aber Oser gestorben, und wann habe ich seinen Tod erfahren? Nach dem Ausweis des Zeitungsblattes am 22. August; da ich damals in Holland weilte, wohin ich die Wiener Zeitung regelmäßig nachsenden ließ, muß ich die Todesnachricht am 24. oder 25. August gelesen haben. Dieses Intervall entspricht aber keiner Periode mehr, es umfaßt $7+30+2=39$ Tage oder vielleicht 40 Tage. Ich kann mich nicht besinnen, in der Zwischenzeit von O s e r gesprochen oder an ihn gedacht zu haben.

Solche für die Periodenlehre nicht mehr ohne weitere Bearbeitung brauchbare Intervalle ergeben sich nun aus meinen Träumen ungleich häufiger als die regulären. Konstant finde ich nur die im Text behauptete Beziehung zu einem Eindrucke des Traumtages selbst.

Auch H. E l l i s, der dieser Frage Aufmerksamkeit geschenkt hat, gibt an, daß er eine solche Periodizität der Reproduktion in seinen Träumen „trotz des Achtens darauf“ nicht finden konnte. Er erzählt einen Traum, in welchem er sich in Spanien befand und nach einem Ort: Daraus, Varaus oder Zaraus fahren wollte. Erwacht, konnte er sich an einen solchen Ortsnamen nicht erinnern und legte den Traum beiseite. Einige Monate später fand er tatsächlich den Namen Zaraus als den einer Station zwischen San Sebastian und Bilbao, welche er 250 Tage vor dem Traume mit dem Zuge passiert hatte (p. 227).

2

Einschaltung über die Rolle rezenter Eindrücke für die Traumbildung:

Einen wichtigen Beitrag, der die Rolle des Rezenten für die Traumbildung betrifft, bringt O. Pötzl in einer an Anknüpfungen überreichen Arbeit. (Experimentell erregte Traumbilder in ihren Beziehungen zum indirekten Sehen. Zeitschr. für die ges. Neurologie und Psychiatrie, XXXVII, 1917.) Pötzl ließ von verschiedenen Versuchspersonen in Zeichnung fixieren, was sie von einem tachistoskopisch exponierten Bild bewußt aufgefaßt hatten. Er kümmerte sich dann um den Traum der Versuchsperson in der folgenden Nacht und ließ geeignete Anteile dieses Traumes gleichfalls durch eine Zeichnung darstellen. Es ergab sich dann unverkennbar, daß die nicht von der Versuchsperson aufgefaßten Einzelheiten des exponierten Bildes Material für die Traumbildung geliefert hatten, während die bewußt wahrgenommenen und in der Zeichnung nach der Exposition fixierten im manifesten Trauminhalt nicht wieder erschienen waren. Das von der Traumarbeit aufgenommene Material wurde von ihr in der bekannten „willkürlichen“, richtiger: selbstherrlichen Art im Dienste der traumbildenden Tendenzen verarbeitet. Die Anregungen der Pötzlschen Untersuchung gehen weit über die Absichten einer Traumdeutung, wie sie in diesem Buche versucht wird, hinaus. Es sei noch mit einem Wort darauf hingewiesen, wie weit diese neue Art, die Traumbildung experimentell zu studieren, von der früheren groben Technik absteht, die darin bestand, schlafstörende Reize in den Trauminhalt einzuführen.

3

Zum Satze, daß sich der Traum nie mit Kleinigkeiten abgibt:

H. Ellis, der liebenswürdigste Kritiker der „Traumdeutung", schreibt (p. 169): „Da ist der Punkt, von dem an viele von uns nicht mehr imstande sein werden, F. weiter zu folgen." Allein H. Ellis hat keine Analysen von Träumen angestellt und will nicht glauben, wie unberechtigt das Urteilen nach dem manifesten Trauminhalt ist.

4

Zur Anmerkung über den „harmlosen" Markttraum:

Mit diesem Traume trat die Patientin in die psychoanalytische Behandlung ein. Ich lernte erst später verstehen, daß sie mit ihm das initiale Trauma wiederholte, von dem ihre Neurose ausging, und habe seither das gleiche Verhalten bei anderen Personen gefunden, die in ihrer Kindheit sexuellen Attentaten ausgesetzt waren und nun gleichsam deren Wiederholung im Traume herbeiwünschten.

5

Der vor diesem Zeichen stehende Traumbericht ist in späteren Auflagen aus guten Gründen nicht wiederholt worden. Träume dieser Art sind typischer Natur und entsprechen nicht Erinnerungen, sondern Phantasien, deren Sinn unschwer zu erraten ist.

6

Zur Sehnsucht nach Rom:

Ich habe seither längst erfahren, daß auch zur Erfüllung solcher lange für unerreichbar gehaltenen Wünsche nur etwas Mut erfordert wird, und bin dann ein eifriger Rompilger geworden.

7

Zu: Winckelmann oder Hannibal:

Der Schriftsteller, bei dem ich diese Stelle las, muß wohl Jean Paul gewesen sein.

8

Zum Namen Hamilkar Barkas:

In der ersten Auflage stand hier der Name: Hasdrubal, ein befremdender Irrtum, dessen Aufklärung ich in meiner „Psychopathologie des Alltagslebens“ (10. Aufl., 1924, Ges. Schriften, Bd. IV, S. 243, 245) gegeben habe.

9

Zu Masséna:

Diese Bevorzugung wird wohl auch durch den Zufall des gleichen Geburtsdatums, genau hundert Jahre später, aufzuklären sein.

10

Zu Emmersdorf:

Ein Irrtum, aber diesmal keine Fehlleistung! Ich erfuhr später, daß das Emmersdorf der Wachau nicht identisch ist mit dem gleichnamigen Asyl des Revolutionärs Fischhof.

11

Flavit et dissipati sunt:

Der ungebetene Biograph, den ich gefunden habe, Dr. Fritz Wittels, hält mir vor, daß ich in obigem Denkspruch den Namen Jehovah ausgelassen habe.

12

Zur zweiten Szene des revolutionären Traumes:

An diesem Teil des Traumes hat H. Silberer in einer inhaltsreichen Arbeit (Phantasie und Mythos, 1910) zu zeigen versucht, daß die Traumarbeit nicht nur die latenten Traumgedanken, sondern auch die psychischen Vorgänge bei der Traumbildung wiederzugeben vermöge. („Das funktionale Phänomen.“) Ich meine aber, er übersieht dabei, daß die „psychischen Vorgänge bei der Traumbildung“ für mich ein Gedankenmaterial sind, wie alles andere. In diesem übermütigen Traum bin ich offenbar stolz darauf, diese Vorgänge entdeckt zu haben.

13

Zu den Harnschwierigkeiten des Kindes:

Aus den Psychoanalysen an Neurotischen haben wir auch den intimen Zusammenhang des Bettnässens mit dem Charakterzug des Ehrgeizes erkannt.

14

Zur Mehrdeutigkeit des Traumes:

Die Übereinanderschichtung der Bedeutungen des Traumes ist eines der heikelsten, aber auch inhaltsreichsten Probleme der Traumdeutung. Wer an diese Möglichkeit vergißt, wird leicht irregehen und zur Aufstellung unhaltbarer Behauptungen über das Wesen des Traumes verleitet werden. Doch sind über dieses Thema noch viel zu wenige Untersuchungen angestellt worden. Bisher hat nur die ziemlich regelmäßige Symbolschichtung im Harnreiztraume eine gründliche Würdigung durch O. Rank erfahren (s. u.).

15

Zur Deutung somatischer Traumreize:

Ich möchte jedermann raten, die in zwei Bänden gesammelten, ausführlichen und genauen Protokolle experimentell erzeugter Träume von Mourly Vold durchzulesen, um sich zu überzeugen, wie wenig Aufklärung der Inhalt des einzelnen Traumes in den angegebenen Versuchsbedingungen findet, und wie gering überhaupt der Nutzen solcher Experimente für das Verständnis der Traumprobleme ist.

16

Zur Reaktion der Schlafenden auf Reize:

Vgl. hiezu K. Landauer, Handlungen des Schlafenden (Zeitschr. f. d. ges. Neurologie und Psychiatrie, XXXIX, 1918). Es gibt für jeden Beobachter sichtbare, sinnvolle Handlungen des

Schlafenden. Der Schläfer ist nicht absolut verblödet, im Gegenteil: er vermag logisch und willensstark zu handeln.

17

Ein anderes Beispiel von Beseitigung des Reizes durch den Traum:

In einem anderen Traume gelang es mir auf ähnliche Weise, eine diesmal von einer Sinnesreizung drohende Schlafstörung abzuwehren, aber es war nur ein Zufall, der mich in den Stand setzte, den Zusammenhang des Traumes mit dem zufälligen Traumreiz zu entdecken und solcher Art den Traum zu verstehen. Eines Morgens erwachte ich, es war im Hochsommer, in einem tirolischen Höhenort, mit dem Wissen, geträumt zu haben: Der Papst ist gestorben. Die Deutung dieses kurzen, nicht visuellen Traumes gelang mir nicht. Ich erinnerte mich nur der einen Anlehnung für den Traum, daß in der Zeitung kurze Zeit vorher ein leichtes Unwohlsein Sr. Heiligkeit gemeldet worden war. Aber im Laufe des Vormittags fragte meine Frau: „Hast du heute morgens das fürchterliche Glockenläuten gehört?“ Ich wußte nichts davon, daß ich es gehört hatte, aber ich verstand jetzt meinen Traum. Er war die Reaktion meines Schlafbedürfnisses auf den Lärm gewesen, durch den die frommen Tiroler mich wecken wollten. Ich rächte mich an ihnen durch die Folgerung, die den Inhalt des Traumes bildet, und schlief nun ganz ohne Interesse für das Geläute weiter.

18

Eine Analogie zu Napoleons Schlachtentraum:

Ein junger Advokat, der, voll von seinem ersten großen Konkurs, des Nachmittags einschläft, benimmt sich ganz ähnlich wie der große Napoleon. Er träumt von einem gewissen G. Reich in Hussiatyn, den er aus dem Konkurs kennt, aber Hussiatyn drängt sich weiter gebieterisch auf; er muß erwachen und hört seine Frau, die an einem Bronchialkatarrh leidet, heftig — husten.

19

Nach „der Wunsch zu schlafen" ist einzuschalten:

. auf den sich das bewußte Ich eingestellt hat und der nebst der Traumzensur und der später zu erwähnenden „sekundären Bearbeitung" dessen Beitrag zum Träumen darstellt .

20

Zur Bedeutung der Allgemeinstimmung für den Traum:

Dabei kann diese Stimmung selbst im Traume erhalten bleiben oder überwunden werden, so daß sie, wenn unlustvoll, ins Gegenteil umschlägt.

21

Zur Rolle der somatischen Reize:

Rank hat in einer Reihe von Arbeiten gezeigt, daß gewisse, durch Organreiz hervorgerufene Weckträume (die Harnreiz- und Pollutionsträume) besonders geeignet sind, den Kampf zwischen dem Schlafbedürfnis und den Anforderungen des organischen Bedürfnisses sowie den Einfluß des letzteren auf den Trauminhalt zu demonstrieren.

22

Zur Einleitung über typische Träume:

Der Satz, daß unsere Methode der Traumdeutung unanwendbar wird, wenn wir nicht über das Assoziationsmaterial des Träumers verfügen, fordert die Ergänzung, daß unsere Deutungsarbeit in einem Falle von diesen Assoziationen unabhängig ist, nämlich dann, wenn der Träumer symbolische Elemente im Trauminhalt verwendet hat. Wir bedienen uns dann, streng genommen, einer zweiten, auxiliären, Methode der Traumdeutung. (S. u.)

23

Anstatt dieses Abschnittes habe ich in späteren Auflagen eingesetzt:

Wir werden also mit ganz besonderen Erwartungen darangehen, unsere Technik der Traumdeutung an diesen typischen Träumen zu versuchen und uns nur sehr ungern eingestehen, daß unsere Kunst sich gerade an diesem Material nicht recht bewährt. Bei der Deutung der typischen Träume versagen in der Regel die Einfälle des Träumers, die uns sonst zum Verständnis des Traumes geleitet haben, oder sie werden unklar und unzureichend, so daß wir unsere Aufgabe mit ihrer Hilfe nicht lösen können.

Woher dies rührt, und wie wir diesem Mangel unserer Technik abhelfen, wird sich an einer späteren Stelle unserer Arbeit ergeben. Dann wird dem Leser auch verständlich werden, warum ich hier nur einige aus der Gruppe der typischen Träume behandeln kann und die Erörterung der anderen auf jenen späteren Zusammenhang verschiebe.

24

Zu den Exhibitionsträumen:

Eine Anzahl interessanter Nacktheitsträume bei Frauen, die sich ohne Schwierigkeiten auf die infantile Exhibitionslust zurückführen ließen, aber in manchen Zügen von dem oben behandelten „typischen" Nacktheitstraum abweichen, hat Ferenczi mitgeteilt.

25

Zur Darstellung vom „Geheimnis":

Dasselbe bedeutet, aus begreiflichen Gründen, im Traume die Anwesenheit der „ganzen Familie".

26

Zum untergegangenen Kinderseelenleben:

Vgl. hiezu: Analyse der Phobie eines fünfjährigen Knaben im Jahrbuch für psychoanalytische und psychopathologische Forschungen, Bd. I, 1909 (Ges. Schriften, Bd. VIII), und „Über infantile Sexualtheorien" in „Sammlung kleiner Schriften zur Neurosenlehre", zweite Folge (Ges. Schriften, Bd. V).

27

Zur Feindseligkeit gegen neue Geschwister:

Der $3^1/_2$jährige Hans, dessen Phobie Gegenstand der Analyse in der vorhin erwähnten Veröffentlichung ist, ruft im Fieber kurz nach der Geburt einer Schwester: „Ich will aber kein Schwesterchen haben." In seiner Neurose, $1^1/_2$ Jahre später, gesteht er den Wunsch, daß die Mutter das Kleine beim Baden in die Wanne fallen lassen möge, damit es sterbe, unumwunden ein. Dabei ist Hans ein gutartiges, zärtliches Kind, welches bald auch diese Schwester liebgewinnt und sie besonders gern protegiert.

28

Zur Wirkung des Todes kleiner Geschwister:

Solche in der Kindheit erlebte Sterbefälle mögen in der Familie bald vergessen worden sein, die psychoanalytische Erforschung zeigt doch, daß sie für die spätere Neurose sehr bedeutungsvoll geworden sind.

29

Bemerkung zum ganzen Thema des Verhaltens gegen Geschwister:

Beobachtungen, die sich auf das ursprünglich feindselige Verhalten von Kindern gegen Geschwister und einen Elternteil beziehen, sind seither in großer Anzahl gemacht und in der psychoanalytischen Literatur niedergelegt worden. Besonders echt und naiv hat der Dichter Spitteler diese typische kindliche Einstellung aus seiner frühesten Kindheit geschildert: „Übrigens war noch ein zweiter Adolf da. Ein kleines Geschöpf, von dem man behauptete, er wäre mein Bruder, von dem ich aber nicht begriff, wozu er nützlich sei; noch weniger, weswegen man solch ein Wesen aus ihm mache wie von mir selber. Ich genügte für mein Bedürfnis, was brauchte ich einen Bruder? Und nicht bloß unnütz war er, sondern mitunter sogar hinderlich. Wenn ich die Großmutter belästigte, wollte er sie ebenfalls belästigen, wenn ich im Kinderwagen gefahren wurde, saß er gegenüber und nahm mir die Hälfte Platz weg, so daß wir uns mit den Füßen stoßen mußten."

30

Zur Kritik am neugeborenen Schwesterchen:

In die nämlichen Worte kleidet der dreieinhalbjährige Hans die vernichtende Kritik seiner Schwester (l. c.). Er nimmt an, daß sie wegen des Mangels der Zähne nicht sprechen kann.

31

Zur Vorstellung des Kindes vom Totsein:

Von einem hochbegabten zehnjährigen Knaben hörte ich nach dem plötzlichen Tode seines Vaters zu meinem Erstaunen folgende Äußerung: Daß der Vater gestorben ist, verstehe ich, aber warum er nicht zum Nachtmahl nach Hause kommt, kann ich mir nicht erklären. — Weiteres Material zu diesem Thema findet sich in der von Frau Dr. v. Hug-Hellmuth redigierten Rubrik „Kinderseele" von „Imago", Zeitschrift für Anwendung der Psychoanalyse auf die Geisteswissenschaften, Bd. I—V, 1912—1918.

32

Unterschied von „fortsein" und „totsein".

Die Beobachtung eines psychoanalytisch geschulten Vaters erhascht auch den Moment, in dem sein geistig hochentwickeltes vierjähriges Töchterchen den Unterschied zwischen „fortsein" und „totsein" anerkennt. Das Kind machte Schwierigkeiten beim Essen und fühlte sich von einer der Aufwärterinnen in der Pension unfreundlich beobachtet. „Die Josefine soll tot sein," äußerte sie darum gegen den Vater. „Warum gerade tot sein?" fragte der Vater beschwichtigend. „Ist es nicht genug, wenn sie weggeht?" „Nein," antwortete das Kind, „dann kommt sie wieder." Für die uneingeschränkte Eigenliebe (den Narzißmus) des Kindes ist jede Störung ein *crimen laesae majestatis*, und wie die drakonische

Gesetzgebung, setzt das Gefühl des Kindes auf alle solche Vergehen nur die eine nicht dosierbare Strafe.

33

Zu den Träumen vom Tod des gleichgeschlechtlichen Elternteiles:

Der Sachverhalt wird häufig durch das Auftreten einer Straftendenz verhüllt, welche in moralischer Reaktion mit dem Verlust des geliebten Elternteiles droht.

34

Zur Entmannung des Vaters durch Zeus:

Wenigstens in einigen mythologischen Darstellungen. Nach anderen wird die Entmannung nur von Kronos an seinem Vater Uranos vollzogen.

Über die mythologische Bedeutung dieses Motivs vgl. Otto Rank, „Der Mythus von der Geburt des Helden", 5. Heft der „Schriften zur angew. Seelenkunde", 1909 und „Das Inzestmotiv in Dichtung und Sage", 1912, Kap. IX, 2.

35

Zur ersten Erwähnung des Ödipuskomplexes:

Keine der Ermittlungen der psychoanalytischen Forschung hat so erbitterten Widerspruch, ein so grimmiges Sträuben und — so ergötzliche Verrenkungen der Kritik hervorgerufen wie dieser Hinweis auf die kindlichen, im Unbewußten erhalten gebliebenen Inzestneigungen. Die letzte Zeit hat selbst einen Versuch gebracht, den Inzest, allen Erfahrungen trotzend, nur als „symbolisch" gelten zu lassen. Eine geistreiche Überdeutung des Ödipusmythus gibt, auf einer Briefstelle Schopenhauers fußend, Ferenczi in der „Imago" I, 1912. — Der hier zuerst in der „Traumdeutung" berührte „Ödipuskomplex" hat durch weitere Studien eine ungeahnt große Bedeutung für das Verständnis der Menschheitsgeschichte und der Entwicklung von Religion und Sittlichkeit gewonnen. S. Totem und Tabu, 1913 (Ges. Schriften, Bd. X).

36

Zum Hamlet:

Die obenstehenden Andeutungen zum analytischen Verständnis des Hamlet hat dann E. Jones vervollständigt und gegen andere in der Literatur niedergelegte Auffassungen verteidigt. (Das Problem des Hamlet und der Ödipuskomplex 1911.) — Weitere Bemühungen um die Analyse des Macbeth in meinem Aufsatze „Einige Charaktertypen aus der psychoanalytischen Arbeit", Imago IV, 1916 (Ges. Schriften, Bd. X), und bei L. Jekels, Shakespeares Macbeth, Imago V, 1918.

37

Zum Egoismus der Träume:

Als Ernest Jones in einem wissenschaftlichen Vortrag vor einer amerikanischen Gesellschaft vom Egoismus der Träume sprach, erhob eine gelehrte Dame gegen diese unwissenschaftliche Verallgemeinerung den Einwand, der Autor könne doch nur über die Träume von Österreichern urteilen und dürfe über die Träume von Amerikanern nichts aussagen. Sie sei für ihre Person sicher, daß alle ihre Träume streng altruistisch seien.

Zur Entschuldigung dieser rassestolzen Dame sei übrigens bemerkt, daß man den Satz, die Träume seien durchaus egoistisch, nicht mißverstehen darf. Da alles, was überhaupt im vorbewußten Denken vorkommt, in den Traum (Inhalt wie latente Traumgedanken) übertreten kann, ist diese Möglichkeit auch den altruistischen Regungen offen. In derselben Weise wird eine zärtliche oder verliebte Regung für eine andere Person, die im Unbewußten vorhanden ist, im Traume erscheinen können. Das Richtige an obigem Satz schränkt sich also auf die Tatsache ein, daß man unter den unbewußten Anregungen des Traumes sehr häufig egoistische Tendenzen findet, die im Wachleben überwunden scheinen.

38

Zur Wirkung der Bewegungsspiele:

Die analytische Untersuchung hat uns erraten lassen, daß an der Vorliebe der Kinder für gymnastische Darstellungen und an deren Wiederholung im hysterischen Anfall außer der Organlust noch ein anderes Moment beteiligt ist, das (oft unbewußte) Erinnerungsbild des (an Menschen oder Tieren) beobachteten Sexualverkehrs.

39

Der Abschnitt über die typischen Bewegungsträume ist in späteren Auflagen als allzu unzureichend ausgelassen worden.

40

Ergänzung zum Prüfungstraum:

Eine weitere Aufklärung der Prüfungsträume danke ich einer Bemerkung von Seite eines kundigen Kollegen, der einmal in einer wissenschaftlichen Unterhaltung hervorhob, daß seines Wissens der Maturatraum nur bei Personen vorkomme, die diese Prüfung bestanden haben, niemals bei solchen, die an ihr gescheitert sind. Der ängstliche Prüfungstraum, der, wie sich immer mehr bestätigt, dann auftritt, wenn man vom nächsten Tage eine verantwortliche Leistung und die Möglichkeit einer Blamage erwartet, würde also eine Gelegenheit aus der Vergangenheit herausgesucht haben, bei welcher sich die große Angst als unberechtigt erwies und durch den Ausgang widerlegt wurde. Es wäre dies ein sehr auffälliges Beispiel von Mißverständnis des Trauminhaltes durch die wache Instanz. Die als Empörung gegen den Traum aufgefaßte Einrede: Aber ich bin ja schon Doktor u. dgl., wäre in Wirklichkeit der Trost, den der Traum spendet, und der also lauten würde: Fürchte dich doch nicht vor morgen; denke daran, welche Angst du vor der Maturitätsprüfung gehabt hast, und es ist dir doch nichts geschehen. Heute bist du ja schon Doktor usw. Die Angst aber, die wir dem Traume anrechnen, stammte aus den Tagesresten.

Die Proben anf diese Erklärung, die ich bei mir und anderen anstellen konnte, haben, wenngleich sie nicht zahlreich genug waren, gut gestimmt. Ich bin z. B. als Rigorosant in gerichtlicher Medizin durchgefallen; niemals hat dieser Gegenstand mir im Traume zu schaffen gemacht, während ich häufig genug in Botanik, Zoologie oder Chemie geprüft wurde, in welchen Fächern ich mit gut begründeter Angst zur Prüfung gegangen, der Strafe aber durch Gunst des Schicksals oder des Prüfers entgangen bin. Im Gymnasialprüfungstraume werde ich regelmäßig aus Geschichte geprüft, wo ich damals glänzend bestanden habe, aber allerdings nur, weil mein liebenswürdiger Professor — der einäugige Helfer eines anderen Traumes, vgl. Bd. II, S. 18 — nicht übersehen hatte, daß auf dem Prüfungszettel, den ich ihm zurückgab, die mittlere von drei Fragen mit dem Fingernagel durchgestrichen war, zur Mahnung, daß er auf dieser Frage nicht bestehen solle. Einer meiner Patienten, der von der Matura zurückgetreten war und sie später nachgetragen hatte, dann aber bei der Offiziersprüfung durchgefallen und nicht Offizier geworden ist, berichtet mir, daß er oft genug von der ersteren, aber nie von der letzteren Prüfung träumt.

Die Prüfungsträume setzen der Deutung bereits jene Schwierigkeit entgegen, die ich vorhin als charakteristisch für die meisten der typischen Träume angegeben habe. Das Material an Assoziationen, welches uns der Träumer zur Verfügung stellt, reicht für die Deutung nur selten aus. Man muß sich das bessere Verständnis solcher Träume aus einer größeren Reihe von Beispielen zusammentragen. Vor kurzem gewann ich den sicheren Eindruck, daß die Einrede: Du bist ja schon Doktor u. dgl., nicht nur den Trost verdeckt, sondern auch einen Vorwurf andeutet. Derselbe hätte gelautet: Du bist jetzt schon so alt, schon so weit im Leben, und machst noch immer solche Dummheiten, Kindereien. Dies Gemenge von Selbstkritik und Trost würde dem latenten Inhalt der Prüfungsträume entsprechen. Es ist dann nicht weiter auffällig, wenn die Vorwürfe wegen der „Dummheiten“ und „Kindereien“ sich in den zuletzt analysierten Beispielen auf die Wiederholung beanständeter sexueller Akte bezogen.

W. Stekel, von dem die erste Deutung des „Maturatraumes“ herrührt, vertritt die Meinung, daß er sich regelmäßig auf sexuelle Erprobung und sexuelle Reife beziehe. Meine Erfahrung hat dies oft bestätigen können.

41

Auch dieser Abschnitt ist in späteren Auflagen weggeblieben.

ERGÄNZUNGEN ZU ABSCHNITT VI
„DIE TRAUMARBEIT"

1

Zur Verdichtung im Traum:

Hinweise auf die Verdichtung im Traum finden sich bei zahlreichen Autoren. Du Prel äußert an einer Stelle (p. 85), es sei absolut sicher, daß ein Verdichtungsprozeß der Vorstellungsreihe stattgefunden habe.

2

Zum Treppensteigen im „schönen" Traum:

Man denke zur Würdigung dieser Darstellung des Dichters an die im Abschnitt über Symbolik mitgeteilte Bedeutung der Stiegenträume.

3

Zur Bemerkung über den witzigen Anschein der Träume:

Immerhin gab mir dieser Vorwurf Anlaß, die Technik des Witzes mit der Traumarbeit zu vergleichen, was in dem 1905 veröffentlichten Buche „Der Witz und seine Beziehung zum Unbewußten" geschehen ist (Ges. Schriften, Bd. IX).

4

Einschaltung eines anderen Traumes mit Wortneubildung:

6) Marcinowski: „Heute früh erlebte ich zwischen Traum und Wachen eine sehr hübsche Wortverdichtung. Im Ablauf einer Fülle von kaum erinnerbaren Traumbruchstücken stutzte ich gewissermaßen über ein Wort, das ich halb wie

geschrieben, halb wie gedruckt vor mir sehe. Es lautet: ‚*erzefilisch*' und gehört zu einem Satz, der außerhalb jedes Zusammenhanges völlig isoliert in mein bewußtes Erinnern hinüberglitt; er lautete: ‚*Das wirkt erzefilisch auf die Geschlechtsempfindung.*' Ich wußte sofort, daß es eigentlich ‚erzieherisch' heißen solle, schwankte auch einigemal hin und her, ob es nicht richtiger ‚erzifilisch' hieße. Dabei fiel mir das Wort Syphilis ein, und ich zerbrach mir, noch im Halbschlaf zu analysieren beginnend, den Kopf, wie das wohl in meinen Traum hineinkäme, da ich weder persönlich noch von Berufs wegen irgendwelche Berührungspunkte mit dieser Krankheit habe. Dann fiel mir ein ‚erzihlerisch', das *e* erklärend, und zu gleicher Zeit erklärend, daß ich gestern abend von unserer ‚Erzieherin' veranlaßt wurde, über das Problem der Prostitution zu sprechen, und ich hatte ihr dabei tatsächlich, um ‚erzieherisch' auf ihr nicht ganz normal entwickeltes Empfindungsleben einzuwirken, das Buch von Hesse ‚Über die Prostitution' gegeben, nachdem ich ihr mancherlei über das Problem erzählt hatte. Und nun wurde mir auf einmal klar, daß das Wort ‚Syphilis' nicht im wörtlichen Sinne zu nehmen sei, sondern für Gift stand, in Beziehung natürlich zum Geschlechtsleben. Der Satz lautet also in der Übersetzung ganz logisch: ‚Durch meine Erzählung habe ich auf meine Erzieherin erzieherisch auf deren Empfindungsleben einwirken wollen, aber habe die Befürchtung, daß es zu gleicher Zeit vergiftend wirken könne.' Erzefilisch = erzäh — (erzieh —) (erzefilisch)."

5

Wortneubildung und Verdichtung:

Die Analyse unsinniger Wortbildungen im Traume ist besonders dazu geeignet, die Verdichtungsleistung der Traumarbeit aufzuzeigen. Man möge aus der hier verwendeten geringen Auswahl von Beispielen nicht den Schluß ziehen, daß solches Material selten oder gar nur ausnahmsweise zur Beobachtung kommt. Es ist vielmehr sehr häufig, allein die Abhängigkeit der Traumdeutung von der psychoanalytischen Behandlung hat die Folge, daß die wenigsten Beispiele angemerkt und mitgeteilt werden, und daß die mitgeteilten Analysen meist nur für den Kenner der Neurosenpathologie verständlich sind. So ein Traum von Dr. v. Karpinska (Internat. Zeitschr. f. Psychoanalyse II, 1914), der die sinnlose Wortbildung „*Svingnum elvi*" enthält. Erwähnenswert ist noch der Fall, daß im Traum ein an sich nicht bedeutungsloses Wort erscheint, das aber, seiner eigentlichen Bedeutung entfremdet, verschiedene andere Bedeutungen zusammenfaßt, zu denen es sich wie ein „sinnloses" Wort verhält. Dies ist in dem Traum von der „Kategorie" eines zehnjährigen Knaben der Fall, den V. Tausk (Zur Psychologie der Kindersexualität, Internat. Zeitschr. für Psychoanalyse I, 1913) mitteilt. „Kategorie" bedeutet hier das weibliche Genitale und „kategorieren" soviel wie urinieren.

6

Zur Herkunft der Traumreden:

Bei einem an Zwangsvorstellungen leidenden jungen Manne mit übrigens intakten und hochentwickelten intellektuellen Funktionen fand ich unlängst die einzige Ausnahme von dieser Regel. Die Reden, die in seinen Träumen vorkamen, stammten nicht von gehörten oder selbst gehaltenen Reden ab, sondern entsprachen dem unentstellten Wortlaute seiner Zwangsgedanken, die ihm im Wachen nur abgeändert zum Bewußtsein kamen.

7

Die Traumentstellung bei Popper-Lynkeus:

Da ich die Zurückführung der Traumentstellung auf die Zensur als den Kern meiner Traumauffassung bezeichnen darf, schalte ich hier das letzte Stück jener Erzählung „Träumen wie Wachen" aus den „Phantasien eines Realisten“ von Lynkeus (Wien, 2. Aufl., 1900) ein, in dem ich diesen Hauptcharakter meiner Lehre wiederfinde:

„Von einem Manne, der die merkwürdige Eigenschaft hat, niemals Unsinn zu träumen.“ — — — —

„Deine herrliche Eigenschaft, zu träumen wie zu wachen, beruht auf deinen Tugenden, auf deiner Güte, deiner Gerechtigkeit, deiner Wahrheitsliebe; es ist die moralische Klarheit deiner Natur, die mir alles an dir verständlich macht.“

„Wenn ich es aber recht bedenke,“ erwiderte der andere, „so glaube ich beinahe, alle Menschen seien so wie ich beschaffen, und gar niemand träume jemals Unsinn! Ein Traum, an den man sich so deutlich erinnert, daß man ihn nacherzählen kann, der also kein Fiebertraum ist, hat immer Sinn und es kann auch gar nicht anders sein! Denn was miteinander in Widerspruch steht, könnte sich ja nicht zu einem Ganzen gruppieren. Daß Zeit und Raum oft durcheinander gerüttelt werden, benimmt dem wahren Inhalt des Traumes gar nichts, denn sie sind beide gewiß ohne Bedeutung für seinen wesentlichen Inhalt gewesen. Wir machen es ja oft im Wachen auch so; denke an das Märchen, an so viele kühne und sinnvolle Phantasiegebilde, zu denen nur ein Unverständiger sagen würde: ‚Das ist widersinnig! Denn das ist nicht möglich!‘“

„Wenn man nur die Träume immer richtig zu deuten wüßte, so wie du das eben mit dem meinen getan hast!“ sagte der Freund.

„Das ist gewiß keine leichte Aufgabe, aber es müßte bei einiger Aufmerksamkeit dem Träumenden selbst wohl immer gelingen. — Warum es meistens nicht gelingt? Es scheint bei Euch etwas Verstecktes in den Träumen zu liegen, etwas Unkeusches eigener und höherer Art, eine gewisse Heimlichkeit in eurem Wesen, die schwer auszudenken ist; und darum scheint Euer Träumen so oft ohne Sinn, sogar ein Widersinn zu sein.

Es ist aber im tiefsten Grunde durchaus nicht so; ja, es kann gar nicht so sein, denn es ist immer derselbe Mensch, ob er wacht oder träumt."

8

Zur Synthese von Träumen:

Ich habe die vollständige Analyse und Synthese zweier Träume seither in dem „Bruchstück einer Hysterieanalyse", 1905 (Ges. Schriften, Bd. VIII) gegeben. Als die vollständigste Deutung eines längeren Traumes muß die Analyse von O. Rank, „Ein Traum, der sich selbst deutet", anerkannt werden.

9

Zu den „Kollateralen":
Ich habe diesen Namen später fallen lassen und die entsprechende Stelle folgender Art abgeändert:

Dem anderen Teil ist man gewohnt, geringe Bedeutung zuzuschreiben. Man legt auch keinen Wert auf die Behauptung, daß alle diese Gedanken an der Traumbildung beteiligt gewesen seien, vielmehr können sich Einfälle unter ihnen finden, welche an Erlebnisse nach dem Traume, zwischen den Zeitpunkten des Träumens und des Deutens, anknüpfen. Dieser Anteil umfaßt alle die Verbindungswege, die vom manifesten Trauminhalt bis zu den latenten Traumgedanken geführt haben, aber ebenso die vermittelnden und annähernden Assoziationen, durch welche man während der Deutungsarbeit zur Kenntnis dieser Verbindungswege gekommen ist.

10

Zur Bedeutung der Teilung eines Traumes in zwei Stücke:

Sicherlich gilt dies für die in eine Pollution auslaufende Traumreihe einer Nacht, in welcher das somatische Bedürfnis sich einen fortschreitend deutlicheren Ausdruck erzwingt.

11

Zur Darstellung von Gegensätzen:

Aus einer Arbeit von K. Abel, Der Gegensinn der Urworte,

1884 (siehe mein Referat im Jahrbuch f. PsA. II, 1910 [Ges. Schriften, Bd. X]), erfuhr ich die überraschende, auch von anderen Sprachforschern bestätigte Tatsache, daß die ältesten Sprachen sich in diesem Punkte ganz ähnlich benehmen wie der Traum. Sie haben anfänglich nur ein Wort für die beiden Gegensätze an den Enden einer Qualitäten- oder Tätigkeitsreihe (starkschwach, altjung, fernnah, binden-trennen) und bilden gesonderte Bezeichnungen für die beiden Gegensätze erst sekundär durch leichte Modifikationen des gemeinsamen Urwortes. Abel weist diese Verhältnisse im großen Ausmaße im Altägyptischen nach, zeigt aber deutliche Reste derselben Entwicklung auch in den semitischen und indogermanischen Sprachen auf.

12

Zur Darstellung des „Gleichwie“:

Vergleiche die Bemerkung des Aristoteles über die Eignung zum Traumdeuter (s. oben Ergänzung 2 auf S. 16).

13

Zur Bildung von Mischpersonen:

Es kann aber auch vorkommen, daß die Bildung einer solchen Mischperson mißlingt. Dann wird die Szene des Traumes der einen Person zugeschrieben und die andere — in der Regel wichtigere — tritt als sonst unbeteiligte Anwesende daneben hin. Der Träumer erzählt etwa: Meine Mutter war auch dabei (Stekel). Ein solches Element des Trauminhaltes ist dann einem Determinativum in der Hieroglyphenschrift zu vergleichen, welches nicht zur Aussprache, sondern zur Erläuterung eines anderen Zeichens bestimmt ist.

14

Zum Egoismus der Träume vgl. die Korrektur 37 zu Abschn. V (S. 47).

15

Zum Vorkommen des eigenen Ichs im Traume:

Daß das eigene Ich in einem Traume mehrmals vorkommt

oder in verschiedenen Gestaltungen auftritt, ist im Grunde nicht verwunderlicher, als daß es in einem bewußten Gedanken mehrmals und an verschiedenen Stellen oder in anderen Beziehungen enthalten ist. Z. B. im Satze: Wenn ich daran denke, was für gesundes Kind ich war.

16

Ein Beispiel einer „Mischräumlichkeit“:

Ein Träumer schafft sich eine Mischlokalität aus zwei Örtlichkeiten, in denen „Kur“ gemacht wird, aus meinem Ordinationszimmer und dem öffentlichen Lokal, in dem er zuerst seine Frau kennen gelernt hat.

17

Ein Beispiel einer phantastischen Mischperson:

In einem von Ferenczi mitgeteilten Traume kam ein Mischgebilde vor, das aus der Person eines Arztes und aus einem Pferde zusammengesetzt war und überdies ein Nachthemd anhatte. Das Gemeinsame dieser drei Bestandteile ergab sich aus der Analyse, nachdem das Nachthemd als Anspielung auf den Vater der Träumerin in einer Kindheitsszene erkannt war. Es handelte sich in allen drei Fällen um Objekte ihrer geschlechtlichen Neugierde. Sie war als Kind von ihrer Kindsfrau öfters in das militärische Gestüt mitgenommen worden, wo sie Gelegenheit hatte, ihre — damals noch ungehemmte — Neugierde ausgiebig zu befriedigen.

18

Zur Umkehrung im Traum:

Es ist ferner bemerkenswert, wie häufig die Umkehrung gerade in Träumen benötigt wird, die von verdrängten homosexuellen Regungen eingegeben werden.

19

Weiteres über die Umkehrung im Traum:

Die Umkehrung, Verwandlung ins Gegenteil, ist übrigens eines der beliebtesten, der vielseitigsten Verwendung fähigen Darstellungsmittel der Traumarbeit. Sie dient zunächst dazu, der Wunscherfüllung gegen ein bestimmtes Element der Traumgedanken Geltung zu verschaffen. Wäre es doch umgekehrt gewesen! ist oftmals der beste Ausdruck für die Reaktion des Ichs gegen ein peinliches Stück Erinnerung. Ganz besonders wertvoll wird die Umkehrung aber im Dienste der Zensur, indem sie ein Maß von Entstellung des Darzustellenden zustande bringt, welches das Verständnis des Traumes zunächst geradezu lähmt. Man darf darum, wenn ein Traum seinen Sinn hartnäckig verweigert, jedesmal den Versuch der Umkehrung mit bestimmten Stücken seines manifesten Inhaltes wagen, worauf nicht selten alles sofort klar wird.

Neben der inhaltlichen Umkehrung ist die zeitliche nicht zu übersehen. Eine häufige Technik der Traumentstellung besteht darin, den Ausgang der Begebenheit oder den Schluß des Gedankenganges zu Eingang des Traumes darzustellen und am Ende desselben die Voraussetzungen des Schlusses oder die Ursachen des Geschehens nachzutragen. Wer nicht an dieses technische Mittel der Traumentstellung gedacht hat, steht dann der Aufgabe der Traumdeutung ratlos gegenüber.[1]

Ja in manchen Fällen erhält man den Sinn des Traumes erst, wenn man an dem Trauminhalt eine mehrfache Umkehrung,

1) Derselben Technik der zeitlichen Umkehrung bedient sich manchmal der hysterische Anfall, um seinen Sinn dem Zuschauer zu verbergen. Ein hysterisches Mädchen hat z. B. in einem Anfalle einen kleinen Roman darzustellen, den sie sich im Anschluß an eine Begegnung in der Stadtbahn im Unbewußten phantasiert hat. Wie der Betreffende, durch die Schönheit ihres Fußes angezogen, sie, während sie liest, anspricht, wie sie dann mit ihm geht und eine stürmische Liebesszene erlebt. Ihr Anfall setzt mit der Darstellung dieser Liebesszene durch die Körperzuckungen ein (dabei Lippenbewegungen fürs Küssen, Verschränkung der Arme für die Umarmung), darauf eilt sie ins andere Zimmer, setzt sich auf einen Stuhl, hebt das Kleid, um den Fuß zu zeigen, tut, als ob sie in einem Buche lesen würde, und spricht mich an (gibt mir Antwort). Vgl. hiezu die Bemerkung des Artemidorus: „Bei der Auslegung von Traumgeschichten muß man sie einmal vom Anfang gegen das Ende, das andere Mal vom Ende gegen den Anfang hin ins Auge fassen ....“

nach verschiedenen Relationen, vorgenommen hat. So z. B. verbirgt sich im Traume eines jungen Zwangsneurotikers die Erinnerung an den infantilen Todeswunsch gegen den gefürchteten Vater hinter folgendem Wortlaut: *Sein Vater schimpft mit ihm, weil er so spät nach Hause kommt.* Allein der Zusammenhang der psychoanalytischen Kur und die Einfälle des Träumers beweisen, daß es zunächst lauten muß: Er ist böse auf den Vater und sodann, daß ihm der Vater auf alle Fälle zu früh (d. h. zu bald) nach Hause kam. Er hätte es vorgezogen, daß der Vater überhaupt nicht nach Hause gekommen wäre, was mit dem Todeswunsch gegen den Vater identisch ist (vgl. Ges. Schriften II, S. 256 u. dieser Bd. S. 45). Der Träumer hatte sich nämlich als kleiner Knabe während einer längeren Abwesenheit des Vaters eine sexuelle Aggression gegen eine andere Person zuschulden kommen lassen und war mit der Drohung gestraft worden: Na wart', bis der Vater zurückkommt!

20

Zur Darstellung des Trauminhalts durch formale Charaktere des Traumes:

Die Form des Traumes oder des Träumens wird in ganz überraschender Häufigkeit zur Darstellung des verdeckten Inhaltes verwendet.

Glossen über den Traum, anscheinend harmlose Bemerkungen zu demselben, dienen oft dazu, ein Stück des Geträumten in der raffiniertesten Weise zu verhüllen, während sie es doch eigentlich verraten. So z. B. wenn ein Träumer äußert: Hier ist der Traum verwischt, und die Analyse eine infantile Reminiszenz an das Belauschen einer Person ergibt, die sich nach der Defäkation reinigt. Oder in einem anderen Falle, der ausführliche Mitteilung verdient. Ein junger Mann hat einen sehr deutlichen Traum, der ihn an bewußt gebliebene Phantasien seiner Knabenjahre mahnt: Er befindet sich abends in einem Sommerhotel, irrt sich in der

Zimmernummer und kommt in einen Raum, in dem sich eine ältere Dame und ihre zwei Töchter entkleiden, um zu Bette zu gehen. Er setzt fort: Dann sind einige Lücken im Traum, da fehlt etwas, und am Ende war ein Mann im Zimmer, der mich hinauswerfen wollte, mit dem ich ringen mußte. Er bemüht sich vergebens, den Inhalt und die Absicht jener knabenhaften Phantasie zu erinnern, auf die der Traum offenbar anspielt. Aber man wird endlich aufmerksam, daß der gesuchte Inhalt durch die Äußerung über die undeutliche Stelle des Traumes bereits gegeben ist. Die „Lücken" sind die Genitalöffnungen der zu Bette gehenden Frauen: „da fehlt etwas" beschreibt den Hauptcharakter des weiblichen Genitales. Er brannte in jenen jungen Jahren vor Wißbegierde, ein weibliches Genitale zu sehen, und war noch geneigt, an der infantilen Sexualtheorie, die dem Weibe ein männliches Glied zuschreibt, festzuhalten.

In ganz ähnliche Form kleidete sich eine analoge Reminiszenz eines anderen Träumers ein. Er träumt: *Ich gehe mit Frl. K. in das Volksgartenrestaurant . .*, dann kommt eine dunkle Stelle, eine Unterbrechung .., *dann befinde ich mich in einem Bordellsalon, in dem ich zwei oder drei Frauen sehe, eine in Hemd und Höschen.*

Analyse: Frl. K. ist die Tochter seines früheren Chefs, wie er selbst zugibt, ein Schwesterersatz. Er hatte nur selten Gelegenheit, mit ihr zu sprechen, aber einmal fiel eine Unterhaltung zwischen ihnen vor, in der „man sich gleichsam in seiner Geschlechtlichkeit erkannte, als ob man sagen würde: Ich bin ein Mann und du ein Weib". Im angegebenen Restaurant war er nur einmal in Begleitung der Schwester seines Schwagers, eines Mädchens, das ihm vollkommen gleichgültig war. Ein andermal begleitete er eine Gesellschaft von drei Damen bis zum Eingange in dieses Restaurant. Die Damen waren seine Schwester, seine Schwägerin und die bereits erwähnte Schwester seines Schwagers, alle drei ihm höchst gleichgültig, aber alle drei der

Schwesterreihe angehörig. Ein Bordell hat er nur selten besucht, vielleicht zwei- oder dreimal in seinem Leben.

Die Deutung stützte sich auf die „dunkle Stelle", „Unterbrechung" im Traume, und behauptete, daß er in knabenhafter Wißbegierde einigemal, allerdings nur selten, das Genitale seiner um einige Jahre jüngeren Schwester inspiziert habe. Einige Tage später stellte sich die bewußte Erinnerung an die vom Traume angedeutete Untat ein.

Alle Träume derselben Nacht gehören ihrem Inhalt nach zu dem nämlichen Ganzen; ihre Sonderung in mehrere Stücke, deren Gruppierung und Anzahl, all das ist sinnreich und darf als ein Stück Mitteilung aus den latenten Traumgedanken aufgefaßt werden. Bei der Deutung von Träumen, die aus mehreren Hauptstücken bestehen, oder überhaupt solchen, die derselben Nacht angehören, darf man auch an die Möglichkeit nicht vergessen, daß diese verschiedenen und aufeinanderfolgenden Träume dasselbe bedeuten, die nämlichen Regungen in verschiedenem Material zum Ausdruck bringen. Der zeitlich vorangehende dieser homologen Träume ist dann häufig der entstelltere, schüchterne, der nachfolgende ist dreister und deutlicher.

Schon der biblische Traum des Pharao von den Ähren und von den Kühen, den Josef deutete, war von dieser Art. Er findet sich bei Josephus (Jüdische Altertümer, Buch II, Kap. 5 und 6) ausführlicher als in der Bibel berichtet. Nachdem der König den ersten Traum erzählt hat, sagt er: „Nach diesem ersten Traumgesicht wachte ich beunruhigt auf und dachte nach, was dasselbe wohl bedeuten möge, schlief jedoch hierüber allmählich wieder ein und hatte nun einen noch viel seltsameren Traum, der mich noch mehr in Furcht und Verwirrung gesetzt hat." Nach Anhören der Traumerzählung sagt Josef: „Dein Traum, o König, ist dem Anschein nach wohl ein zweifacher, allein beide Gesichte haben nur eine Bedeutung."

Jung, der in seinem „Beitrag zur Psychologie des Gerüchtes"

erzählt, wie der versteckt erotische Traum eines Schulmädchens von ihren Freundinnen ohne Deutung verstanden und in Abänderungen weitergeführt wurde, bemerkt zu einer dieser Traumerzählungen, „daß der Schlußgedanke einer langen Reihe von Traumbildern genau das enthält, was schon im ersten Bild der Serie darzustellen versucht worden war. Die Zensur schiebt den Komplex so lange wie möglich weg durch immer wieder erneute symbolische Verdeckungen, Verschiebungen, Wendungen ins Harmlose usw.“ (l. c. p. 87). Scherner hatte diese Eigentümlichkeit der Traumdarstellung gut gekannt und beschreibt sie im Anschluß an seine Lehre von den Organreizen als ein besonderes Gesetz (p. 166). „Endlich aber beobachtet die Phantasie in allen von bestimmten Nervenreizen ausgehenden symbolischen Traumbildungen das gemeingültige Gesetz, daß sie bei Beginn des Traumes nur in den fernsten und freiesten Andeutungen des Reizobjektes malt, am Schlusse aber, wo der malerische Erguß sich erschöpft hatte, den Reiz selbst, respektive sein betreffendes Organ oder dessen Funktion in Nacktheit hinstellt, womit der Traum, seinen organischen Anlaß selbst bezeichnend, das Ende erreicht — — —.“

Eine schöne Bestätigung dieses Schernerschen Gesetzes hat Otto Rank in seiner Arbeit: „Ein Traum, der sich selbst deutet“, geliefert. Der von ihm dort mitgeteilte Traum eines Mädchens setzte sich aus zwei auch zeitlich gesonderten Träumen einer Nacht zusammen, von denen der zweite mit einer Pollution abschloß. Dieser Pollutionstraum gestattete eine bis ins einzelne durchgeführte Deutung unter weitgehendem Verzicht auf die Beiträge der Träumerin, und die Fülle der Beziehungen zwischen den beiden Trauminhalten ermöglichte es zu erkennen, daß der erste Traum in schüchterner Darstellung dasselbe zum Ausdruck brachte wie der zweite, so daß dieser, der Pollutionstraum, zur vollen Aufklärung des ersteren verholfen hatte. Rank erörtert von diesem Beispiele aus mit gutem Recht die

Bedeutung der Pollutionsträume für die Theorie des Träumens überhaupt.

21

Über die Kritik „Das ist ja nur ein Traum" und über den „Traum im Traum":

Was die häufig während eines Traumes auftauchende Urteilsäußerung: „Das ist ja nur ein Traum" bedeute, und welcher psychischen Macht sie zuzuschreiben sei, werde ich an anderer Stelle (s. u.) erörtern. Ich nehme hier vorweg, daß sie zur Entwertung des Geträumten dienen soll. Das in der Nähe liegende, interessante Problem, was dadurch ausgedrückt wird, wenn ein gewisser Inhalt im Traum selbst als „geträumt" bezeichnet wird, das Rätsel des „Traumes im Traume", hat W. Stekel durch die Analyse einiger überzeugender Beispiele in ähnlichem Sinne gelöst. Das „Geträumte" des Traumes soll wiederum entwertet, seiner Realität beraubt werden; was nach dem Erwachen aus dem „Traum im Traume" weiter geträumt wird, das will der Traumwunsch an die Stelle der ausgelöschten Realität setzen. Man darf also annehmen, daß das „Geträumte" die Darstellung der Realität, die wirkliche Erinnerung, der fortsetzende Traum im Gegenteil die Darstellung des bloß vom Träumer Gewünschten enthält. Der Einschluß eines gewissen Inhaltes in einen „Traum im Traume" ist also gleichzusetzen dem Wunsche, daß das so als Traum Bezeichnete nicht hätte geschehen sollen. Mit anderen Worten: wenn eine bestimmte Begebenheit von der Traumarbeit selbst in einen Traum gesetzt wird, so bedeutet dies die entschiedenste Bestätigung der Realität dieser Begebenheit, die stärkste Bejahung derselben. Die Traumarbeit verwendet das Träumen selbst als eine Form der Ablehnung und bezeugt damit die Einsicht, daß der Traum eine Wunscherfüllung ist.

22

Note zur Wortzweideutigkeit:

Vgl. Der Witz und seine Beziehung zum Unbewußten, 1905

(Ges. Schriften, Bd. IX), und die „Wortbrücken" in den Lösungen neurotischer Symptome.

23

Zur Würdigung der Zweideutigkeit bei der Traumdeutung:

Es ist im allgemeinen bei der Deutung eines jeden Traumelementes zweifelhaft, ob es:

a) im positiven oder negativen Sinne genommen werden soll (Gegensatzrelation);

b) historisch zu deuten ist (als Reminiszenz);

c) symbolisch oder ob

d) seine Verwertung vom Wortlaute ausgehen soll.

Trotz dieser Vieldeutigkeit darf man sagen, daß die Darstellung der Traumarbeit, die ja nicht beabsichtigt verstanden zu werden, dem Übersetzer keine größeren Schwierigkeiten zumutet, als etwa die alten Hieroglyphenschreiber ihren Lesern.

24

Der Name des Komponisten:

Hugo Wolf.

25

Einschaltung über die von Silberer direkt beobachtete Darstellung von Gedanken durch Traumbilder:

Herbert Silberer hat einen guten Weg gezeigt, wie man die bei der Traumbildung vor sich gehende Umsetzung der Gedanken in Bilder direkt beobachten und somit dies eine Moment der Traumarbeit isoliert studieren kann. Wenn er sich im Zustande der Ermüdung und Schlaftrunkenheit eine Denkanstrengung auferlegte, so ereignete es sich ihm häufig, daß ihm der Gedanke entschlüpfte und dafür ein Bild auftrat, in dem er nun den Ersatz des Gedankens erkennen konnte. Silberer nennt diesen Ersatz nicht ganz zweckmäßig einen „autosymbolischen". Ich gebe hier einige Beispiele aus der Arbeit von Silberer wieder, auf welche ich wegen gewisser Eigenschaften der beobachteten Phänomene noch an anderer Stelle zurückkommen werde.

„Beispiel Nr. 1. Ich denke daran, daß ich vorhabe, in einem Aufsatze eine holprige Stelle auszubessern.

Symbol: Ich sehe mich, ein Stück Holz glatthobeln.“

„Beispiel Nr. 5. Ich suche mir den Zweck gewisser metaphysischer Studien, die ich eben zu betreiben vorhabe, zu vergegenwärtigen. Dieser Zweck besteht darin, so denke ich mir, daß man sich auf der Suche nach den Daseinsgründen zu immer höheren Bewußtseinsformen oder Daseinsschichten durcharbeitet.

Symbol: Ich fahre mit einem langen Messer unter eine Torte, wie um ein Stück davon zu nehmen.

Deutung: Meine Bewegung mit dem Messer bedeutet das ‚Durcharbeiten‘, von dem die Rede ist Die Erklärung des Symbolgrundes ist die folgende: Es fällt mir bei Tisch hie und da das Zerschneiden und Vorlegen einer Torte zu, ein Geschäft, welches ich mit einem langen, biegsamen Messer verrichte, was einige Sorgfalt erheischt. Insbesondere ist das reinliche Herausheben der geschnittenen Tortenteile mit gewissen Schwierigkeiten verbunden; das Messer muß behutsam unter die betreffenden Stücke geschoben werden (das langsame ‚Durcharbeiten‘, um zu den Gründen zu gelangen). Es liegt aber noch mehr Symbolik in dem Bild. Die Torte des Symbols war nämlich eine Dobos-Torte, also eine Torte, bei welcher das schneidende Messer durch verschiedene Schichten zu dringen hat (die Schichten des Bewußtseins und Denkens).“

„Beispiel Nr. 9. Ich verliere in einem Gedankengang den Faden. Ich gebe mir Mühe, ihn wieder zu finden, muß aber erkennen, daß mir der Anknüpfungspunkt vollends entfallen ist.

Symbol: Ein Stück Schriftsatz, dessen letzte Zeilen herausgefallen sind.“

26

Zur Deutung „Kraut und Rüben“:

Diese Darstellung ist mir wirklich nicht wieder begegnet, so daß ich an der Berechtigung der Deutung irre geworden bin.

27

Note zur symbolischen Verwendung der Küche, der Pflanzen u. dgl.:

Reichliches Belegmaterial hiezu in den drei Ergänzungsbänden von Ed. Fuchs' „Illustr. Sittengeschichte" (Privatdrucke bei A. Langen, München).

28

Dieser kurze Abschnitt ist in späteren Auflagen weggeblieben.

Der vorstehende, wegen seiner symbolischen Elemente hervorgehobene Traum ist ein „biographischer" zu nennen. Solche Träume kommen in den Psychoanalysen häufig vor, aber vielleicht nur selten außerhalb derselben.

ZUSATZKAPITEL A

Die Darstellung durch Symbole im Traume — Weitere typische Träume

Die Analyse des letzten biographischen Traumes steht als Beweis dafür, daß ich die Symbolik im Traume von Anfang an erkannt habe. Zur vollen Würdigung ihres Umfangs und ihrer Bedeutung gelangte ich aber erst allmählich durch vermehrte Erfahrung und unter dem Einfluß der Arbeiten W. Stekels,[1] über die eine Äußerung hier am Platze ist.

Dieser Autor, der der Psychoanalyse vielleicht ebensoviel geschadet als genützt hat, brachte eine große Anzahl von unvermuteten Symbolübersetzungen vor, die anfänglich nicht geglaubt wurden, später aber größtenteils Bestätigung fanden und angenommen werden mußten. Stekels Verdienst wird durch die Bemerkung nicht geschmälert, daß die skeptische Zurückhaltung der anderen nicht ungerechtfertigt war. Denn die Beispiele, auf welche er seine Deutungen stützte, waren häufig nicht über-

1) W. Stekel, Die Sprache des Traumes, 1911.

zeugend und er hatte sich einer Methode bedient, die als wissenschaftlich unzuverlässig zu verwerfen ist. Stekel fand seine Symboldeutungen auf dem Wege der Intuition, kraft eines ihm eigenen Vermögens, die Symbole unmittelbar zu verstehen. Eine solche Kunst ist aber nicht allgemein vorauszusetzen, ihre Leistungsfähigkeit ist jeder Kritik entzogen und ihre Ergebnisse haben daher auf Glaubwürdigkeit keinen Anspruch. Es ist ähnlich, als wollte man die Diagnose der Infektionskrankheiten auf die Geruchseindrücke am Krankenbette gründen, obwohl es unzweifelhaft Kliniker gab, denen der bei den meisten verkümmerte Geruchssinn mehr leistete als anderen und die wirklich imstande waren, einen Abdominaltyphus nach dem Geruch zu diagnostizieren.

Die fortschreitende Erfahrung der Psychoanalyse hat uns Patienten auffinden lassen, die ein solches unmittelbares Verständnis der Traumsymbolik in überraschender Weise an den Tag legten. Häufig waren es an Dementia praecox Leidende, so daß eine Zeitlang die Neigung bestand, alle Träumer mit solchem Symbolverständnis dieser Affektion zu verdächtigen. Allein das trifft nicht zu, es handelt sich um eine persönliche Begabung oder Eigentümlichkeit ohne ersichtliche pathologische Bedeutung.

Wenn man sich mit der ausgiebigen Verwendung der Symbolik für die Darstellung sexuellen Materials im Traume vertraut gemacht hat, muß man sich die Frage vorlegen, ob nicht viele dieser Symbole wie die „Sigel" der Stenographie mit ein für allemal festgelegter Bedeutung auftreten, und sieht sich vor der Versuchung, ein neues Traumbuch nach der Chiffriermethode zu entwerfen. Dazu ist zu bemerken: Diese Symbolik gehört nicht dem Traume zu eigen an, sondern dem unbewußten Vorstellen, speziell des Volkes, und ist im Folklore, in den Mythen, Sagen, Redensarten, in der Spruchweisheit und in den umlaufenden Witzen eines Volkes vollständiger als im Traume aufzufinden. Wir müßten also die Aufgabe der Traumdeutung weit überschreiten, wenn wir der Bedeutung des Symbols gerecht werden und die zahlreichen, großenteils noch ungelösten Probleme erörtern wollten, welche sich an den Begriff des Symbols knüpfen.[1] Wir wollen uns hier darauf beschränken zu sagen, daß die Darstellung durch ein Symbol zu den indirekten Darstellungen gehört, daß wir aber durch allerlei Anzeichen gewarnt werden, die Symboldarstellung unterschiedslos mit den anderen Arten indirekter Darstellung zusammenzuwerfen, ohne noch diese unterscheidenden Merkmale in begrifflicher Klarheit erfassen zu können. In einer Reihe von Fällen ist das Gemeinsame zwischen dem Symbol und dem Eigentlichen, für welches es eintritt, offenkundig, in anderen ist es versteckt; die Wahl des Symbols erscheint dann rätselhaft. Gerade diese Fälle müssen auf den letzten Sinn der Symbolbeziehung Licht werfen können; sie weisen darauf hin, daß dieselbe genetischer Natur ist. Was heute symbolisch verbunden ist, war wahrscheinlich in Urzeiten durch begriffliche und sprachliche Identität vereint.[2] Die Symbolbeziehung scheint ein Rest und Merkzeichen einstiger Identität. Dabei kann man beobachten, daß die Symbolgemeinschaft in einer Anzahl von Fällen über die Sprachgemeinschaft hinausreicht, wie bereits Schubert (1814) behauptet hat.[3] Eine Anzahl von Symbolen

1) Vgl. die Arbeiten von Bleuler und seinen Züricher Schülern, Maeder, Abraham u. a., über Symbolik, und die nichtärztlichen Autoren, auf welche sie sich beziehen (Kleinpaul u. a.). Das Zutreffendste, was über diesen Gegenstand geäußert worden ist, findet sich in der Schrift von O. Rank und H. Sachs, Die Bedeutung der Psychoanalyse für die Geisteswissenschaften, 1913, Kap. I. Ferner E. Jones, Die Theorie der Symbolik, Int. Zeitschr. f. Psychoanalyse, V, 1919.

2) Diese Auffassung würde eine außerordentliche Unterstützung in einer von Dr. Hans Sperber vorgetragenen Lehre finden. Sperber (Über den Einfluß sexueller Momente auf Entstehung und Entwicklung der Sprache, Imago I, 1912) meint, daß die Urworte sämtlich sexuelle Dinge bezeichneten und dann diese sexuelle Bedeutung verloren, indem sie auf andere Dinge und Tätigkeiten übergingen, die mit den sexuellen verglichen wurden.

3) So tritt z. B. das auf dem Wasser fahrende Schiff in den Harnträumen ungarischer Träumer auf, obwohl dieser Sprache die Bezeichnung „schiffen" für „urinieren" fremd ist (Ferenczi; vgl. auch S. 84). In den Träumen von Franzosen und anderen Romanen dient das Zimmer zur symbolischen Darstellung der Frau, obwohl diese Völker nichts dem deutschen „Frauenzimmer" Analoges kennen.

ist so alt wie die Sprachbildung überhaupt, andere werden aber in der Gegenwart fortlaufend neu gebildet (z. B. das Luftschiff, der Zeppelin).

Der Traum bedient sich nun dieser Symbolik zur verkleideten Darstellung seiner latenten Gedanken. Unter den so verwendeten Symbolen sind nun allerdings viele, die regelmäßig oder fast regelmäßig das nämliche bedeuten wollen. Nur möge man der eigentümlichen Plastizität des psychischen Materials eingedenk bleiben. Ein Symbol kann oft genug im Trauminhalt nicht symbolisch, sondern in seinem eigentlichen Sinne zu deuten sein; andere Male kann ein Träumer sich aus speziellem Erinnerungsmaterial das Recht schaffen, alles mögliche als Sexualsymbol zu verwenden, was nicht allgemein so verwendet wird. Wo ihm zur Darstellung eines Inhaltes mehrere Symbole zur Auswahl bereit stehen, wird er sich für jenes Symbol entscheiden, das überdies noch Sachbeziehungen zu seinem sonstigen Gedankenmaterial aufweist, also eine individuelle Motivierung neben der typisch gültigen gestattet.

Wenn die neueren Forschungen über den Traum seit Scherner die Anerkennung der Traumsymbolik unabweisbar gemacht haben, — selbst H. Ellis bekennt sich dazu, es sei ein Zweifel nicht möglich, daß unsere Träume von Symbolik erfüllt seien, — so ist doch zuzugeben, daß die Aufgabe einer Traumdeutung durch die Existenz der Symbole im Traume nicht nur erleichtert, sondern auch erschwert wird. Die Technik der Deutung nach den freien Einfällen des Träumers läßt uns für die symbolischen Elemente des Trauminhaltes meist im Stich; eine Rückkehr zur Willkür des Traumdeuters, wie sie im Altertum geübt wurde und in den verwilderten Deutungen von Stekel wieder aufzuleben scheint, ist aus Motiven wissenschaftlicher Kritik ausgeschlossen. Somit nötigen uns die im Trauminhalt vorhandenen, symbolisch aufzufassenden Elemente zu einer kombinierten Technik, welche sich einerseits auf die Assoziationen des Träumers stützt, andererseits das Fehlende aus dem Symbolverständnis des Deuters einsetzt. Kritische Vorsicht in der Auflösung der Symbole und sorgfältiges Studium derselben an besonders durchsichtigen Traumbeispielen müssen zusammentreffen, um den Vorwurf der Willkürlichkeit in der Traumdeutung zu entkräften. Die Unsicherheiten, die unserer Tätigkeit als Deuter des Traumes noch anhaften, rühren zum Teil von unserer unvollkommenen Erkenntnis her, die durch weitere Vertiefung fortschreitend gehoben werden kann, zum anderen Teil hängen sie gerade von gewissen Eigenschaften der Traumsymbole ab. Dieselben sind oft viel- und mehrdeutig, so daß, wie in der chinesischen Schrift, erst der Zusammenhang die jedesmal richtige Auffassung ermöglicht. Mit dieser Vieldeutigkeit der Symbole verbindet sich dann die Eignung des Traumes, Überdeutungen zuzulassen, in einem Inhalt verschiedene, oft ihrer Natur nach sehr abweichende Gedankenbildungen und Wunschregungen darzustellen.

Nach diesen Einschränkungen und Verwahrungen führe ich an: Der Kaiser und die Kaiserin (König und Königin) stellen wirklich zumeist die Eltern des Träumers dar, Prinz oder Prinzessin ist er selbst. Dieselbe hohe Autorität wie dem Kaiser wird aber auch großen Männern zugestanden, darum erscheint in manchen Träumen z. B. Goethe als Vatersymbol. (Hitschmann.) — Alle in die Länge reichenden Objekte, Stöcke, Baumstämme, Schirme (des der Erektion vergleichbaren Aufspannens wegen!), alle länglichen und scharfen Waffen: Messer, Dolche, Piken, wollen das männliche Glied vertreten. Ein häufiges, nicht recht verständliches Symbol desselben ist die Nagelfeile (des Reibens und Schabens wegen?). — Dosen, Schachteln, Kästen, Schränke, Öfen entsprechen dem Frauenleib, aber auch Höhlen, Schiffe und alle Arten von Gefäßen. — Zimmer im Traume sind zumeist Frauenzimmer, die Schilderung ihrer verschiedenen Eingänge und Ausgänge, macht an dieser Auslegung gerade nicht irre.[1] Das Interesse, ob das Zimmer „offen" oder „verschlossen" ist, wird in diesem Zusammenhange leicht verständlich. (Vgl. den Traum Doras im „Bruchstück einer Hysterieanalyse".) Welcher Schlüssel das Zimmer aufsperrt, braucht dann nicht ausdrücklich gesagt zu werden; die Symbolik von Schloß und Schlüssel hat Uhland im Lied vom „Grafen Eberstein" zur anmutigsten Zote gedient. — Der Traum, durch eine Flucht von Zimmern zu gehen, ist ein Bordell- oder Haremstraum. Er wird aber, wie H. Sachs an schönen Beispielen gezeigt hat, zur Darstellung der Ehe (Gegensatz) verwendet. — Eine interessante Beziehung zur infantilen Sexualforschung ergibt sich, wenn der Träumer von zwei Zimmern träumt, die früher eines waren, oder ein ihm bekanntes Zimmer einer Wohnung im Traume in zwei geteilt sieht oder das Umgekehrte. In der Kindheit hat man das weibliche Genitale (den Popo) für einen einzigen Raum gehalten (die infantile Kloakentheorie) und erst später erfahren, daß diese Körperregion zwei gesonderte Höhlungen und Öffnungen umfaßt. — Stiegen, Leitern, Treppen, respektive das Steigen auf ihnen, und zwar sowohl aufwärts als abwärts, sind symbolische Darstellungen des Geschlechtsaktes.[2] — Glatte Wände, über die man klettert, Fassaden von

1) „Ein in einer Pension wohnender Patient träumt, er begegne jemand vom Dienstpersonal und frage sie, welche Nummer sie habe; sie antwortet zu seiner Überraschung: 14. Tatsächlich hat er Beziehungen zu dem in Rede stehenden Mädchen angeknüpft und auch mehrmals Zusammenkünfte mit ihr in seinem Schlafzimmer gehabt. Sie befürchtete begreiflicherweise, daß die Wirtin sie im Verdacht habe, und machte ihm am Tage vor dem Traum den Vorschlag, sich mit ihr in einem der unbewohnten Zimmer zu treffen. In Wirklichkeit hatte dieses Zimmer die Nummer 14, während im Traum das Weib diese Nummer trägt. Ein deutlicherer Beleg für die Identifizierung von Frau und Zimmer läßt sich kaum denken." (Ernest Jones, Intern. Zeitschr. f. Psychoanalyse II, 1914.) (Vgl. Artemidorus, „Symbolik der Träume" [übersetzt von F. S. Krauß, Wien 1881, p. 110]: „So z. B. bedeutet die Schlafstube die Gattin, falls eine solche im Hause ist.")

2) Ich wiederhole hierüber, was ich an anderer Stelle (Die zukünftigen Chancen der psychoanalytischen Therapie, Zentralbl. f. Psychoanalyse I, 1910 [Ges. Schriften, Bd. VI]), geäußert habe: „Vor einiger Zeit wurde es mir bekannt, daß ein uns ferner stehender Psychologe sich an einen von uns mit der Bemerkung gewendet, wir überschätzten doch gewiß die geheime sexuelle Bedeutung der Träume. Sein häufigster Traum sei, eine Stiege hinaufzusteigen, und da sei doch gewiß nichts Sexuelles dahinter. Durch diesen Einwand aufmerksam gemacht, haben wir dem Vorkommen von Stiegen, Treppen, Leitern im Traum Aufmerksamkeit geschenkt und konnten

Häusern, an denen man sich — häufig unter starker Angst — herabläßt, entsprechen aufrechten menschlichen Körpern, wiederholen im Traum wahrscheinlich die Erinnerung an das Emporklettern des kleinen Kindes an Eltern und Pflegepersonen. Die „glatten“ Mauern sind Männer; an den „Vorsprüngen“ der Häuser hält man sich nicht selten in der Traumangst fest. — Tische, gedeckte Tische und Bretter sind gleichfalls Frauen, wohl des Gegensatzes wegen, der hier die Körperwölbungen aufhebt. „Holz“ scheint überhaupt nach seinen sprachlichen Beziehungen ein Vertreter des weiblichen Stoffes (Materie) zu sein. Der Name der Insel Madeira bedeutet im Portugiesischen: Holz. Da „Tisch und Bett“ die Ehe ausmachen, wird im Traum häufig der erstere für das letztere gesetzt, und soweit es angeht, der sexuelle Vorstellungskomplex auf den Eßkomplex transponiert. — Von Kleidungsstücken ist der Hut einer Frau sehr häufig mit Sicherheit als Genitale, und zwar des Mannes, zu deuten. Ebenso der Mantel, wobei es dahingestellt bleibt, welcher Anteil an dieser Symbolverwendung dem Wortanklang zukommt. In Träumen der Männer findet man häufig die Krawatte als Symbol des Penis, wohl nicht nur darum, weil sie lange herabhängt und für den Mann charakteristisch ist, sondern auch, weil man sie nach seinem Wohlgefallen auswählen kann, eine Freiheit, die beim Eigentlichen dieses Symbols von der Natur verwehrt ist.[1] Personen, die

bald feststellen, daß die Stiege (und was ihr analog ist) ein sicheres Koitussymbol darstellt. Die Grundlage der Vergleichung ist nicht schwer aufzufinden; in rhythmischen Absätzen, unter zunehmender Atemnot kommt man auf eine Höhe und kann dann in ein paar raschen Sprüngen wieder unten sein. So findet sich der Rhythmus des Koitus im Stiegensteigen wieder. Vergessen wir nicht, den Sprachgebrauch heranzuziehen. Er zeigt uns, daß das „Steigen“ ohne weiteres als Ersatzbezeichnung der sexuellen Aktion gebraucht wird. Man pflegt zu sagen, der Mann ist ein „Steiger“, „nachsteigen“. Im Französischen heißt die Stufe der Treppe *la marche*; *„un vieux marcheur“* deckt sich ganz mit unserem „ein alter Steiger“.

1) Vgl. im Zbl. für Ps.-A. II, 675, die Zeichnung einer 19jährigen Manischen: ein Mann mit einer Schlange als Krawatte, die sich einem Mädchen entgegenwendet. Dazu die Geschichte „Der Schamhaftige“ (Anthropophyteia VI, 334): In eine Badestube trat eine Dame ein, und dort befand sich ein Herr, der kaum das Hemd anzulegen vermochte; er war sehr beschämt, deckte sich aber sofort den Hals mit dem Vorderteil des Hemdes zu und sagte: „Bitte um Verzeihung, bin ohne Krawatte.“

dies Symbol im Traume verwenden, treiben im Leben oft großen Luxus mit Krawatten und besitzen förmliche Sammlungen von ihnen. — Alle komplizierten Maschinerien und Apparate der Träume sind mit großer Wahrscheinlichkeit Genitalien — in der Regel männliche, — in deren Beschreibung sich die Traumsymbolik so unermüdlich wie die Witzarbeit erweist. Ganz unverkennbar ist es auch, daß alle Waffen und Werkzeuge zu Symbolen des männlichen Gliedes verwendet werden: Pflug, Hammer, Flinte, Revolver, Dolch, Säbel usw. — Ebenso sind viele Landschaften der Träume, besonders solche mit Brücken oder mit bewaldeten Bergen, unschwer als Genitalbeschreibungen zu erkennen. Marcinowski hat eine Reihe von Beispielen gesammelt, in denen die Träumer ihre Träume durch Zeichnungen erläuterten, welche die darin vorkommenden Landschaften und Räumlichkeiten darstellen sollten. Diese Zeichnungen machen den Unterschied von manifester und latenter Bedeutung im Traume sehr anschaulich. Während sie, arglos betrachtet, Pläne, Landkarten u. dgl. zu bringen scheinen, enthüllen sie sich einer eindringlicheren Untersuchung als Darstellungen des menschlichen Körpers, der Genitalien usw. und ermöglichen erst nach dieser Auffassuung das Verständnis des Traumes. (Vgl. hiezu Pfisters Arbeiten über Kryptographie und Vexierbilder.) Auch darf man bei unverständlichen Wortneubildungen an Zusammensetzung aus Bestandteilen mit sexueller Bedeutung denken. — Auch Kinder bedeuten im Traume oft nichts anderes als Genitalien, wie ja Männer und Frauen gewohnt sind, ihr Genitale liebkosend als ihr „Kleines" zu bezeichnen. Den „kleinen Bruder" hat Stekel richtig als den Penis erkannt. Mit einem kleinen Kinde spielen, den Kleinen schlagen usw. sind häufig Traumdarstellungen der Onanie. — Zur symbolischen Darstellung der Kastration dient der Traumarbeit: die Kahlheit, das Haarschneiden, der Zahnausfall und das Köpfen. Als Verwahrung gegen die Kastration ist es aufzufassen, wenn eines der gebräuchlichen Penissymbole im Traume in Doppel- oder Mehrzahl vorkommt. Auch das Auftreten der Eidechse im Traume — eines Tieres, dem der abgerissene Schwanz nachwächst — hat dieselbe Bedeutung. (Vgl. den Eidechsentraum Bd. II, S. 13.) — Von den Tieren, die in Mythologie und Folklore als Genitalsymbole verwendet werden, spielen mehrere auch im Traum diese Rolle: der Fisch, die Schnecke, die Katze, die Maus (der Genitalbehaarung wegen), vor allem aber das bedeutsamste Symbol des männlichen Gliedes, die Schlange. Kleine Tiere, Ungeziefer, sind die Vertreter von kleinen Kindern, z. B. der unerwünschten Geschwister; mit Ungeziefer behaftet sein, ist oft gleichzusetzen der Gravidität. — Als ein ganz rezentes Traumsymbol des männlichen Genitales ist das Luftschiff zu erwähnen, welches sowohl durch seine Beziehung zum Fliegen wie gelegentlich durch seine Form solche Verwendung rechtfertigt. — Eine Reihe anderer, zum Teil noch nicht genügend verifizierter Symbole hat Stekel angegeben und durch Beispiele belegt. Die Schriften von Stekel, besonders sein Buch: „Die Sprache des Traumes“, enthalten die reichste Sammlung von Symbolauflösungen, die zum Teil scharfsinnig erraten sind und sich bei der Nachprüfung als richtig erwiesen haben, z. B. in dem Abschnitt über die Symbolik des Todes. Die mangelhafte Kritik des Verfassers und seine Neigung zu Verallgemeinerungen um jeden Preis machen aber andere seiner Deutungen zweifelhaft oder unverwendbar, so daß bei dem Gebrauch dieser Arbeiten Vorsicht dringend anzuraten ist. Ich beschränke mich darum auf die Hervorhebung weniger Beispiele.

Rechts und Links sollen nach Stekel im Traum ethisch aufzufassen sein. „Der rechte Weg bedeutet immer den Weg des Rechtes, der linke den des Verbrechens. So kann der linke Homosexualität, Inzest, Perversion, der rechte die Ehe, Verkehr mit einer Dirne usw. darstellen. Immer gewertet von dem individuell moralischen Standpunkt des Träumers“ (l. c. p. 466). Die Verwandten überhaupt spielen im Traume meistens die Rolle von Genitalien (p. 473). Hier kann ich in dieser Bedeutung nur den

Sohn, die Tochter, die jüngere Schwester bestätigen, soweit also das Anwendungsgebiet des „Kleinen“ reicht. Dagegen erkennt man an gesicherten Beispielen die Schwestern als Symbole der Brüste, die Brüder als solche der großen Hemisphären. Das Nichteinholen eines Wagens löst Stekel als das Bedauern über eine nicht einzuholende Altersdifferenz (p. 479). Das Gepäck, mit dem man reist, sei die Sündenlast, von der man gedrückt wird (ibid.). Gerade das Reisegepäck erweist sich aber häufig als unverkennbares Symbol der eigenen Genitalien. Auch den häufig in Träumen vorkommenden Zahlen hat Stekel fixierte Symbolbedeutungen zugewiesen, doch erscheinen diese Auflösungen weder genügend sichergestellt noch allgemein gültig, wenngleich die Deutung im einzelnen Falle meist als wahrscheinlich anerkannt werden darf. Die Dreizahl ist übrigens ein mehrseitig sichergestelltes Symbol des männlichen Genitales. Eine der Verallgemeinerungen, welche Stekel aufstellt, bezieht sich auf die doppelsinnige Bedeutung der Genitalsymbole. „Wo gäbe es ein Symbol, das — wenn es die Phantasie nur einigermaßen erlaubt — nicht männlich und weiblich zugleich gebraucht werden könnte!“ Der eingeschobene Satz nimmt allerdings viel von der Sicherheit dieser Behauptung zurück, denn die Phantasie erlaubt es eben nicht immer. Ich halte es aber doch für nicht überflüssig, auszusprechen, daß nach meinen Erfahrungen der allgemeine Satz Stekels vor der Anerkennung einer größeren Mannigfaltigkeit zurückzutreten hat. Außer Symbolen, die ebenso häufig für das männliche wie für das weibliche Genitale stehen, gibt es solche, die vorwiegend oder fast ausschließlich eines der Geschlechter bezeichnen, und noch andere, von denen nur die männliche oder nur die weibliche Bedeutung bekannt ist. Lange, feste Gegenstände und Waffen als Symbole des weiblichen Genitales zu gebrauchen oder hohle (Kasten, Schachteln, Dosen usw.) als Symbole des männlichen, gestattet eben die Phantasie nicht.

Es ist richtig, daß die Neigung des Traumes und der unbewußten Phantasien, die Sexualsymbole bisexuell zu verwenden, einen archaischen Zug verrät, da in der Kindheit die Verschiedenheit der Genitalien unbekannt ist und beiden Geschlechtern das nämliche Genitale zugesprochen wird. Man kann aber auch zur irrigen Annahme eines bisexuellen Sexualsymbols verleitet werden, wenn man daran vergißt, daß in manchen Träumen eine allgemeine Geschlechtsverkehrung vorgenommen wird, so daß das Männliche durch Weibliches dargestellt wird und umgekehrt. Solche Träume drücken z. B. den Wunsch einer Frau aus, lieber ein Mann zu sein.

Die Genitalien können auch im Traum durch andere Körperteile vertreten werden, das männliche Glied durch die Hand oder den Fuß, die weibliche Genitalöffnung durch den Mund, das Ohr, selbst das Auge. Die Sekrete des menschlichen Körpers — Schleim, Tränen, Harn, Sperma usw. — können im Traum für einander gesetzt werden. Diese im Ganzen richtige Aufstellung von W. Stekel hat eine berechtigte kritische Einschränkung durch Bemerkungen von R. Reitler erfahren (Internationale Zeitschrift f. Psychoanalyse I, 1913). Es handelt sich im wesentlichen um Ersetzung der bedeutungsvollen Sekrete wie des Samens durch ein indifferentes.

Diese in hohem Grade unvollständigen Andeutungen mögen genügen, um andere zu sorgfältigerer Sammelarbeit anzuregen.[1] Eine weit ausführlichere Darstellung der Traumsymbolik habe ich in meinen „Vorlesungen zur Einführung in die Psychoanalyse“, (1916/17) versucht.

Ich werde nun einige Beispiele von der Verwendung solcher Symbole in Träumen anfügen, welche zeigen sollen, wie unmöglich es wird, zur Deutung des Traumes zu gelangen, wenn man sich

1) Bei aller Verschiedenheit der Schernerschen Auffassung von der Traumsymbolik und der hier entwickelten muß ich doch hervorheben, daß Scherner als der eigentliche Entdecker der Symbolik im Traume anerkannt werden sollte, und daß die Erfahrungen der Psychoanalyse sein für phantastisch gehaltenes, vor rund fünfzig Jahren (1861) veröffentlichtes Buch nachträglich zu Ehren gebracht haben.

der Traumsymbolik verschließt, wie unabweisbar sich aber eine solche auch in vielen Fällen aufdrängt. An derselben Stelle möchte ich aber nachdrücklich davor warnen, die Bedeutung der Symbole für die Traumdeutung zu überschätzen, etwa die Arbeit der Traumübersetzung auf Symbolübersetzung einzuschränken und die Technik der Verwertung von Einfällen des Träumers aufzugeben. Die beiden Techniken der Traumdeutung müssen einander ergänzen; praktisch wie theoretisch verbleibt aber der Vorrang dem zuerst beschriebenen Verfahren, das den Äußerungen des Träumers die entscheidende Bedeutung beilegt, während die von uns vorgenommene Symbolübersetzung als Hilfsmittel hinzutritt.

1) Der Hut als Symbol des Mannes (des männlichen Genitales)[1]

(Teilstück aus dem Traum einer jungen, infolge von Versuchungsangst agoraphobischen Frau)

„Ich gehe im Sommer auf der Straße spazieren, trage einen Strohhut von eigentümlicher Form, dessen Mittelstück nach oben aufgebogen ist, dessen Seitenteile nach abwärts hängen (Beschreibung hier stockend), und zwar so, daß der eine tiefer steht als der andere. Ich bin heiter und in sicherer Stimmung, und wie ich an einem Trupp junger Offiziere vorbeigehe, denke ich mir: Ihr könnt mir alle nichts anhaben.“

Da sie zu dem Hut im Traume keinen Einfall produzieren kann, sage ich ihr: Der Hut ist wohl ein männliches Genitale mit seinem emporgerichteten Mittelstück und den beiden herabhängenden Seitenteilen. Daß der Hut ein Mann sein soll, ist vielleicht sonderbar, aber man sagt ja auch: „Unter die Haube kommen!“ Absichtlich enthalte ich mich der Deutung jenes Details über das ungleiche Herabhängen der beiden Seitenteile, obwohl gerade solche Einzelheiten in ihrer Determinierung der Deutung den Weg weisen müssen. Ich setze fort: Wenn sie also einen

1) Aus „Nachträge zur Traumdeutung“, Zentralblatt für Psychoanalyse I, Nr. 5/6, 1911.

Mann mit so prächtigem Genitale hat, braucht sie sich vor den Offizieren nicht zu fürchten, d. h. nichts von ihnen zu wünschen, da sie sonst wesentlich durch ihre Versuchungsphantasien vom Gehen ohne Schutz und Begleitung abgehalten wird. Diese letztere Aufklärung ihrer Angst hatte ich ihr schon zu wiederholten Malen, auf anderes Material gestützt, geben können.

Es ist nun sehr beachtenswert, wie sich die Träumerin nach dieser Deutung benimmt. Sie zieht die Beschreibung des Hutes zurück und will nicht gesagt haben, daß die beiden Seitenteile nach abwärts hingen. Ich bin des Gehörten zu sicher, um mich beirren zu lassen, und beharre dabei. Sie schweigt eine Weile und findet dann den Mut, zu fragen, was es bedeute, daß bei ihrem Manne ein Hoden tiefer stehe als der andere, und ob es bei allen Männern so sei. Damit war dies sonderbare Detail des Hutes aufgeklärt und die ganze Deutung von ihr akzeptiert.

Das Hutsymbol war mir längst bekannt, als mir die Patientin diesen Traum mitteilte. Aus anderen, aber minder durchsichtigen Fällen glaubte ich zu entnehmen, daß der Hut auch für ein weibliches Genitale stehen kann.[1]

2) Das Kleine ist das Genitale — das Überfahrenwerden ist ein Symbol des Geschlechtsverkehres

(Ein anderer Traum derselben agoraphobischen Patientin)

„*Ihre Mutter schickt ihre kleine Tochter weg, damit sie allein gehen muß. Sie fährt dann mit der Mutter in der Eisenbahn und sieht ihre Kleine direkt auf den Schienenweg zugehen, so daß sie überfahren werden muß. Man hört die Knochen krachen (dabei ein unbehagliches Gefühl, aber kein eigentliches Entsetzen). Dann sieht sie sich aus dem Waggonfenster um, ob man nicht hinten die Teile*

1) Vgl. ein solches Beispiel in der Mitteilung von Kirchgraber (Zentralbl. f. PsA. III, 1912, p. 95). Von Stekel (Jahrbuch, Bd. I, p. 475) wird ein Traum mitgeteilt, in welchem der Hut mit schiefstehender Feder in der Mitte den (impotenten) Mann symbolisiert.

sieht. Dann macht sie ihrer Mutter Vorwürfe, daß sie die Kleine allein hat gehen lassen.

Analyse. Die vollständige Deutung des Traumes ist hier nicht leicht zu geben. Er stammt aus einem Zyklus von Träumen und kann nur im Zusammenhange mit diesen anderen voll verstanden werden. Es ist eben nicht leicht, das für den Erweis der Symbolik benötigte Material genügend isoliert zu bekommen. — Die Kranke findet zuerst, daß die Eisenbahnfahrt historisch zu deuten ist, als Anspielung auf eine Fahrt von einer Nervenheilanstalt weg, in deren Leiter sie natürlich verliebt war. Die Mutter holte sie von dort ab, der Arzt erschien auf dem Bahnhof und überreichte ihr einen Strauß Blumen zum Abschied; es war ihr unangenehm, daß die Mutter Zeugin dieser Huldigung sein mußte. Hier erscheint also die Mutter als Störerin ihrer Liebesbestrebungen, welche Rolle der strengen Frau während ihrer Mädchenjahre wirklich zugefallen war. — Der nächste Einfall bezieht sich auf den Satz: sie sieht sich um, ob man nicht die Teile von hinten sieht. In der Traumfassade müßte man natürlich an die Teile des überfahrenen und zermalmten Töchterchens denken. Der Einfall weist aber nach ganz anderer Richtung. Sie erinnert, daß sie einmal den Vater im Badezimmer nackt von rückwärts gesehen, kommt auf die Geschlechtsunterschiede zu sprechen und hebt hervor, daß man beim Manne die Genitalien noch von rückwärts sehen könne, beim Weibe aber nicht. In diesem Zusammenhange deutet sie nun selbst, daß das Kleine das Genitale sei, ihre Kleine (sie hat eine vierjährige Tochter) ihr eigenes Genitale. Sie macht der Mutter den Vorwurf, daß sie verlangt hätte, sie solle so leben, als ob sie kein Genitale hätte, und findet diesen Vorwurf in dem einleitenden Satz des Traumes wieder: Die Mutter schickte ihre Kleine weg, damit sie allein gehen mußte. In ihrer Phantasie bedeutet das Alleingehen auf der Straße keinen Mann, keine sexuelle Beziehung, haben (*coire* = zusammengehen), und das mag sie nicht. Nach allen ihren

Angaben hat sie wirklich als Mädchen unter der Eifersucht der Mutter infolge ihrer Bevorzugung durch den Vater gelitten.

Die tiefere Deutung dieses Traumes ergibt sich aus einem anderen Traum derselben Nacht, in dem sie sich mit ihrem Bruder identifiziert. Sie war wirklich ein bubenhaftes Mädel, mußte oft hören, daß an ihr ein Bub verloren gegangen sei. Zu dieser Identifizierung mit dem Bruder wird es dann besonders klar, daß das „Kleine“ das Genitale bedeutet. Die Mutter droht ihm (ihr) mit der Kastration, die nichts anderes als Bestrafung für das Spielen mit dem Gliede sein kann, und somit zeigt die Identifizierung, daß sie selbst als Kind onaniert hat, was ihre Erinnerung bisher nur vom Bruder bewahrt hatte. Eine Kenntnis des männlichen Genitales, die ihr später verloren ging, muß sie nach den Angaben dieses zweiten Traumes damals früh erworben haben. Ferner deutet der zweite Traum auf die infantile Sexualtheorie hin, daß die Mädel durch Kastration aus Buben hervorgehen. Nachdem ich ihr diese Kindermeinung vorgetragen, findet sie sofort eine Bestätigung hiefür in der Kenntnis der Anekdote, daß der Bub das Mädel fragt: Abgeschnitten? worauf das Mädel antwortet: Nein, immer so g'west.

Das Wegschicken der Kleinen, des Genitales, im ersten Traum, bezieht sich also auch auf die Kastrationsdrohung. Schließlich grollt sie der Mutter, daß sie sie nicht als Knaben geboren hat.

Daß das „Überfahrenwerden“ sexuellen Verkehr symbolisiert, würde aus diesem Traume nicht evident, wenn man es nicht aus zahlreichen anderen Quellen sicher wüßte.

3) Darstellung des Genitales durch Gebäude, Stiegen, Schachte

(Traum eines durch seinen Vaterkomplex gehemmten jungen Mannes.)

„*Er geht mit seinem Vater an einem Ort spazieren, der gewiß der Prater ist, denn man sieht die Rotunde, vor dieser einen kleineren Vorbau, an dem ein Fesselballon angebracht ist, der aber ziemlich schlaff scheint. Sein Vater fragt ihn, wozu das alles ist; er wundert sich darüber, erklärt es ihm aber. Dann kommen sie in einen Hof, in dem eine große Platte von Blech ausgebreitet liegt. Sein Vater will sich ein großes Stück davon abreißen, sieht sich aber vorher um, ob es nicht jemand bemerken kann. Er sagt ihm, er braucht es doch nur dem Aufseher zu sagen, dann kann er sich ohne weiteres davon nehmen. Aus diesem Hof führt eine Treppe in einen Schacht hinunter, dessen Wände weich ausgepolstert sind, etwa wie ein Lederfauteuil. Am Ende dieses Schachtes ist eine längere Plattform und dann beginnt ein neuer Schacht .*"

Analyse. Dieser Träumer gehörte einem therapeutisch nicht günstigen Typus von Kranken an, die bis zu einem gewissen Punkt der Analyse überhaupt keine Widerstände machen und sich von da an fast unzugänglich erweisen. Diesen Traum deutete er fast selbständig. Die Rotunde, sagte er, ist mein Genitale, der Fesselballon davor mein Penis, über dessen Schlaffheit ich zu klagen habe. Man darf also eingehender übersetzen, die Rotunde sei das — vom Kind regelmäßig zum Genitale gerechnete — Gesäß, der kleinere Vorbau der Hodensack. Im Traum fragt ihn der Vater, was das alles ist, d. h. nach Zweck und Verrichtung der Genitalien. Es liegt nahe, diesen Sachverhalt umzukehren, so daß er der fragende Teil wird. Da eine solche Befragung des Vaters in Wirklichkeit nie stattgefunden hat, muß man den Traumgedanken als Wunsch auffassen oder ihn etwa konditionell nehmen: „Wenn ich den Vater um sexuelle Aufklärung gebeten hätte." Die Fortsetzung dieses Gedankens werden wir bald an anderer Stelle finden.

Der Hof, in dem das Blech ausgebreitet liegt, ist nicht in erster Linie symbolisch zu fassen, sondern stammt aus dem Geschäftslokal des Vaters. Aus Gründen der Diskretion habe ich das „Blech“ für das andere Material, mit dem der Vater handelt, eingesetzt, ohne sonst etwas am Wortlaut des Traumes zu ändern. Der Träumer ist in das Geschäft des Vaters eingetreten und hat an den eher unkorrekten Praktiken, auf denen der Gewinn zum Teil beruht, gewaltigen Anstoß genommen. Daher dürfte die Fortsetzung des obigen Traumgedankens lauten: „(Wenn ich ihn gefragt hätte), würde er mich betrogen haben, wie er seine Kunden betrügt.“ Für das Abreißen, welches der Darstellung der geschäftlichen Unredlichkeit dient, gibt der Träumer selbst die zweite Erklärung, es bedeute die Onanie. Dies ist uns nicht nur längst bekannt (siehe Bd. II. S. 342), sondern stimmt auch sehr gut dazu, daß das Geheimnis der Onanie durch das Gegenteil ausgedrückt ist (man darf es ja offen tun). Es entspricht dann allen Erwartungen, daß die onanistische Tätigkeit wieder dem Vater zugeschoben wird, wie die Befragung in der ersten Traumszene. Den Schacht deutet er sofort unter Berufung auf die weiche Polsterung der Wände als Vagina. Daß das Herabsteigen wie sonst das Aufsteigen den Koitusverkehr in der Vagina beschreiben will, setze ich aus anderer Kenntnis ein (vgl. meine Bemerkung im Zentralblatt für Psychoanalyse I, 1, 1910; siehe oben S. 71, Note).

Die Einzelheiten, daß auf den ersten Schacht eine längere Plattform folgt und dann ein neuer Schacht, erklärt er selbst biographisch. Er hat eine Zeitlang koitiert, dann den Verkehr infolge von Hemmungen aufgegeben und hofft ihn jetzt mit Hilfe der Kur wieder aufnehmen zu können. Der Traum wird aber gegen Ende undeutlicher und dem Kundigen muß es plausibel erscheinen, daß sich schon in der zweiten Traumszene der Einfluß eines anderen Themas geltend mache, auf welches das Geschäft des Vaters, sein betrügerisches Vorgehen, die erste als Schacht dargestellte Vagina deuten, so daß man eine Beziehung auf die Mutter annehmen kann.

4) Das männliche Genitale durch Personen, das weibliche durch eine Landschaft symbolisiert

(Traum einer Frau aus dem Volke, deren Mann Wachmann ist, mitgeteilt von B. Dattner.)

„. . . *Dann sei jemand in die Wohnung eingebrochen und sie habe angstvoll nach einem Wachmann gerufen. Dieser aber sei mit zwei ‚Pülchern' einträchtig in eine Kirche*[1] *gegangen, zu der mehrere*[2] *Stufen emporführten; hinter der Kirche sei ein Berg*[3] *gewesen und oben ein dichter Wald.*[4] *Der Wachmann sei mit einem Helm, Ringkragen und Mantel*[5] *versehen gewesen. Er habe einen braunen Vollbart gehabt. Die beiden Vaganten, die friedlich mit dem Wachmann gegangen seien, hätten sackartig aufgebundene Schürzen um die Lenden gehabt.*[6] *Vor der Kirche habe zum Berg ein Weg geführt. Dieser sei beiderseits mit Gras und Gestrüpp verwachsen gewesen, das immer dichter wurde und auf der Höhe des Berges ein ordentlicher Wald geworden sei.*"

5) Kastrationsträume bei Kindern

a) „*Ein Knabe von drei Jahren und fünf Monaten, dem die Wiederkehr des Vaters aus dem Felde sichtlich unbequem ist, erwacht eines Morgens verstört und aufgeregt und wiederholt immerfort die Frage: Warum hat Papi seinen Kopf auf einem Teller getragen? Heute nacht hat Papi seinen Kopf auf einem Teller getragen.*"

b) „*Ein heute an schwerer Zwangsneurose leidender Student erinnert, daß er im sechsten Lebensjahr wiederholt folgenden Traum gehabt hat: Er geht zum Friseur, um sich die Haare schneiden zu lassen. Da kommt eine große Frau mit strengen*

1) Oder Kapelle = Vagina.

2) Symbol des Koitus.

3) Mons veneris.

4) Crines pubis.

5) Dämonen in Mänteln und Kapuzen sind nach der Aufklärung eines Fachmannes phallischer Natur.

6) Die beiden Hälften des Hodensackes.

Zügen auf ihn zu und schlägt ihm den Kopf ab. Die Frau erkennt er als die Mutter.“

6) Zur Harnsymbolik

Die hier reproduzierten Zeichnungen stammen aus einer Reihe von Bildern, die Ferenczi in einem ungarischen Witzblatt („Fidibusz“) aufgefunden und in ihrer Brauchbarkeit zur Illustration der Traumtheorie erkannt hat. O. Rank hat das nebenstehende als „Traum der französischen Bonne“ überschriebene Blatt bereits in seiner Arbeit über die Symbolschichtung im Wecktraum usw. (p. 99) verwertet.

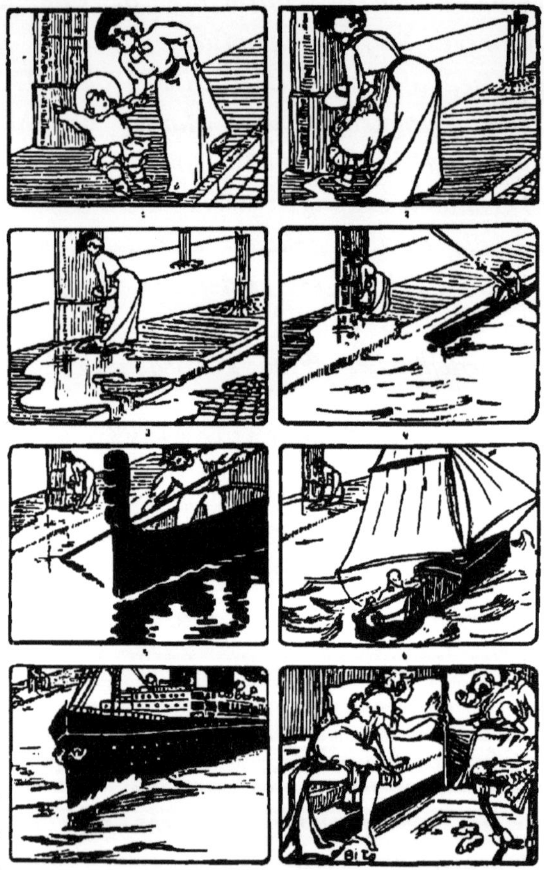

Erst das letzte Bild, welches das Erwachen der Bonne infolge des Geschreies des Kindes enthält, zeigt uns, daß die früheren sieben die Phasen eines Traumes darstellen. Das erste Bild anerkennt den Reiz, der zum Erwachen führen sollte. Der Knabe hat ein Bedürfnis geäußert und verlangt die entsprechende Hilfeleistung. Der Traum vertauscht aber die Situation im Schlafzimmer mit der eines Spazierganges. Im zweiten Bild hat sie den Knaben bereits an eine Straßenecke gestellt, er uriniert und — sie darf weiterschlafen. Der Weckreiz hält aber an, ja er verstärkt sich; der Knabe, der sich nicht beachtet findet, brüllt immer kräftiger. Je dringender er das Erwachen und die Hilfeleistung seiner Bonne fordert, desto mehr steigert deren Traum seine Versicherung, daß alles in Ordnung sei und daß sie nicht zu erwachen brauche. Er übersetzt dabei den Weckreiz in die Dimensionen des Symbols. Der Wasserstrom, welchen der urinierende Knabe liefert, wird immer mächtiger. Im vierten Bilde trägt er bereits einen Kahn, dann eine Gondel, ein Segelschiff, endlich ein großes Dampfschiff! Der Kampf zwischen dem eigensinnigen Schlafbedürfnis und dem unermüdlichen Weckreiz ist hier in geistreichster Weise von einem mutwilligen Künstler verbildlicht.

7) Ein Stiegentraum

(Mitgeteilt und gedeutet von Otto Rank)

Demselben Kollegen, von dem der (unten S. 106 angeführte) Zahnreiztraum herrührt, verdanke ich den folgenden ähnlich durchsichtigen Pollutionstraum:

„Ich jage im Stiegenhaus die Treppe hinunter einem kleinen Mädchen, das mir irgend etwas getan hat, nach, um es zu bestrafen. Unten am Ende der Stiege hält mir jemand (eine erwachsene weibliche Person?) das Kind auf; ich fasse es, weiß aber nicht, ob ich es geschlagen habe, denn plötzlich befand ich mich mitten auf der Stiege, wo ich das Kind (gleichsam wie in der Luft) koitierte. Eigentlich war es kein Koitus, sondern ich rieb nur mein Genitale an ihrem äußeren Genitale, wobei ich dieses sowie ihren seitwärts zurückgelegten Kopf überaus deutlich sah. Während des Sexualaktes sah ich links ober mir (auch wie in der Luft) zwei kleine Gemälde hängen, Landschaften, die ein Haus im Grünen darstellten. Auf dem einen kleineren stand unten an Stelle der Namenssignatur des Malers mein eigener Vorname, als wäre es für mich zum Geburtstagsgeschenk bestimmt. Dann hing noch ein Zettel vor beiden Bildern, worauf stand, daß billigere Bilder auch zur Verfügung stehen; (ich sehe mich dann höchst undeutlich so

wie oben auf dem Treppenabsatz im Bette liegen) und erwache durch die Empfindung der Nässe, welche von der erfolgten Pollution herrührt.“

Deutung: Der Träumer war am Abend des Traumtages im Laden eines Buchhändlers gewesen, wo er während der Wartezeit einige der ausgestellten Bilder besichtigt hatte, die ähnliche Motive wie die Traumbilder darstellten. Bei einem kleinen Bildchen, das ihm besonders gefallen hatte, trat er näher und sah nach dem Namen des Malers, der ihm jedoch völlig unbekannt war.

Am selben Abend hatte er später in Gesellschaft von einem böhmischen Dienstmädchen erzählen gehört, das sich gerühmt hatte, ihr außereheliches Kind sei „auf der Stiege gemacht worden“. Der Träumer hatte sich nach dem Detail dieses nicht alltäglichen Vorkommnisses erkundigt und erfahren, daß das Dienstmädchen mit ihrem Verehrer nach Hause in die Wohnung ihrer Eltern gegangen war, wo zu geschlechtlichem Verkehr keine Gelegenheit gewesen wäre, und daß der erregte Mann den Koitus auf der Stiege vollzogen hatte. Der Träumer hatte dazu in scherzhafter Anspielung auf den boshaften Ausdruck für Weinfälscherei geäußert: das Kind sei wirklich „auf der Kellerstiege gewachsen“.

Dies die Tagesanknüpfungen, die ziemlich aufdringlich im Trauminhalt vertreten sind und vom Träumer ohne weiteres reproduziert werden. Ebenso leicht produziert er aber ein altes Stück infantiler Erinnerung, das ebenfalls im Traume Verwendung gefunden hat. Das Stiegenhaus ist das jenes Hauses, in welchem er den größten Teil seiner Kinderjahre verbracht und wo er insbesondere die erste bewußte Bekanntschaft mit den Sexualproblemen gemacht hatte. In diesem Stiegenhaus hatte er häufig gespielt und war dabei unter anderem auch rittlings längs des Geländers hinuntergerutscht, wobei er sexuelle Erregung verspürt hatte. Im Traume eilt er nun ebenfalls ungemein rasch über die Stiege hinunter, so rasch, daß er nach eigener deutlicher Angabe die einzelnen Stufen gar nicht berührt, sondern, wie man zu sagen pflegt, „hinunter f l i e g t" oder rutscht. Mit Bezug auf das infantile Erlebnis scheint dieser Beginn des Traumes den Moment der sexuellen Erregung darzustellen. — In diesem Stiegenhaus und der dazugehörigen Wohnung hatte der Träumer aber auch mit den Nachbarskindern häufig sexuelle Raufspiele getrieben, wobei er sich in ähnlicher Weise befriedigt hatte, wie es im Traume geschieht.

Weiß man aus F r e u d s sexualsymbolischen Forschungen (siehe „Zentralblatt f. PsA.", Heft 1, p. 2 f.), daß die Stiege und das Stiegensteigen im Traume fast regelmäßig den Koitus symbolisieren, so wird der Traum völlig durchsichtig. Seine Triebkraft ist, wie ja auch sein Effekt, die Pollution, zeigt, rein libidinöser Natur. Im Schlafzustand erwacht die sexuelle Erregung (im Traume dargestellt durch das Hinuntereilen — rutschen — über die Stiege), deren sadistischer Einschlag auf Grund der Raufspiele in der Verfolgung und Überwältigung des Kindes angedeutet ist. Die libidinöse Erregung steigert sich und drängt zur sexuellen Aktion (dargestellt im Traume durch das Fassen des Kindes und seine Beförderung in die Mitte der Stiege). Bis daher wäre der Traum rein sexualsymbolisch und für den wenig geübten Traumdeuter völlig undurchsichtig. Aber der überstarken libidinösen Erregung genügt diese symbolische Befriedigung nicht, welche die Ruhe des Schlafes gewährleistet hätte. Die Erregung führt zum Orgasmus und damit wird die ganze Stiegensymbolik als Vertretung des Koitus entlarvt. — Wenn F r e u d als einen der Gründe für die sexuelle Verwertung des Stiegensymbols den rhythmischen Charakter beider Aktionen hervorhebt, so scheint dieser Traum besonders deutlich dafür zu sprechen, da nach ausdrücklicher Angabe des Träumers die Rhythmik seines Sexualaktes, das Auf- und Niederreiben, das im ganzen Traum am deutlichsten ausgeprägte Element gewesen war.

Noch eine Bemerkung über die beiden Bilder, die, abgesehen von ihrer realen Bedeutung, auch in symbolischem Sinne als

„Weibsbilder“ gelten, was schon daraus hervorgeht, daß es sich um ein großes und ein kleines Bild handelt, ebenso wie im Trauminhalt ein großes (erwachsenes) und ein kleines Mädchen vorkommen. Daß auch billigere Bilder zur Verfügung stehen, führt zum Prostituiertenkomplex, wie andererseits der Vorname des Träumers auf dem kleinen Bilde und der Gedanke, es sei ihm zum Geburtstag bestimmt, auf den Elternkomplex hinweisen (auf der Stiege geboren = im Koitus erzeugt).

Die undeutliche Schlußszene, wo der Träumer sich selbst oben auf dem Treppenabsatze im Bette liegen sieht und Nässe verspürt, scheint über die infantile Onanie hinaus noch weiter in die Kindheit zurückzuweisen und vermutlich ähnlich lustvolle Szenen von Bettnässen zum Vorbild zu haben.

8) Ein modifizierter Stiegentraum

Ich mache einem meiner Patienten, einem schwerkranken Abstinenten, dessen Phantasie an seine Mutter fixiert ist, und der wiederholt vom Treppensteigen in Begleitung der Mutter geträumt hat, die Bemerkung, daß mäßige Masturbation ihm wahrscheinlich weniger schädlich wäre als seine erzwungene Enthaltsamkeit. Diese Beeinflussung provoziert folgenden Traum:

„*Sein Klavierlehrer mache ihm Vorwürfe, daß er sein Klavierspiel vernachlässige, die Etüden von Moscheles sowie den Gradus ad Parnassum von Clementi nicht übt.*“

Er bemerkt hiezu, der Gradus sei ja auch eine Stiege und die Klaviatur selbst sei eine Stiege, weil sie eine Skala enthalte.

Man darf sagen, es gibt keinen Vorstellungskreis, der sich der Darstellung sexueller Tatsachen und Wünsche verweigern würde.

9) Wirklichkeitsgefühl und Darstellung der Wiederholung

Ein jetzt 35jähriger Mann erzählt einen gut erinnerten Traum, den er mit vier Jahren gehabt haben will: *Der Notar, bei dem das Testament des Vaters hinterlegt war,* — er hatte den Vater im Alter von drei Jahren verloren, — *brachte zwei große Kaiserbirnen, von denen er eine zum Essen bekam. Die andere lag auf dem Fensterbrett des Wohnzimmers.* Er erwachte mit der Überzeugung von der Realität des Geträumten und verlangte hartnäckig von der Mutter die zweite Birne; sie liege doch auf dem Fensterbrett. Die Mutter lachte darüber.

Analyse. Der Notar war ein jovialer alter Herr, der, wie er sich zu erinnern glaubt, wirklich einmal Birnen mitbrachte. Das Fensterbrett war so, wie er es im Traume sah. Anderes will ihm dazu nicht einfallen; etwa noch, daß die Mutter kürzlich ihm einen Traum erzählt. Sie hat zwei Vögel auf ihrem Kopfe sitzen, fragt sich, wann sie fortfliegen werden, aber sie fliegen nicht fort, sondern der eine fliegt zu ihrem Munde und saugt aus ihm.

Das Versagen der Einfälle des Träumers gibt uns das Recht, die Deutung durch Symbolersetzung zu versuchen. Die beiden Birnen — *pommes ou poires* — sind die Brüste der Mutter, die ihn genährt hat; das Fensterbrett der Vorsprung des Busens, analog den Balkonen im Häusertraum (vgl. S. 71). Sein Wirklichkeitsgefühl nach dem Erwachen hat recht, denn die Mutter hat ihn wirklich gesäugt, sogar weit über die gebräuchliche Zeit hinaus, und die Mutterbrust wäre noch immer zu haben. Der Traum ist zu übersetzen: Mutter, gib (zeig') mir die Brust wieder, an der ich früher einmal getrunken habe. Das „früher" wird durch das Essen der einen Birne dargestellt, das „wieder" durch das Verlangen nach der anderen. Die zeitliche Wiederholung eines Aktes wird im Traum regelmäßig zur zahlenmäßigen Vermehrung eines Objektes.

Es ist natürlich sehr auffällig, daß die Symbolik bereits im Traume eines Vierjährigen eine Rolle spielt, aber dies ist nicht Ausnahme, sondern Regel. Man darf sagen, der Träumer verfügt über die Symbolik von allem Anfang an.

Wie frühzeitig sich der Mensch, auch außerhalb des Traumlebens, der symbolischen Darstellung bedient, mag folgende unbeeinflußte Erinnerung einer jetzt 27 jährigen Dame lehren: *Sie ist zwischen drei und vier Jahre alt. Das Kindsmädchen treibt sie, ihren um elf Monate jüngeren Bruder und eine im Alter zwischen beiden stehende Cousine auf den Abort, damit sie dort vor dem Spaziergang ihre kleinen Geschäfte verrichten. Sie setzt sich als die älteste auf den Sitz, die beiden anderen auf Töpfe. Sie fragt die Cousine: Hast du auch ein Portemonnaie? Der Walter hat ein Würstchen, ich hab' ein Portemonnaie. Antwort der Cousine: Ja, ich hab' auch ein Portemonnaie. Das Kindsmädchen hat lachend zugehört und erzählt die Unterhaltung der Mama, die mit einer scharfen Zurechtweisung reagiert.*

Es sei hier ein Traum eingeschaltet, dessen hübsche Symbolik eine Deutung mit geringer Nachhilfe der Träumerin gestattete:

10) „Zur Frage der Symbolik in den Träumen Gesunder"[1]

„Ein von den Gegnern der Psychoanalyse häufig — zuletzt auch von Havelock Ellis[2] — vorgebrachter Einwand lautet, daß die Traumsymbolik vielleicht ein Produkt der neurotischen Psyche sei, aber keineswegs für die normale Gültigkeit habe. Während nun die psychoanalytische Forschung zwischen normalem und neurotischem Seelenleben überhaupt keine prinzipiellen, sondern nur quantitative Unterschiede kennt, zeigt die Analyse der Träume, in denen ja bei Gesunden und Kranken in gleicher Weise die verdrängten Komplexe wirksam sind, die volle Identität der Mechanismen wie der Symbolik. Ja die unbefangenen Träume Gesunder enthalten oft eine viel einfachere, durchsichtigere und mehr charakteristische Symbolik als die neurotischer Personen, in denen sie infolge der stärker wirkenden Zensur und der hieraus

1) Alfred Robitsek im Zentralblatt f. PsA. II, 1911, p. 340.
2) „The World of Dreams", London 1911, p. 168.

resultierenden weitergehenden Traumentstellung häufig gequält, dunkel und schwer zu deuten ist. Der in folgendem mitgeteilte Traum diene zur Illustrierung dieser Tatsache. Er stammt von einem nicht neurotischen Mädchen von eher prüdem und zurückhaltendem Wesen; im Laufe des Gespräches erfahre ich, daß sie verlobt ist, daß sich aber der Heirat Hindernisse entgegenstellen, die sie zu verzögern geeignet sind. Sie erzählt mir spontan folgenden Traum:

„*I arrange the centre of a table with flowers for a birthday.*" (Ich richte die Mitte eines Tisches mit Blumen für einen Geburtstag her.) Auf Fragen gibt sie an, sie sei im Traume wie in ihrem Heim gewesen (das sie zurzeit nicht besitzt) und habe ein G l ü c k s g e f ü h l empfunden.

„Die ‚populäre' Symbolik ermöglicht mir, den Traum für mich zu übersetzen. Er ist der Ausdruck ihrer bräutlichen Wünsche: der Tisch mit dem Blumenmittelstück ist symbolisch für sie selbst und das Genitale; sie stellt ihre Zukunftswünsche erfüllt dar, indem sie sich bereits mit dem Gedanken an die Geburt eines Kindes beschäftigt; die Hochzeit liegt also längst hinter ihr.

„Ich mache sie darauf aufmerksam, daß ‚*the c e n t r e of a table*' ein ungewöhnlicher Ausdruck sei, was sie zugibt, kann hier aber natürlich nicht direkt weiter fragen. Ich vermied es sorgfältig, ihr die Bedeutung der Symbole zu suggerieren, und fragte sie nur, was ihr zu den einzelnen Teilen des Traumes in den Sinn komme. Ihre Zurückhaltung wich im Verlaufe der Analyse einem deutlichen Interesse an der Deutung und einer Offenheit, die der Ernst des Gespräches ermöglichte. — Auf meine Frage, was für Blumen es gewesen seien, antwortete sie zunächst: ‚*expensive flowers; one has to pay for them*' (teuere Blumen, für die man zahlen muß), dann, es seien ‚*lilies of the valley, violets and pinks or carnations*' gewesen (Maiglöckchen, wörtlich: Lilien vom Tale, Veilchen und Nelken). Ich nahm an, daß das Wort L i l i e in diesem Traume in seiner populären Bedeutung als

Keuschheitssymbol erscheine; sie bestätigte diese Annahme, indem ihr zu ‚Lilie‘ ‚*purity*‘ (Reinheit) einfiel. ‚*Valley*‘, das Tal, ist ein häufiges weibliches Traumsymbol; so wird das zufällige Zusammentreffen der beiden Symbole in dem englischen Namen für Maiglöckchen zur Traumsymbolik, zur Betonung ihrer kostbaren Jungfräulichkeit — *expensive flowers, one has to pay for them* — verwendet und zum Ausdruck der Erwartung, daß der Mann ihren Wert zu würdigen wissen werde. Die Bemerkung *expensive flowers* etc.‘ hat, wie sich zeigen wird, bei jedem der drei Blumensymbole eine andere Bedeutung.

„Den geheimen Sinn der scheinbar recht asexuellen ‚*violets*‘ suchte ich mir — recht kühn, wie ich meinte — mit einer unbewußten Beziehung zum französischen ‚*viol*‘ zu erklären. Zu meiner Überraschung assoziierte die Träumerin ‚*violate*‘, das englische Wort für vergewaltigen. Die zufällige große Wortähnlichkeit von *violet* und *violate* — in der englischen Aussprache unterscheiden sie sich nur durch eine Akzentverschiedenheit der letzten Silbe — wird vom Traume benutzt, um ‚durch die Blume‘ den Gedanken an die Gewaltsamkeit der Defloration (auch dieses Wort benutzt die Blumensymbolik), vielleicht auch einen masochistischen Zug des Mädchens zum Ausdruck zu bringen. Ein schönes Beispiel für die Wortbrücken, über welche die Wege zum Unbewußten führen. Das ‚*one has to pay for them*‘ bedeutet hier das Leben, mit dem sie das Weib- und Mutterwerden bezahlen muß.

„Bei ‚*pinks*‘, die sie dann ‚*carnations*‘ nennt, fällt mir die Beziehung dieses Wortes zum ‚Fleischlichen‘ auf. Ihr Einfall dazu lautete aber ‚*colour*‘ (Farbe). Sie fügte hinzu, daß *carnations* die Blumen seien, welche ihr von ihrem Verlobten häufig und in großen Mengen geschenkt werden. Zu Ende des Gespräches gesteht sie plötzlich spontan, sie habe mir nicht die Wahrheit gesagt, es sei ihr nicht ‚*colour*‘, sondern ‚*incarnation*‘ (Fleischwerdung) eingefallen, welches Wort ich erwartet hatte; übrigens ist auch ‚*colour*' als Einfall nicht entlegen, sondern durch die Bedeutung von *carnation* — Fleischfarbe, also durch den Komplex determiniert. Diese Unaufrichtigkeit zeigt, daß der Widerstand an dieser Stelle am größten war, entsprechend dem Umstand, daß die Symbolik hier am durchsichtigsten ist, der Kampf zwischen Libido und Verdrängung bei diesem phallischen Thema am stärksten war. Die Bemerkung, daß diese Blumen häufige Geschenke des Verlobten seien, ist neben der Doppelbedeutung von *carnation* ein weiterer Hinweis auf ihren phallischen Sinn im Traume. Der Tagesanlaß des Blumengeschenkes wird benutzt, um den Gedanken von sexuellem Geschenk und Gegengeschenk auszudrücken: sie schenkt ihre Jungfräulichkeit und erwartet dafür ein reiches Liebesleben. Auch hier dürfte das ‚*expensive flowers, one has to pay for them*' eine — wohl wirkliche, finanzielle — Bedeutung haben. — Die Blumensymbolik des Traumes enthält also das jungfräulich-weibliche, das männliche Symbol und die Beziehung auf die gewaltsame Defloration. Es sei darauf hingewiesen, daß die sexuelle Blumensymbolik, die ja auch sonst sehr verbreitet ist, die menschlichen Sexualorgane durch die Blüten, die Sexualorgane der Pflanzen symbolisiert; das Blumenschenken unter Liebenden hat vielleicht überhaupt diese unbewußte Bedeutung.

„Der Geburtstag, den sie im Traume vorbereitet, bedeutet wohl die Geburt eines Kindes. Sie identifiziert sich mit dem Bräutigam, stellt ihn dar, wie er sie für eine Geburt herrichtet, also koitiert. Der latente Gedanke könnte lauten: Wenn ich er wäre, würde ich nicht warten, sondern die Braut deflorieren, ohne sie zu fragen, Gewalt brauchen; darauf deutet ja auch das *violate*. So kommt auch die sadistische Libidokomponente zum Ausdruck.

„In einer tieferen Schichte des Traumes dürfte das ‚*I arrange* etc.' eine autoerotische, also infantile Bedeutung haben.

„Sie hat auch eine nur im Traume mögliche Erkenntnis ihrer körperlichen Dürftigkeit: sie sieht sich flach wie einen Tisch; um so mehr wird die Kostbarkeit des ‚*centre*' (sie nennt es ein andermal ‚*a centre piece of flowers*'), ihre Jungfräulichkeit, hervorgehoben. Auch das Horizontale des Tisches dürfte ein Element zum Symbol beitragen. — Beachtenswert ist die Konzentration des Traumes; nichts ist überflüssig, jedes Wort ist ein Symbol.

„Sie bringt später einen Nachtrag zum Traume: ‚*I decorate the flowers with green crinkled paper.*' (Ich verziere die Blumen mit grünem, gekräuseltem Papier.) Sie fügt hinzu, es sei ‚*fancy paper*' (Phantasiepapier), mit dem man die gewöhnlichen Blumentöpfe verkleide. Sie sagt weiter: ‚*to hide untidy things, whatever was to be seen, which was not pretty to the eye; there is a gap, a little space in the flowers.*' Also: ‚um unsaubere Dinge zu verbergen, die nicht hübsch anzusehen sind; ein Spalt, ein kleiner Zwischenraum in den Blumen.' ‚*The paper looks like velvet or moss*' (‚das Papier sieht wie Samt oder Moos aus'). Zu ‚*decorate*' assoziiert sie ‚*decorum*', wie ich es erwartet hatte. Die grüne Farbe sei vorherrschend; sie assoziiert dazu ‚*hope*' (Hoffnung), wieder eine Beziehung zur Gravidität. — In diesem Teile des Traumes herrscht nicht die Identifizierung mit dem Manne, sondern es kommen Gedanken von Scham und Offenheit zur Geltung. Sie macht sich schön für ihn, gesteht sich körperliche Fehler ein, deren sie sich schämt und die sie zu korrigieren sucht. Die Einfälle Samt, Moos sind ein deutlicher Hinweis, daß es sich um die *crines pubis* handelt.

„Der Traum ist ein Ausdruck von Gedanken, die das wache Denken des Mädchens kaum kennt; Gedanken, die sich mit der Sinnenliebe und ihren Organen beschäftigen; sie wird ‚für einen Geburtstag zugerichtet', d. h. koitiert; die Furcht vor der Defloration, vielleicht auch das lustbetonte Leiden kommen zum Ausdruck; sie gesteht sich ihre körperlichen Mängel ein, überkompensiert diese durch Überschätzung des Wertes ihrer Jungfräulichkeit. Ihre Scham entschuldigt die sich zeigende Sinnlichkeit damit, daß diese ja das Kind zum Ziel hat. Auch materielle

Erwägungen, die der Liebenden fremd sind, finden ihren Ausdruck. Der Affekt des einfachen Traumes — das Glücksgefühl — zeigt an, daß hier starke Gefühlskomplexe ihre Befriedigung gefunden haben."

Ferenczi hat mit Recht darauf aufmerksam gemacht, wie leicht gerade „Träume von Ahnungslosen" den Sinn der Symbole und die Bedeutung der Träume erraten lassen. (Int. Zeitschr. f. PsA. IV, 1916/17.)

Die nachstehende Analyse des Traumes einer historischen Persönlichkeit unserer Tage schalte ich hier ein, weil in ihm ein Gegenstand, der sich auch sonst zur Vertretung des männlichen Gliedes eignen würde, durch eine hinzugefügte Bestimmung aufs deutlichste als phallisches Symbol gekennzeichnet wird. Die „unendliche Verlängerung" einer Reitgerte kann nicht leicht anderes als die Erektion bedeuten. Überdies gibt dieser Traum ein schönes Beispiel dafür, wie ernsthafte und dem Sexuellen fernabliegende Gedanken durch infantil-sexuelles Material zur Darstellung gebracht werden.

11) Ein Traum Bismarcks

(Von Dr. Hanns Sachs)

„In seinen ‚Gedanken und Erinnerungen' teilt Bismarck (Bd. II der Volksausgabe, p. 222) einen Brief mit, den er am 18. Dezember 1881 an Kaiser Wilhelm schrieb. Dieser Brief enthält folgende Stelle: ‚Eurer Majestät Mitteilung ermutigt mich zur Erzählung eines Traumes, den ich Frühjahr 1863 in den schwersten Konfliktstagen hatte, aus denen ein menschliches Auge keinen gangbaren Ausweg sah. Mir träumte und ich erzählte es sofort am Morgen meiner Frau und anderen Zeugen, daß ich auf einem schmalen Alpenpfad ritt, rechts Abgrund, links Felsen; der Pfad wurde schmäler, so daß das Pferd sich weigerte und Umkehr und Absitzen wegen Mangel an Platz unmöglich; da schlug ich mit meiner Gerte in der linken Hand gegen die glatte Felswand und rief Gott an; die Gerte wurde unendlich lang, die Felswand stürzte wie eine Kulisse und eröffnete einen breiten Weg mit dem Blick auf Hügel und Waldland wie in Böhmen, preußische Truppen mit Fahnen und in mir noch im Traum der Gedanke, wie ich das schleunig Eurer Majestät melden könnte. Dieser Traum erfüllte sich und ich erwachte froh und gestärkt aus ihm.'"

„Die Handlung des Traumes zerfällt in zwei Abschnitte: im ersten Teil gerät der Träumer in Bedrängnis, aus der er dann im zweiten auf wunderbare Weise erlöst wird. Die schwierige Lage, in der sich Roß und Reiter befinden, ist eine leicht kenntliche Traumdarstellung der kritischen Situation des Staatsmannes, die er am Abend vor dem Traume, über die Probleme seiner Politik nachdenkend, besonders bitter empfunden haben mochte. Mit der zur Darstellung gelangten gleichnisweisen Wendung schildert Bismarck selbst in der oben wiedergegebenen Briefstelle die Trostlosigkeit seiner damaligen Position; sie war ihm also durchaus geläufig und naheliegend. Nebstdem haben wir wohl auch ein schönes Beispiel von Silberers ‚funktionalem Phänomen' vor uns. Die Vorgänge im Geiste des Träumers, der bei jeder von seinen Gedanken versuchten Lösung auf unübersteigliche Hindernisse stößt, seinen Geist aber trotzdem nicht von der Beschäftigung mit den Problemen losreißen kann und darf, sind sehr treffend durch den Reiter gegeben, der weder vorwärts noch rückwärts kann. Der Stolz, der ihm verbietet, an ein Nachgeben oder Zurücktreten zu denken, kommt im Traume durch die Worte ‚Umkehren oder absitzen unmöglich' zum Ausdruck. In seiner Eigenschaft als stets angestrengt Tätiger, der sich für fremdes Wohl plagt, lag es für Bismarck nahe, sich mit einem Pferde zu vergleichen, und er hat dies auch bei verschiedenen Gelegenheiten getan, z. B. in seinem bekannten Ausspruch: ‚Ein wackeres Pferd stirbt in seinen Sielen.' So ausgelegt bedeuten die Worte, daß ‚das Pferd sich weigerte', nichts anderes, als daß der Übermüdete das Bedürfnis empfinde, sich von den Sorgen der

Gegenwart abzuwenden, oder anders ausgedrückt, daß er im Begriffe stehe, sich von den Fesseln des Realitätsprinzips durch Schlaf und Traum zu befreien. Der Wunscherfüllung, die dann im zweiten Teil so stark zu Wort kommt, wird dann auch hier schon präludiert durch das Wort ‚Alpenpfad'. Bismarck wußte damals wohl schon, daß er seinen nächsten Urlaub in den Alpen — nämlich in Gastein — zubringen werde; der Traum, der ihn dahin versetzte, befreite ihn also mit einem Schlage von allen lästigen Staatsgeschäften.

„Im zweiten Teil werden die Wünsche des Träumers auf doppelte Weise — unverhüllt und greifbar, daneben noch symbolisch — als erfüllt dargestellt. Symbolisch durch das Verschwinden des hemmenden Felsens, an dessen Stelle ein breiter Weg — also der gesuchte Ausweg in bequemster Form — erscheint, unverhüllt durch den Anblick der vorrückenden preußischen Truppen. Man braucht zur Erklärung dieser prophetischen Vision durchaus nicht mystische Zusammenhänge zu konstruieren; die Freudsche Wunscherfüllungstheorie genügt vollständig. Bismarck ersehnte schon damals als den besten Ausgang aus den inneren Konflikten Preußens einen siegreichen Krieg mit Österreich. Wenn er die preußischen Truppen in Böhmen, also in Feindesland, mit ihren Fahnen sieht, so stellt ihm der Traum dadurch diesen Wunsch als erfüllt dar, wie es Freud postuliert. Individuell bedeutsam ist nur, daß der Träumer, mit dem wir uns hier beschäftigen, sich mit der Traumerfüllung nicht begnügte, sondern auch die reale zu erzwingen wußte. Ein Zug, der jedem Kenner der psychoanalytischen Deutungstechnik auffallen muß, ist die Reitgerte, die ‚unendlich lang' wird. Gerte, Stock, Lanze und Ähnliches sind uns als phallische Symbole geläufig; wenn aber diese Gerte noch die auffallendste Eigenschaft des Phallus, die Ausdehnungsfähigkeit besitzt, so kann kaum ein Zweifel bestehen. Die Übertreibung des Phänomens durch die Verlängerung ins ‚Unendliche' scheint auf die infantile Überbesetzung zu deuten.

Das In-die-Hand-nehmen der Gerte ist eine deutliche Anspielung auf die Masturbation, wobei natürlich nicht an die aktuellen Verhältnisse des Träumers, sondern an weit zurückliegende Kinderlust zu denken ist. Sehr wertvoll ist hier die von Dr. Stekel gefundene Deutung, nach der links im Traume das Unrecht, das Verbotene, die Sünde bedeutet, was auf die gegen ein Verbot betriebene Kinderonanie sehr gut anwendbar wäre. Zwischen dieser tiefsten, infantilen Schicht und der obersten, die sich mit den Tagesplänen des Staatsmannes beschäftigt, läßt sich noch eine Mittelschicht nachweisen, die mit beiden anderen in Beziehung steht. Der ganze Vorgang der wunderbaren Befreiung aus einer Not durch das Schlagen auf den Fels mit der Heranziehung Gottes als Helfer erinnert auffällig an eine biblische Szene, nämlich wie Moses für die dürstenden Kinder Israels aus dem Felsen Wasser schlägt. Die genaue Bekanntschaft mit dieser Stelle dürfen wir bei dem aus einem bibelgläubigen, protestantischen Hause hervorgegangenen Bismarck ohne weiteres annehmen. Mit dem Anführer Moses, dem das Volk, das er befreien will, mit Auflehnung, Haß und Undank lohnt, konnte sich Bismarck in der Konfliktszeit unschwer vergleichen. Dadurch wäre also die Anlehnung an die aktuellen Wünsche gegeben. Anderseits enthält die Bibelstelle manche Einzelheiten, die für die Masturbationsphantasie sehr gut verwertbar sind. Gegen das Gebot Gottes greift Moses zum Stock und für diese Übertretung straft ihn der Herr, indem er ihm verkündet, daß er sterben müsse, ohne das gelobte Land zu betreten. Das verbotene Ergreifen des — im Traume unzweideutig phallischen — Stockes, das Erzeugen von Flüssigkeit durch das Schlagen damit und die Todesdrohung — damit haben wir alle Hauptmomente der infantilen Masturbation beisammen. Interessant ist die Bearbeitung, die jene beiden heterogenen Bilder, von denen eines aus der Psyche des genialen Staatsmannes, das andere aus den Regungen der primitiven Kinderseele stammt, durch Vermittlung der Bibelstelle zusammengeschweißt hat, wobei es ihr gelungen ist, alle peinlichen Momente wegzuwischen. Daß das Ergreifen des Stockes eine verbotene, aufrührerische Handlung ist, wird nur mehr durch die linke Hand, mit der es geschieht, symbolisch angedeutet. Im manifesten Trauminhalt wird aber dabei Gott angerufen, wie um recht ostentativ jeden Gedanken an ein Verbot oder eine Heimlichkeit abzuweisen. Von den beiden Verheißungen Gottes an Moses, daß er das verheißene Land sehen, nicht betreten werde, wird die eine sehr deutlich als erfüllt dargestellt (Blick auf Hügel und Waldland), die andere, höchst peinliche, gar nicht erwähnt. Das Wasser ist wahrscheinlich der sekundären Bearbeitung, welche die Vereinheitlichung dieser Szene mit der vorigen erfolgreich anstrebte, zum Opfer gefallen, statt dessen stürzt der Fels selber.

„Den Schluß einer infantilen Masturbationsphantasie, in der das Verbotsmotiv vertreten ist, müßten wir so erwarten, daß das Kind wünscht, die Autoritätspersonen seiner Umgebung möchten nichts von dem Geschehenen erfahren. Im Traume ist dieser Wunsch durch das Gegenteil, den Wunsch, das Vorgefallene dem König sogleich zu melden, ersetzt. Diese Umkehrung schließt sich aber ausgezeichnet und ganz unauffällig der in der obersten Schicht der Traumgedanken und in einem Teile des manifesten Trauminhaltes enthaltenen Siegesphantasie an. Ein solcher Siegesund Eroberungstraum ist oft der Deckmantel eines erotischen Eroberungswunsches; einzelne Züge des Traumes, wie z. B., daß dem Eindringenden ein Widerstand entgegengesetzt wird, nach Anwendung der sich verlängernden Gerte aber ein breiter Weg erscheint, dürften dahin deuten, doch reichten sie nicht hin, um daraus eine bestimmte, den Traum durchziehende Gedanken- und Wunschrichtung zu ergründen. Wir sehen hier ein Musterbeispiel einer durchaus gelungenen Traumentstellung. Das Anstößige wurde überarbeitet, daß es nirgends über das Gewebe hinausragt, das als schützende Decke darübergebreitet ist. Die Folge davon ist, daß jede Entbindung von Angst hintertrieben werden konnte. Es ist ein Idealfall von gelungener Wunscherfüllung ohne Zensurverletzung, so daß wir begreifen können, daß der Träumer aus solchem Traum froh und gestärkt erwachte."

Ich schließe mit dem

12) Traum eines Chemikers,

eines jungen Mannes, der sich bemühte, seine onanistischen Gewohnheiten gegen den Verkehr mit dem Weibe aufzugeben.

Vorbericht. Am Tage vor dem Traume hat er einem Studenten Aufschluß über die Grignardsche Reaktion gegeben, bei welcher Magnesium unter katalytischer Jodeinwirkung in absolut reinem Äther aufzulösen ist. Zwei Tage vorher gab es bei der nämlichen Reaktion eine Explosion, bei der sich ein Arbeiter die Hand verbrannte.

Traum: I) *Er soll Phenylmagnesiumbromid machen, sieht die Apparatur besonders deutlich, hat aber sich selbst fürs Magnesium substituiert. Er ist nun in eigentümlich schwankender Verfassung, sagt sich immer: Es ist das Richtige, es geht, meine Füße lösen sich schon auf, meine Knie werden weich. Dann greift er hin, fühlt an seine Füße, nimmt inzwischen (er weiß nicht wie) seine Beine aus dem Kolben heraus, sagt sich wieder: Das kann nicht sein. — Ja doch, es ist richtig gemacht. Dabei erwacht er partiell, wiederholt sich den Traum, weil er ihn mir erzählen will. Er fürchtet sich direkt vor der Auflösung des Traumes, ist während dieses Halbschlafes sehr erregt und wiederholt sich beständig: Phenyl, Phenyl.*

II) *Er ist mit seiner ganzen Familie in ***ing, soll um ½12 Uhr beim Rendezvous am Schottentor mit jener gewissen Dame sein, wacht aber erst um ½12 Uhr auf. Er sagt sich: Es ist jetzt zu spät; bis du hinkommst, ist es ½1 Uhr. Im nächsten Moment sieht er die ganze Familie um den Tisch versammelt, besonders deutlich die Mutter und das Stubenmädchen mit dem Suppentopf. Er sagt sich dann: Nun, wenn wir schon essen, kann ich ja nicht mehr fort.*

Analyse: Er ist sicher, daß schon der erste Traum eine Beziehung zur Dame seines Rendezvous hat (der Traum ist in der Nacht vor der erwarteten Zusammenkunft geträumt). Der Student, dem er die Auskunft gab, ist ein besonders ekelhafter Kerl; er sagte ihm: Das ist nicht das Richtige, weil das Magnesium noch ganz unberührt war, und jener antwortete, als ob ihm gar nichts daran läge: Das ist halt nicht das Richtige. Dieser Student muß er selbst sein; — er ist so gleichgültig gegen seine Analyse, wie jener für seine Synthese; — das Er im Traume, das die Operation vollzieht, aber ich. Wie ekelhaft muß er mir mit seiner Gleichgültigkeit gegen den Erfolg erscheinen!

Anderseits ist er dasjenige, womit die Analyse (Synthese) gemacht wird. Es handelt sich um das Gelingen der Kur. Die Beine im Traume erinnern an einen Eindruck von gestern abends. Er traf in der Tanzstunde mit einer Dame zusammen, die er erobern will; er drückte sie so fest an sich, daß sie einmal aufschrie. Als er mit dem Druck gegen ihre Beine aufhörte, fühlte er ihren kräftigen Gegendruck auf seinen Unterschenkeln bis oberhalb der Knie, an den im Traume erwähnten Stellen. In dieser Situation ist also das Weib das Magnesium in der Retorte, mit dem es endlich geht. Er ist feminin gegen mich, wie er viril gegen das Weib ist. Geht es mit der Dame, so geht es auch mit der Kur. Das Sichbefühlen und die Wahrnehmungen an seinen Knien deuten auf die Onanie und entsprechen seiner Müdigkeit vom Tage vorher. — Das Rendezvous war wirklich für $^1/_2$12 Uhr verabredet. Sein Wunsch, es zu verschlafen und bei den häuslichen Sexualobjekten (d. h. bei der Onanie) zu bleiben, entspricht seinem Widerstande.

Zur Wiederholung des Namens Phenyl berichtet er: Alle diese Radikale auf yl haben ihm immer sehr gefallen, sie sind sehr bequem zu gebrauchen: Benzyl, Azetyl usw. Das erklärt nun nichts, aber als ich ihm das Radikal: Schlemihl vorschlage. lacht er sehr und erzählt, daß er während des Sommers ein

Buch von Prévost gelesen, und in diesem war im Kapitel: *Les exclus de l'amour,* allerdings von den „Schlemiliés" die Rede, bei deren Schilderung er sich sagte: Das ist mein Fall. — Schlemihlerei wäre es auch gewesen, wenn er das Rendezvous versäumt hätte.

Es scheint, daß die sexuelle Traumsymbolik bereits eine direkte experimentelle Bestätigung gefunden hat. Phil. Dr. K. Schrötter hat 1912 über Anregung von H. Swoboda bei tief hypnotisierten Personen Träume durch einen suggestiven Auftrag erzeugt, der einen großen Teil des Trauminhaltes festlegte. Wenn die Suggestion den Auftrag brachte, vom normalen oder abnormen Sexualverkehr zu träumen, so führte der Traum diese Aufträge aus, indem er an Stelle des sexuellen Materials die aus der psychoanalytischen Traumdeutung bekannten Symbole einsetzte. So z. B. erschien nach der Suggestion, vom homosexuellen Verkehr mit einer Freundin zu träumen, im Traume diese Freundin mit einer schäbigen Reisetasche in der Hand, worauf ein Zettel klebte, bedruckt mit den Worten: „Nur für Damen." Der Träumerin war angeblich von Symbolik im Traume und Traumdeutung niemals etwas bekanntgegeben worden. Leider wird die Einschätzung dieser bedeutsamen Untersuchung durch die unglückliche Tatsache gestört, daß Dr. Schrötter bald nachher durch Selbstmord endete. Von seinen Traumexperimenten berichtet bloß eine vorläufige Mitteilung im „Zentralblatt für Psychoanalyse".

Ähnliche Ergebnisse hat 1923 G. Roffenstein veröffentlicht. Besonders interessant erscheinen aber Versuche, die Betlheim und Hartmann angestellt haben, weil bei ihnen die Hypnose ausgeschaltet war. Diese Autoren („Über Fehlreaktionen bei der Korsakoffschen Psychose", Archiv für Psychiatrie, Bd. 72, 1924) haben Kranken mit solcher Verworrenheit Geschichten grob sexuellen Inhalts erzählt und die Entstellungen beachtet, welche bei der Reproduktion des Erzählten auftraten. Es zeigte sich, daß dabei die aus der Traumdeutung bekannten

Symbole zum Vorschein kamen (Stiegen steigen, stechen und schießen als Symbole des Koitus, Messer und Zigarette als Penissymbole). Ein besonderer Wert wird dem Erscheinen des Symbols der Stiege beigelegt, weil, wie die Autoren mit Recht bemerken, „eine derartige Symbolisierung einem bewußten Entstellungswunsch unerreichbar wäre."

Erst nachdem wir die Symbolik im Traume gewürdigt haben, können wir in der oben S. 50 abgebrochenen Behandlung der typischen Träume fortfahren. Ich halte es für gerechtfertigt, diese Träume im groben in zwei Klassen einzuteilen, in solche, die wirklich jedesmal den gleichen Sinn haben, und zweitens in solche, die trotz des gleichen oder ähnlichen Inhalts doch die verschiedenartigsten Deutungen erfahren müssen. Von den typischen Träumen der ersten Art habe ich den Prüfungs traum bereits eingehender behandelt.

Wegen des ähnlichen Affekteindruckes verdienen die Träume vom Nichterreichen eines Eisenbahnzuges den Prüfungsträumen angereiht zu werden. Ihre Aufklärung rechtfertigt dann diese Annäherung. Es sind Trostträume gegen eine andere im Schlaf empfundene Angstregung, die Angst zu sterben. „Abreisen" ist eines der häufigsten und am besten zu begründenden Todessymbole. Der Traum sagt dann tröstend: Sei ruhig, du wirst nicht sterben (abreisen), wie der Prüfungstraum beschwichtigte: Fürchte nichts; es wird dir auch diesmals nichts geschehen. Die Schwierigkeit im Verständnis beider Arten von Träumen rührt daher, daß die Angstempfindung gerade an den Ausdruck des Trostes geknüpft ist.

Der Sinn der „Zahnreizträume", die ich bei meinen Patienten oft genug zu analysieren hatte, ist mir lange Zeit entgangen, weil sich zu meiner Überraschung der Deutung derselben regelmäßig allzu große Widerstände entgegenstellten.

Endlich ließ die übergroße Evidenz keinen Zweifel daran, daß bei Männern nichts anderes als das Onaniegelüste der Pubertätszeit die Triebkraft dieser Träume abgebe. Ich will zwei solcher Träume analysieren, von denen einer gleichzeitig ein „Flugtraum“ ist. Beide rühren von derselben Person her, einem jungen Manne mit starker, aber im Leben gehemmter Homosexualität:

Er befindet sich bei einer „Fidelio“-Vorstellung im Parkett der Oper, neben L., einer ihm sympathischen Persönlichkeit, deren Freundschaft er gern erwerben möchte. Plötzlich fliegt er schräg hinweg über das Parkett bis ans Ende, greift sich dann in den Mund und zieht sich zwei Zähne aus.

Den Flug beschreibt er selbst, als ob er in die Luft „geworfen“ würde. Da es sich um eine Vorstellung des „Fidelio“ handelt, liegt das Dichterwort nahe:

„Wer ein holdes Weib errungen —“

Aber das Erringen auch des holdesten Weibes gehört nicht zu den Wünschen des Träumers. Zu diesen stimmen zwei andere Verse besser:

„Wem der g r o ß e W u r f gelungen,
Eines Freundes Freund zu sein “

Der Traum enthält nun diesen „großen Wurf“, der aber nicht allein Wunscherfüllung ist. Es verbirgt sich hinter ihm auch die peinliche Überlegung, daß er mit seinen Werbungen um Freundschaft schon so oft Unglück gehabt hat, „hinausgeworfen“ wurde, und die Furcht, dieses Schicksal könnte sich bei dem jungen Manne, neben dem er die „Fidelio“-Vorstellung genießt, wiederholen. Und nun schließt sich daran das für den feinsinnigen Träumer beschämende Geständnis an, daß er einst nach einer Abweisung von Seite eines Freundes aus Sehnsucht zweimal hintereinander in sinnlicher Erregung onaniert hat.

Der andere Traum: *Zwei ihm bekannte Universitätsprofessoren behandeln ihn an meiner Statt. Der eine tut irgend etwas an seinem Gliede; er hat Angst vor einer Operation. Der andere stößt mit einer eisernen Stange gegen seinen Mund, so daß er ein oder zwei Zähne verliert. Er ist mit vier seidenen Tüchern gebunden.*

Der sexuelle Sinn dieses Traumes ist wohl nicht zweifelhaft. Die seidenen Tücher entsprechen einer Identifizierung mit einem ihm bekannten Homosexuellen. Der Träumer, der niemals einen Koitus ausgeführt, auch nie in der Wirklichkeit geschlechtlichen Verkehr mit Männern gesucht hat, stellt sich den sexuellen Verkehr nach dem Vorbilde der ihm einst vertrauten Pubertätsonanie vor.

Ich meine, daß auch die häufigen Modifikationen des typischen Zahnreiztraumes, z. B. daß ein anderer dem Träumer den Zahn auszieht und ähnliches, durch die gleiche Aufklärung verständlich werden.[1] Rätselhaft mag es aber scheinen, wieso der „Zahnreiz“ zu dieser Bedeutung gelangen kann. Ich mache hier auf die so häufige Verlegung von unten nach oben aufmerksam, die im Dienste der Sexualverdrängung steht, und vermöge welcher in der Hysterie allerlei Sensationen und Intentionen, die sich an den Genitalien abspielen sollten, wenigstens an anderen einwandfreien Körperteilen realisiert werden können. Ein Fall von solcher Verlegung ist es auch, wenn in der Symbolik des unbewußten Denkens die Genitalien durch das Angesicht ersetzt werden. Der Sprachgebrauch tut dabei mit, indem er „Hinterbacken“ als Homologe der Wangen anerkennt, „Schamlippen“ neben den Lippen nennt, welche die Mundspalte einrahmen. Die Nase wird in zahlreichen Anspielungen dem Penis gleichgestellt, die Behaarung hier und dort vervollständigt die Ähnlichkeit. Nur ein Gebilde steht außer jeder Möglichkeit von Vergleichung, die Zähne, und gerade dies Zusammentreffen von Übereinstimmung und Abweichung macht die Zähne für die Zwecke der Darstellung unter dem Drucke der Sexualverdrängung geeignet.

Ich will nicht behaupten, daß nun die Deutung des Zahnreiztraumes als Onanietraum, an deren Berechtigung ich nicht zweifeln

1) Das Ausreißen eines Zahnes durch einen anderen ist zumeist als Kastration zu deuten (ähnlich wie das Haarschneiden durch den Friseur; Stekel). Es ist zu unterscheiden zwischen Zahnreizträumen und Zahnarztträumen überhaupt, wie solche z. B. Coriat (Zentralbl. f. PsA. III, 440) mitgeteilt hat.

kann, voll durchsichtig geworden ist.[1] Ich gebe so viel, als ich zur Erklärung weiß, und muß einen Rest unaufgelöst lassen. Aber ich muß auch auf einen anderen im sprachlichen Ausdruck enthaltenen Zusammenhang hinweisen. In unseren Landen existiert eine unfeine Bezeichnung für den masturbatorischen Akt: sich einen ausreißen oder sich einen herunterreißen.[2] Ich weiß nicht zu sagen, woher diese Redeweisen stammen, welche Verbildlichung ihnen zugrunde liegt, aber zur ersteren von den beiden würde sich der „Zahn" sehr gut fügen.

Da die Träume vom Zahnziehen oder Zahnausfall im Volksglauben auf den Tod eines Angehörigen gedeutet werden, die Psychoanalyse ihnen aber solche Bedeutung höchstens im oben angedeuteten parodistischen Sinn zugestehen kann, schalte ich hier einen von Otto Rank zur Verfügung gestellten „Zahnreiztraum" ein:

„Zum Thema der Zahnreizträume ist mir von einem Kollegen, der sich seit einiger Zeit für die Probleme der Traumdeutung lebhafter zu interessieren beginnt, der folgende Bericht zugekommen:

‚*Mir träumte kürzlich, ich sei beim Zahnarzt, der mir einen rückwärtigen Zahn des Unterkiefers ausbohrt. Er arbeitet solange herum, bis der Zahn unbrauchbar geworden ist. Dann faßt er ihn mit der Zange und zieht ihn mit einer spielenden Leichtigkeit heraus, die mich in Verwunderung setzt. Er sagt, ich solle mir nichts daraus machen, denn das sei gar nicht der eigentlich behandelte Zahn und legt ihn auf den Tisch, wo der Zahn (wie mir nun scheint, ein oberer Schneidezahn) in mehrere Schichten zerfällt. Ich erhebe mich vom Operationsstuhl, trete neugierig*

1) Nach einer Mitteilung von C. G. Jung haben die Zahnreizträume bei Frauen die Bedeutung von Geburtsträumen. E. Jones hat eine gute Bestätigung hiefür erbracht. Das Gemeinsame dieser Deutung mit der oben vertretenen liegt darin, daß es sich in beiden Fällen (Kastration — Geburt) um die Ablösung eines Teiles vom Körperganzen handelt.

2) Vgl. hiezu den „biographischen" Traum in Bd. II, S. 341.

näher und stelle interessiert eine medizinische Frage. Der Arzt erklärt mir, während er die einzelnen Teilstücke des auffallend weißen Zahnes sondert und mit einem Instrument zermalmt (pulverisiert), daß das mit der Pubertät zusammenhängt, und daß die Zähne nur vor der Pubertät so leicht herausgehen; bei Frauen sei das hiefür entscheidende Moment die Geburt eines Kindes.

Ich merke dann (wie ich glaube im Halbschlaf), daß dieser Traum von einer Pollution begleitet war, die ich aber nicht mit Sicherheit an eine bestimmte Stelle des Traumes einzureihen weiß; am ehesten scheint sie mir noch beim Herausziehen des Zahnes eingetreten zu sein.

Ich träume dann weiter einen mir nicht mehr erinnerlichen Vorgang, der damit abschloß, daß ich, Hut und Rock in der Hoffnung, man werde mir die Kleidungsstücke nachbringen, irgendwo (möglicherweise in der Garderobe des Zahnarztes) zurücklassend und bloß mit dem Überrock bekleidet, mich beeilte, einen abgehenden Zug noch zu erreichen. Es gelang mir auch im letzten Moment, auf den rückwärtigen Waggon aufzuspringen, wo bereits jemand stand. Ich konnte jedoch nicht mehr in das Innere des Wagens gelangen, sondern mußte in einer unbequemen Stellung, aus der ich mich mit schließlichem Erfolg zu befreien versuchte, die Reise mitmachen. Wir fahren durch einen großen Tunnel, wobei in der Gegenrichtung zwei Züge wie durch unseren Zug hindurchfahren, als ob dieser der Tunnel wäre. Ich schaue wie von außen durch ein Waggonfenster hinein.‘

Als Material zu einer Deutung dieses Traumes ergeben sich folgende Erlebnisse und Gedanken des Vortages:

I) Ich stehe tatsächlich seit kurzem in zahnärztlicher Behandlung und habe zur Zeit des Traumes kontinuierlich Schmerzen in dem Zahn des Unterkiefers, der im Traume angebohrt wird, und an dem der Arzt auch in Wirklichkeit schon länger herumarbeitet, als mir lieb ist. Am Vormittag des Traumtages war ich neuerlich wegen der Schmerzen beim Arzt gewesen, der mir nahegelegt hatte, einen anderen als den behandelten Zahn im selben Kiefer ziehen zu lassen, von dem wahrscheinlich der Schmerz herrühren dürfte. Es handelte sich um einen eben durchbrechenden ‚Weisheitszahn'. Ich hatte bei der Gelegenheit auch eine darauf bezügliche Frage an sein ärztliches Gewissen gestellt.

II) Am Nachmittag desselben Tages war ich genötigt, einer Dame gegenüber meine üble Laune mit den Zahnschmerzen entschuldigen zu müssen, worauf sie mir erzählte, sie habe Furcht, sich eine Wurzel ziehen zu lassen, deren Krone fast gänzlich abgebröckelt sei. Sie meinte, das Ziehen wäre bei den Augenzähnen besonders schmerzhaft und gefährlich, obwohl ihr andererseits eine Bekannte gesagt habe, daß es bei den Zähnen des Oberkiefers (um einen solchen handelte es sich bei ihr) leichter gehe. Diese Bekannte habe ihr auch erzählt, ihr sei einmal in der Narkose ein falscher Zahn gezogen worden, eine Mitteilung, welche ihre Scheu vor der notwendigen Operation nur vermehrt habe. Sie fragte mich dann, ob unter Augenzähnen Backen- oder Eckzähne zu verstehen seien, und was über diese bekannt sei. Ich machte sie einerseits auf den abergläubischen Einschlag in all diesen Meinungen aufmerksam, ohne jedoch die Betonung des richtigen Kernes mancher volkstümlichen Anschauungen zu versäumen. Sie weiß darauf von einem ihrer Erfahrung nach sehr alten und allgemein bekannten Volksglauben zu berichten, der behauptet: Wenn eine Schwangere Zahnschmerzen hat, so bekommt sie einen Buben.

III) Dieses Sprichwort interessierte mich mit Rücksicht auf die von Freud in seiner Traumdeutung (2. Aufl., p. 193 f.) mitgeteilte typische Bedeutung der Zahnreizträume als Onanieersatz, da ja auch in dem Volksspruch der Zahn und das männliche Genitale (Bub) in eine gewisse Beziehung gebracht werden. Ich las also am Abend desselben Tages die betreffende Stelle in der

Traumdeutung nach und fand dort unter anderem die im folgenden wiedergegebenen Ausführungen, deren Einfluß auf meinen Traum ebenso leicht zu erkennen ist wie die Einwirkung der beiden vorgenannten Erlebnisse. Freud schreibt von den Zahnreizträumen, ‚daß bei Männern nichts anderes als das Onaniegelüste der Pubertätszeit die Triebkraft dieser Träume abgebe' (p. 193). Ferner: ‚Ich meine, daß auch die häufigen Modifikationen des typischen Zahnreiztraumes, z. B. daß ein anderer dem Träumer den Zahn auszieht und ähnliches, durch die gleiche Aufklärung verständlich werden. Rätselhaft mag es aber scheinen, wieso der Zahnreiz zu dieser Bedeutung gelangen kann. Ich mache hier auf die so häufige Verlegung von unten nach oben (im vorliegenden Traume auch vom Unterkiefer in den Oberkiefer) aufmerksam, die im Dienste der Sexualverdrängung steht und vermöge welcher in der Hysterie allerlei Sensationen und Intentionen, die sich an den Genitalien abspielen sollten, wenigstens an anderen einwandfreien Körperstellen realisiert werden können' (p. 194). ‚Aber ich muß auch auf einen anderen im sprachlichen Ausdruck enthaltenen Zusammenhang hinweisen. In unseren Landen existiert eine unfeine Bezeichnung für den masturbatorischen Akt: sich einen ausreißen oder sich einen herunterreißen' (p. 193). Dieser Ausdruck war mir schon in früher Jugend als Bezeichnung für die Onanie geläufig und von hier aus wird der geübte Traumdeuter unschwer den Zugang zum Kindheitsmaterial, das diesem Traume zugrunde liegen mag, finden. Ich erwähne nur noch, daß die Leichtigkeit, mit der im Traume der Zahn, der sich nach dem Ziehen in einen oberen Schneidezahn verwandelt, herausgeht, mich an einen Vorfall meiner Kinderzeit erinnert, wo ich mir einen wackligen oberen Vorderzahn leicht und schmerzlos selbst ausriß. Dieses Ereignis, das mir heute noch in allen seinen Einzelheiten deutlich erinnerlich ist, fällt in dieselbe frühe Zeit, in die bei mir die ersten bewußten Onanieversuche zurückgehen (Deckerinnerung).

Der Hinweis Freuds auf eine Mitteilung von C. G. Jung, wonach die Zahnreizträume bei Frauen die Bedeutung von Geburtsträumen haben (Traumdeutung S. 194 Anmkg.), sowie der Volksglaube von der Bedeutung des Zahnschmerzes bei Schwangeren haben die Gegenüberstellung der weiblichen Bedeutung gegenüber der männlichen (Pubertät) im Traume veranlaßt. Dazu erinnere ich mich eines früheren Traumes, wo mir, bald nachdem ich aus der Behandlung eines Zahnarztes entlassen worden war, träumte, daß mir die eben eingesetzten Goldkronen herausfielen, worüber ich mich wegen des bedeutenden Kostenaufwandes, den ich damals noch nicht ganz verschmerzt hatte, im Traume sehr ärgerte. Dieser Traum wird mir jetzt im Hinblick auf ein gewisses Erlebnis als Anpreisung der materiellen Vorzüge der Masturbation gegenüber der in jeder Form ökonomisch nachteiligeren Objektliebe verständlich (Goldkronen) und ich glaube, daß die Mitteilung jener Dame über die Bedeutung des Zahnschmerzes bei Schwangeren diese Gedankengänge in mir wieder wachrief."

So weit die ohne weiteres einleuchtende und, wie ich glaube, auch einwandfreie Deutung des Kollegen, der ich nichts hinzuzufügen habe als etwa den Hinweis auf den wahrscheinlichen Sinn des zweiten Traumteiles, der über die Wortbrücken: Zahn-(ziehen-Zug; reißen-reisen) den allem Anschein nach unter Schwierigkeiten vollzogenen Übergang des Träumers von der Masturbation zum Geschlechtsverkehr (Tunnel, durch den die Züge in verschiedenen Richtungen hinein- und herausfahren) sowie die Gefahren desselben (Schwangerschaft; Überzieher) darstellt.

Dagegen scheint mir der Fall theoretisch nach zwei Richtungen interessant. Erstens ist es beweisend für den von Freud aufgedeckten Zusammenhang, daß die Ejakulation im Traume beim Akt des Zahnziehens erfolgt. Sind wir doch genötigt, die Pollution, in welcher Form immer sie auftreten mag, als eine masturbatorische Befriedigung anzusehen, welche ohne Zuhilfenahme mechanischer Reizungen zustande kommt. Dazu kommt, daß in diesem Falle die pollutionistische Befriedigung nicht, wie sonst, an einem, wenn auch nur imaginierten Objekte erfolgt, sondern objektlos, wenn man so sagen darf, rein autoerotisch ist und höchstens einen leisen homosexuellen Einschlag (Zahnarzt) erkennen läßt.

Der zweite Punkt, der mir der Hervorhebung wert erscheint, ist folgender: „Es liegt der Einwand nahe, daß die Freudsche Auffassung hier ganz überflüssigerweise geltend gemacht zu werden suche, da doch die Erlebnisse des Vortages allein vollkommen hinreichen, uns den Inhalt des Traumes verständlich zu machen. Der Besuch beim Zahnarzt, das Gespräch mit der Dame und die Lektüre der Traumdeutung erklärten hinreichend, daß der auch nachts durch Zahnschmerzen beunruhigte Schläfer diesen Traum produziere; wenn man durchaus wolle, sogar zur Beseitigung des schlafstörenden Schmerzes (mittels der Vorstellung von der Entfernung des schmerzenden Zahnes bei gleichzeitiger Übertönung der gefürchteten Schmerzempfindung durch Libido). Nun wird man aber selbst bei den weitestgehenden Zugeständnissen in dieser Richtung die Behauptung nicht ernsthaft vertreten wollen, daß die Lektüre der Freudschen Aufklärungen den Zusammenhang von Zahnziehen und Masturbationsakt in dem Träumer hergestellt oder auch nur wirksam gemacht haben könnte, wenn er nicht, wie der Träumer selbst eingestanden hat („sich einen ausreißen"), längst vorgebildet gewesen wäre. Was vielmehr diesen Zusammenhang neben dem Gespräch mit der Dame belebt haben mag, ergibt die spätere Mitteilung des Träumers, daß er bei der Lektüre der Traumdeutung aus begreiflichen Gründen an diese typische Bedeutung der Zahnreizträume nicht recht glauben mochte und den Wunsch hegte, zu wissen, ob dies für alle derartigen Träume zutreffe. Der Traum bestätigt ihm nun das wenigstens für seine eigene Person und zeigt ihm so, warum er daran zweifeln mußte. Der Traum ist also auch in dieser Hinsicht die Erfüllung eines

Wunsches, nämlich sich von der Tragweite und der Haltbarkeit dieser Freudschen Auffassung zu überzeugen."

Zur zweiten Gruppe von typischen Träumen gehören die, in denen man fliegt oder schwebt, fällt, schwimmt u. dgl. Was bedeuten diese Träume? Das ist allgemein nicht zu sagen. Sie bedeuten, wie wir hören werden, in jedem Falle etwas anderes, nur das Material an Sensationen, das sie enthalten, stammt allemal aus derselben Quelle.

Aus den Auskünften, die man durch die Psychoanalysen erhält, muß man schließen, daß auch diese Träume Eindrücke der Kinderzeit wiederholen, nämlich sich auf die Bewegungsspiele beziehen, die für das Kind eine so außerordentliche Anziehung haben. Welcher Onkel hat nicht schon ein Kind fliegen lassen, indem er, die Arme ausstreckend, durchs Zimmer mit ihm eilte, oder Fallen mit ihm gespielt, indem er es auf den Knien schaukelte und das Bein plötzlich streckte, oder es hoch hob und plötzlich tat, als ob er ihm die Unterstützung entziehen wollte. Die Kinder jauchzen dann und verlangen unermüdlich nach Wiederholung, besonders wenn etwas Schreck und Schwindel mit dabei ist; dann schaffen sie sich nach Jahren die Wiederholung im Traume, lassen aber im Traume die Hände weg, die sie gehalten haben, so daß sie nun frei schweben und fallen. Die Vorliebe aller kleinen Kinder für solche Spiele wie für Schaukeln und Wippen ist bekannt; wenn sie dann gymnastische Kunststücke im Zirkus sehen, wird die Erinnerung von neuem aufgefrischt. Bei manchen Knaben besteht dann der hysterische Anfall nur aus Reproduktionen solcher Kunststücke, die sie mit großer Geschicklichkeit ausführen. Nicht selten sind bei diesen an sich harmlosen Bewegungsspielen auch sexuelle Empfindungen wachgerufen worden. Um es mit einem bei uns gebräuchlichen, all diese Veranstaltungen deckenden Worte zu sagen: es ist das „Hetzen" in der Kindheit, welches die Träume vom Fliegen, Fallen, Schwindeln u. dgl. wiederholen, dessen Lustgefühle jetzt in Angst verkehrt sind. Wie aber jede Mutter weiß, ist auch das Hetzen der Kinder in Wirklichkeit häufig genug in Zwist und Weinen ausgegangen.

Ich habe also guten Grund, die Erklärung abzulehnen, daß der Zustand unserer Hautgefühle während des Schlafes, die Sensationen von der Bewegung unserer Lungen u. dgl. die Träume vom Fliegen und Fallen hervorrufen. Ich sehe, daß diese Sensationen selbst aus der Erinnerung reproduziert sind, auf welche der Traum sich bezieht, daß sie also Trauminhalt sind und nicht Traumquellen.[1]

Dieses gleichartige und aus der nämlichen Quelle stammende Material von Bewegungsempfindungen wird nun zur Darstellung der allermannigfaltigsten Traumgedanken verwendet. Die meist lustbetonten Träume vom Fliegen oder Schweben erfordern die verschiedensten Deutungen, ganz spezielle bei einigen Personen, Deutungen von selbst typischer Natur bei anderen. Eine meiner Patientinnen pflegte sehr häufig zu träumen, daß sie über die Straße in einer gewissen Höhe schwebe, ohne den Boden zu berühren. Sie war sehr klein gewachsen und scheute jede Beschmutzung, die der Verkehr mit Menschen mit sich bringt. Ihr Schwebetraum erfüllte ihr beide Wünsche, indem er ihre Füße vom Erdboden abhob und ihr Haupt in höhere Regionen ragen ließ. Bei anderen Träumerinnen hatte der Fliegetraum die Bedeutung der Sehnsucht: Wenn ich ein Vöglein wär'; andere wurden so nächtlicherweise zu Engeln, in der Entbehrung, bei Tage so genannt zu werden. Die nahe Verbindung des Fliegens mit der Vorstellung des Vogels macht es verständlich, daß der Fliegetraum bei Männern meist eine grobsinnliche Bedeutung hat. Wir werden uns auch nicht verwundern, zu hören, daß dieser oder jener Träumer jedesmal sehr stolz auf sein Fliegenkönnen ist.

Dr. Paul Federn (Wien) hat die bestechende Vermutung ausgesprochen, daß ein guter Teil der Fliegeträume Erektionsträume sind, da das merkwürdige und die menschliche Phantasie unaus-

1) Der Absatz über die Bewegungsträume ist des Zusammenhanges halber hier wiederholt. Vgl. Bd. II, S. 274.

gesetzt beschäftigende Phänomen der Erektion als Aufhebung der Schwerkraft imponieren muß. (Vgl. hiezu die geflügelten Phallen der Antike.)

Es ist bemerkenswert, daß der nüchterne und eigentlich jeder Deutung abgeneigte Traumexperimentator Mourly Vold gleichfalls die erotische Deutung der Fliege- (Schwebe-) Träume vertritt (Über den Traum, Bd. II, p. 791). Er nennt die Erotik das „wichtigste Motiv zum Schwebetraum", beruft sich auf das starke Vibrationsgefühl im Körper, welches diese Träume begleitet, und auf die häufige Verbindung solcher Träume mit Erektionen oder Pollutionen.

Die Träume vom Fallen tragen häufiger den Angstcharakter. Ihre Deutung unterliegt bei Frauen keiner Schwierigkeit, da sie fast regelmäßig die symbolische Verwendung des Fallens akzeptieren, welches die Nachgiebigkeit gegen eine erotische Versuchung umschreibt. Die infantilen Quellen des Falltraumes haben wir noch nicht erschöpft; fast alle Kinder sind gelegentlich gefallen und wurden dann aufgehoben und geliebkost; wenn sie nachts aus dem Bettchen gefallen waren, von ihrer Pflegeperson in ihr Bett genommen.

Personen, die häufig vom Schwimmen träumen, mit großem Behagen die Wellen teilen usw., sind gewöhnlich Bettnässer gewesen und wiederholen nun im Traume eine Lust, auf die sie seit langer Zeit zu verzichten gelernt haben. Zu welcher Darstellung sich die Träume vom Schwimmen leicht bieten, werden wir bald an dem einen oder dem anderen Beispiele erfahren.

Die Deutung der Träume vom Feuer gibt einem Verbot der Kinderstube recht, welches die Kinder nicht „zündeln" heißt, damit sie nicht nächtlicherweile das Bett nässen sollen. Es liegt nämlich auch ihnen die Reminiszenz an die Enuresis nocturna der Kinderjahre zugrunde. In dem „Bruchstück einer Hysterieanalyse" (1905)[1] habe ich die vollständige Analyse und Synthese

1) Ges. Schriften, Bd. VIII.

eines solchen Feuertraumes im Zusammenhange mit der Krankengeschichte der Träumerin gegeben und gezeigt, zur Darstellung welcher Regungen reiferer Jahre sich dieses infantile Material verwenden läßt.

Man könnte noch eine ganze Anzahl von „typischen" Träumen anführen, wenn man darunter die Tatsache der häufigen Wiederkehr des gleichen manifesten Trauminhaltes bei verschiedenen Träumern versteht, so z. B.: Die Träume vom Gehen durch enge Gassen, vom Gehen durch eine ganze Flucht von Zimmern, die Träume vom nächtlichen Räuber, dem auch die Vorsichtsmaßregeln der Nervösen vor dem Schlafengehen gelten, die von Verfolgung durch wilde Tiere (Stiere, Pferde) oder von Bedrohung mit Messern, Dolchen, Lanzen, die beide letztere für den manifesten Trauminhalt von Angstleidenden charakteristisch sind u. dgl. Eine Untersuchung, die sich speziell mit diesem Material beschäftigen würde, wäre sehr dankenswert. Ich habe an ihrer Statt zwei Bemerkungen zu bieten, die sich aber nicht ausschließlich auf typische Träume beziehen.

Je mehr man sich mit der Lösung von Träumen beschäftigt, desto bereitwilliger muß man anerkennen, daß die Mehrzahl der Träume Erwachsener sexuelles Material behandelt und erotische Wünsche zum Ausdruck bringt. Nur wer wirklich Träume analysiert, d. h. vom manifesten Inhalt derselben zu den latenten Traumgedanken vordringt, kann sich ein Urteil hierüber bilden, nie wer sich damit begnügt, den manifesten Inhalt zu registrieren (wie z. B. Näcke in seinen Arbeiten über sexuelle Träume). Stellen wir gleich fest, daß diese Tatsache uns nichts Überraschendes bringt, sondern in voller Übereinstimmung mit unseren Grundsätzen der Traumerklärung steht. Kein anderer Trieb hat seit der Kindheit so viel Unterdrückung erfahren müssen wie der Sexualtrieb in seinen zahlreichen Komponenten,[1] von keinem

1) Vgl. des Verf. „Drei Abhandlungen zur Sexualtheorie", 1905, 5. Aufl. 1922 (Ges. Schriften, Bd. V).

anderen erübrigen so viele und so starke unbewußte Wünsche, die nun im Schlafzustande traumerzeugend wirken. Man darf bei der Traumdeutung diese Bedeutung sexueller Komplexe niemals vergessen, darf sie natürlich auch nicht zur Ausschließlichkeit übertreiben.

An vielen Träumen wird man bei sorgfältiger Deutung feststellen können, daß sie selbst bisexuell zu verstehen sind, indem sie eine unabweisbare Überdeutung ergeben, in welcher sie homosexuelle, d. h. der normalen Geschlechtsbetätigung der träumenden Person entgegengesetzte Regungen realisieren. Daß aber alle Träume bisexuell zu deuten seien, wie W. Stekel[1] und Alf. Adler[2] behaupten, scheint mir eine ebenso unbeweisbare wie unwahrscheinliche Verallgemeinerung, welche ich nicht vertreten möchte. Ich wüßte vor allem den Augenschein nicht wegzuschaffen, daß es zahlreiche Träume gibt, welche andere als — im weitesten Sinne — erotische Bedürfnisse befriedigen, die Hunger- und Durstträume, Bequemlichkeitsträume usw. Auch die ähnlichen Aufstellungen, „daß hinter jedem Traum die Todesklausel zu finden sei" (Stekel), daß jeder Traum ein „Fortschreiten von der weiblichen zur männlichen Linie" erkennen lasse (Adler), scheinen mir das Maß des in der Traumdeutung Zulässigen weit zu überschreiten. — Die Behauptung, daß alle Träume eine sexuelle Deutung erfordern, gegen welche in der Literatur unermüdlich polemisiert wird, ist meiner „Traumdeutung" fremd. Sie ist in sieben Auflagen dieses Buches nicht zu finden und steht in greifbarem Widerspruch zu anderem Inhalt desselben.

Daß die auffällig harmlosen Träume durchwegs grobe erotische Wünsche verkörpern, haben wir bereits an anderer Stelle behauptet und könnten wir durch zahlreiche neue Beispiele

1) Die Sprache des Traumes, 1911.

2) Der psychische Hermaphroditismus im Leben und in der Neurose, Fortschritte der Medizin 1910, Nr. 16, und spätere Arbeiten im Zentralblatt für Psychoanalyse I, 1910/11.

erhärten. Aber auch viele indifferent scheinende Träume, denen man nach keiner Richtung etwas Besonderes anmerken würde, führen sich nach der Analyse auf unzweifelhaft sexuelle Wunschregungen oft unerwarteter Art zurück. Wer würde z. B. bei nachfolgendem Traume einen sexuellen Wunsch vor der Deutungsarbeit vermuten? Der Träumer erzählt: *Zwischen zwei stattlichen Palästen steht etwas zurücktretend ein kleines Häuschen, dessen Tore geschlossen sind. Meine Frau führt mich das Stück der Straße bis zu dem Häuschen hin, drückt die Tür ein, und dann schlüpfe ich rasch und leicht in das Innere eines schräg aufsteigenden Hofes.*

Wer einige Übung im Übersetzen von Träumen hat, wird allerdings sofort daran gemahnt werden, daß das Eindringen in enge Räume, das Öffnen verschlossener Türen zur gebräuchlichsten sexuellen Symbolik gehört, und wird mit Leichtigkeit in diesem Traume eine Darstellung eines Koitusversuches von rückwärts (zwischen den beiden stattlichen Hinterbacken des weiblichen Körpers) finden. Der enge, schräg aufsteigende Gang ist natürlich die Scheide; die der Frau des Träumers zugeschobene Hilfeleistung nötigt zur Deutung, daß in Wirklichkeit nur die Rücksicht auf die Ehefrau die Abhaltung von einem solchen Versuche besorgt, und eine Erkundigung ergibt, daß am Traumtag ein junges Mädchen in den Haushalt des Träumers eingetreten ist, welches sein Wohlgefallen erregt und ihm den Eindruck gemacht hat, als würde es sich gegen eine derartige Annäherung nicht zu sehr sträuben. Das kleine Haus zwischen den zwei Palästen ist von einer Reminiszenz an den Hradschin in Prag hergenommen und weist somit auf das nämliche aus dieser Stadt stammende Mädchen hin.

Wenn ich gegen Patienten die Häufigkeit des Ödipustraumes, mit der eigenen Mutter geschlechtlich zu verkehren, betone, so bekomme ich zur Antwort: Ich kann mich an einen solchen Traum nicht erinnern. Gleich darauf steigt aber die Erinnerung an einen anderen, unkenntlichen und indifferenten Traum auf, der sich bei dem Betreffenden häufig wiederholt hat, und die Analyse zeigt, daß dies ein Traum des gleichen Inhaltes, nämlich wiederum ein Ödipustraum ist. Ich kann versichern, daß die verkappten Träume vom Sexualverkehre mit der Mutter um ein Vielfaches häufiger sind als die aufrichtigen.[1]

---

1) Ein typisches Beispiel eines solchen verkappten Ödipustraumes habe ich in Nr. 1 des Zentralblattes für Psychoanalyse veröffentlicht (s. unten); ein anderes mit ausführlicher Deutung O. Rank ebendort in Nr. 4. Über andere verkappte Ödipusträume, in denen die Symbolik des Auges hervortritt, siehe Rank (Internat. Zeitschrift für Psychoanalyse I, 1913). Daselbst auch Arbeiten über „Augenträume" und Augensymbolik von Eder, Ferenczi, Reitler. Die Blendung in der Ödipussage wie anderwärts als Stellvertretung der Kastration. Den Alten war übrigens auch die symbolische Deutung der unverhüllten Ödipusträume nicht fremd. (Vgl. O. Rank, Jahrb. II, p. 534): „So ist von Julius Cäsar ein Traum vom geschlechtlichen Verkehr mit der Mutter überliefert, den die Traumdeuter als günstiges Vorzeichen für die Besitzergreifung der Erde (Mutter-Erde) auslegten. Ebenso bekannt ist das den Tarquiniern gegebene Orakel, demjenigen von ihnen werde die Herrschaft Roms zufallen, der zuerst die Mutter küsse *(osculum matri tulerit)*, was Brutus als Hinweis auf die Mutter-Erde auffaßte *(terram osculo contigit, scilicet quod ea communis mater omnium mortalium esset.* Livius I, LXI). Vgl. hiezu den Traum des Hippias bei Herodot VI, 107: „Die Barbaren aber führte Hippias nach Marathon, nachdem er in der vergangenen Nacht folgendes Traumgesicht gehabt: Es deuchte dem Hippias, er schliefe bei seiner eigenen Mutter. Aus diesem Traume schloß er nun, er würde heimkommen nach Athen und seine Herrschaft wieder erhalten und im Vaterlande sterben in seinen alten Tagen." Diese Mythen und Deutungen weisen auf eine richtige psychologische Erkenntnis hin. Ich habe gefunden, daß die Personen, die sich von der Mutter bevorzugt oder ausgezeichnet wissen, im Leben jene besondere Zuversicht zu sich selbst, jenen unerschütterlichen Optimismus bekunden, die nicht selten als heldenhaft erscheinen und den wirklichen Erfolg erzwingen.

Typisches Beispiel eines verkappten Ödipustraumes. Ein Mann träumt: *Er hat ein geheimes Verhältnis mit einer Dame, die ein anderer heiraten will. Er ist besorgt, daß dieser andere das Verhältnis entdecken könnte, so daß aus der Heirat nichts würde, und benimmt sich darum sehr zärtlich gegen den Mann; er schmiegt sich an ihn an und küßt ihn.* — Die Tatsachen im Leben des Träumers berühren den Inhalt dieses Traumes nur in einem Punkte. Er unterhält ein geheimes Verhältnis mit einer verheirateten Frau, und eine vieldeutige Äußerung ihres Mannes, mit dem er befreundet ist, hat den Verdacht bei ihm geweckt, daß dieser etwas gemerkt haben könnte. Aber in der Wirklichkeit spielt noch etwas anderes, dessen Erwähnung im Traume vermieden wird und das doch allein den Schlüssel zum Verständnis des Traumes gibt. Das Leben des Ehemannes ist durch ein organisches Leiden bedroht. Seine Frau ist auf die Möglichkeit seines plötzlichen Todes vorbereitet, und unser Träumer beschäftigt sich bewußt mit dem Vorsatze, nach dem Hinscheiden des Mannes die junge Witwe zur Frau zu nehmen. Durch diese äußere Situation findet sich der Träumer in die Konstellation des Ödipustraumes versetzt; sein Wunsch kann den Mann töten, um die Frau zum Weib zu gewinnen; sein Traum gibt diesem Wunsch in heuchlerischer Entstellung Ausdruck. Anstatt des Verheiratetseins

Es gibt Träume von Landschaften oder Örtlichkeiten, bei denen im Traume noch die Sicherheit betont wird: Da war ich schon einmal. Dieses „*Déjà vu*" hat aber im Traum eine besondere Bedeutung. Diese Örtlichkeit ist dann immer das Genitale der Mutter; in der Tat kann man von keiner anderen mit solcher Sicherheit behaupten, daß man „dort schon einmal war". Ein einziges Mal brachte mich ein Zwangsneurotiker durch die Mitteilung eines Traumes in Verlegenheit, in dem es hieß, er besuche eine Wohnung, in der er schon zweimal gewesen sei. Gerade dieser Patient hatte mir aber längere Zeit vorher als Begebenheit aus seinem sechsten Lebensjahre erzählt, er habe damals einmal das Bett der Mutter geteilt und die Gelegenheit dazu mißbraucht, den Finger ins Genitale der Schlafenden einzuführen.

Einer großen Anzahl von Träumen, die häufig angsterfüllt sind, oft das Passieren von engen Räumen oder den Aufenthalt im Wasser zum Inhalt haben, liegen Phantasien über das Intrauterinleben, das Verweilen im Mutterleibe und den Geburtsakt zugrunde. Im folgenden gebe ich den Traum eines jungen Mannes wieder, der in der Phantasie schon die intrauterine Gelegenheit zur Belauschung eines Koitus zwischen den Eltern benutzt.

„Er befindet sich in einem tiefen Schacht, in dem ein Fenster ist wie im Semmeringtunnel. Durch dieses sieht er zuerst leere Landschaft und dann komponiert er ein Bild hinein, welches dann auch sofort da ist und die Leere ausfüllt. Das Bild stellt einen Acker dar, der vom Instrument tief aufgewühlt wird, und die schöne Luft, die Idee der gründlichen Arbeit, die dabei ist, die blauschwarzen Schollen machen einen schönen Eindruck. Dann kommt er weiter, sieht eine Pädagogik aufgeschlagen und wundert sich, daß den sexuellen Gefühlen (des Kindes) darin so viel Aufmerksamkeit geschenkt wird, wobei er an mich denken muß."

mit dem anderen setzt er ein, daß ein anderer sie erst heiraten will, was seiner eigenen geheimen Absicht entspricht, und die feindseligen Wünsche gegen den Mann verbergen sich hinter demonstrativen Zärtlichkeiten, die aus der Erinnerung an seinen kindlichen Verkehr mit dem Vater stammen.

Ein schöner Wassertraum einer Patientin, der zu einer besonderen Verwendung in der Kur gelangte, ist folgender:

*In ihrem Sommeraufenthalt am **See stürzt sie sich ins dunkle Wasser, dort, wo sich der blasse Mond im Wasser spiegelt.*

Träume dieser Art sind Geburtsträume; zu ihrer Deutung gelangt man, wenn man die im manifesten Traume mitgeteilte Tatsache umkehrt, also anstatt: sich ins Wasser stürzen, — aus dem Wasser herauskommen, d. h.: geboren werden.[1] Die Lokalität, aus der man geboren wird, erkennt man, wenn man an den mutwilligen Sinn von „*la lune*" im Französischen denkt. Der blasse Mond ist dann der weiße Popo, aus dem das Kind hergekommen zu sein bald errät. Was soll es nun heißen, daß die Patientin sich wünscht, in ihrem Sommeraufenthalt „geboren zu werden"? Ich befrage die Träumerin, die ohne zu zögern antwortet: Bin ich nicht durch die Kur wie neugeboren? So wird dieser Traum zur Einladung, die Behandlung an jenem Sommerorte fortzusetzen, d. h. sie dort zu besuchen; er enthält vielleicht auch eine ganz schüchterne Andeutung des Wunsches, selbst Mutter zu werden.[2]

Einen anderen Geburtstraum entnehme ich samt seiner Deutung einer Arbeit von E. Jones: „*Sie stand am Meeresufer und beaufsichtigte einen kleinen Knaben, welcher der ihrige zu sein schien, während er ins Wasser watete. Dies tat er so weit, bis das Wasser ihn bedeckte, so daß sie nur noch seinen Kopf sehen konnte, wie er sich an der Oberfläche auf und nieder bewegte. Die Szene verwandelte sich dann in die gefüllte Halle eines Hotels.*

1) Über die mythologische Bedeutung der Wassergeburt siehe Rank: Der Mythus von der Geburt des Helden, 1909.

2) Die Bedeutung der Phantasien und unbewußten Gedanken über das Leben im Mutterleibe habe ich erst spät würdigen gelernt. Sie enthalten sowohl die Aufklärung für die sonderbare Angst so vieler Menschen, lebendig begraben zu werden, als auch die tiefste unbewußte Begründung des Glaubens an ein Fortleben nach dem Tode, welches nur die Projektion in die Zukunft dieses unheimlichen Lebens vor der Geburt darstellt. Der Geburtsakt ist übrigens das erste Angsterlebnis und somit Quelle und Vorbild des Angstaffektes.

Ihr Gatte verließ sie und sie trat in ein Gespräch mit einem Fremden."

„Die zweite Hälfte des Traumes enthüllte sich ohne weiteres bei der Analyse als Darstellung einer Flucht von ihrem Gatten und Anknüpfung intimer Beziehungen zu einer dritten Person. Der erste Teil des Traumes war eine offenkundige Geburtsphantasie. In den Träumen wie in der Mythologie wird die Entbindung eines Kindes aus dem Fruchtwasser gewöhnlich mittels Umkehrung als Eintritt des Kindes ins Wasser dargestellt; neben vielen anderen bieten die Geburt des Adonis, Osiris, Moses und Bacchus gut bekannte Beispiele hiefür. Das Auf- und Niedertauchen des Kopfes im Wasser erinnert die Patientin sogleich an die Empfindung der Kindesbewegungen, welche sie während ihrer einzigen Schwangerschaft kennen gelernt hatte. Der Gedanke an den ins Wasser steigenden Knaben erweckt eine Träumerei, in welcher sie sich selbst sah, wie sie ihn aus dem Wasser herauszog, ihn in die Kinderstube führte, ihn wusch und kleidete und schließlich in ihr Haus führte."

„Die zweite Hälfte des Traumes stellt also Gedanken dar, welche das Fortlaufen betreffen, das zu der ersten Hälfte der verborgenen Traumgedanken in Beziehung steht; die erste Hälfte des Traumes entspricht dem latenten Inhalt der zweiten Hälfte, der Geburtsphantasie. Außer der früher erwähnten Umkehrung greifen weitere Umkehrungen in jeder Hälfte des Traumes Platz. In der ersten Hälfte geht das Kind in das Wasser und dann baumelt sein Kopf; in den zugrunde liegenden Traumgedanken tauchen erst die Kindesbewegungen auf und dann verläßt das Kind das Wasser (eine doppelte Umkehrung). In der zweiten Hälfte verläßt ihr Gatte sie; in den Traumgedanken verläßt sie ihren Gatten." (Übersetzt von O. Rank.)

Einen weiteren Geburtstraum erzählt Abraham von einer jungen, ihrer ersten Entbindung entgegensehenden Frau. Von einer Stelle des Fußbodens im Zimmer führt ein unterirdischer

Kanal direkt ins Wasser (Geburtsweg — Fruchtwasser). Sie hebt eine Klappe im Fußboden auf und sogleich erscheint ein in einen bräunlichen Pelz gekleidetes Geschöpf, das beinahe einem Seehund gleicht. Dieses Wesen entpuppt sich als der jüngere Bruder der Träumerin, zu dem sie von jeher in einem mütterlichen Verhältnis gestanden hatte.

Rank hat an einer Reihe von Träumen gezeigt, daß die Geburtsträume sich derselben Symbolik bedienen wie die Harnreizträume. Der erotische Reiz wird in ihnen als Harnreiz dargestellt; die Schichtung der Bedeutung in diesen Träumen entspricht einem Bedeutungswandel des Symbols seit der Kindheit.

Wir dürfen hier auf das Thema zurückgreifen, das wir (Bd. II, S. 242) abgebrochen hatten, auf die Rolle organischer, schlafstörender Reize für die Traumbildung. Träume, die unter diesen Einflüssen zustande gekommen sind, zeigen uns nicht nur die Wunscherfüllungstendenz und den Bequemlichkeitscharakter ganz offen, sondern sehr häufig auch eine völlig durchsichtige Symbolik, da nicht selten ein Reiz zum Erwachen führt, dessen Befriedigung in symbolischer Einkleidung im Traume bereits vergeblich versucht worden war. Dies gilt für die Pollutionsträume wie für die durch Harn- und Stuhldrang ausgelösten. Der eigentümliche Charakter der Pollutionsträume gestattet uns nicht nur, gewisse, bereits als typisch erkannte, aber doch heftig bestrittene Sexualsymbole direkt zu entlarven, sondern vermag uns auch zu überzeugen, daß manche scheinbar harmlose Traumsituation auch nur das symbolische Vorspiel einer grob sexuellen Szene ist, die jedoch meist nur in den relativ seltenen Pollutionsträumen zu direkter Darstellung gelangt, während sie oft genug in einen Angsttraum umschlägt, der gleichfalls zum Erwachen führt.

Die Symbolik der Harnreizträume ist besonders durchsichtig und seit jeher erraten worden. Schon Hippokrates vertrat die Auffassung, daß es eine Störung der Blase bedeutet, wenn man von Fontänen und Brunnen träumt (H. Ellis). Scherner hat die Mannigfaltigkeit der Harnreizsymbolik studiert und auch bereits behauptet, daß „der stärkere Harnreiz stets in die Reizung der Geschlechtssphäre und deren symbolische Gebilde umschlägt... Der Harnreiztraum ist oft der Repräsentant des Geschlechtstraumes zugleich."

O. Rank, dessen Ausführungen in seiner Arbeit über die „Symbolschichtung im Wecktraum" ich hier gefolgt bin, hat es sehr wahrscheinlich gemacht, daß eine große Anzahl von „Harnreizträumen" eigentlich durch sexuellen Reiz verursacht werden, der sich zunächst auf dem Wege der Regression in der infantilen Form der Urethralerotik zu befriedigen sucht. Besonders lehrreich sind dann jene Fälle, in denen der so hergestellte Harnreiz zum Erwachen und zur Blasenentleerung führt, worauf aber trotzdem der Traum fortgesetzt wird und sein Bedürfnis nun in unverhüllten erotischen Bildern äußert.[1]

In ganz analoger Weise decken die Darmreizträume die dazugehörige Symbolik auf und bestätigen dabei den auch völkerpsychologisch reichlich belegten Zusammenhang von Gold und Kot.[2] „So träumt z. B. eine Frau zur Zeit, da sie wegen einer Darmstörung in ärztlicher Behandlung steht, von einem Schatzgräber, der in der Nähe einer kleinen Holzhütte, die wie ein ländlicher Abort aussieht, einen Schatz vergräbt. Ein zweiter Teil des Traumes hat zum Inhalt, wie sie ihrem Kind, einem kleinen Mäderl, das sich beschmutzt hat, den Hintern abwischt."

1) „Die gleichen Symboldarstellungen, die im infantilen Sinne dem vesikalen. Traume zugrunde liegen, erscheinen im ‚rezenten' Sinne in exquisit sexueller Bedeutung: Wasser = Urin = Sperma = Geburtswasser; Schiff = ‚schiffen' (urinieren) = Fruchtbehälter (Kasten); naß werden = Enuresis = Koitus = Gravidität; schwimmen = Urinfülle = Aufenthalt des Ungeborenen; Regen = Urinieren = Befruchtungssymbol; Reisen (fahren = Aussteigen) = Aufstehen aus dem Bett = Geschlechtlich verkehren (‚fahren', Hochzeitsreise); Urinieren = sexuelle Entleerung (Pollution)". (Rank l. c.)

2) Freud, Charakter und Analerotik; Rank, Die Symbolschichtung usw. Dattner, Internat. Zeitschr. f. PsA. I, 1913; Reik, Internat. Zeitschr. III, 1915.

Den Geburtsträumen schließen sich die Träume von „Rettungen" an. Retten, besonders aus dem Wasser retten, ist gleichbedeutend mit gebären, wenn es von einer Frau geträumt wird, modifiziert aber diesen Sinn, wenn der Träumer ein Mann ist. (Siehe einen solchen Traum bei Pfister: Ein Fall von psychoanalytischer Seelsorge und Seelenheilung. Evangelische Freiheit, 1909.) — Über das Symbol des „Rettens" vgl. meinen Vortrag: Die zukünftigen Chancen der psychoanalytischen Therapie. Zentralblatt f. Psychoanalyse, Nr. 1, 1910 (Ges. Schriften, Bd. VI), sowie: Beiträge zur Psychologie des Liebeslebens, I. Über einen besonderen Typus der Objektwahl beim Manne, Jahrbuch f. PsA., Bd. II, 1910 (Ges. Schriften, Bd. V).[1]

Die Räuber, nächtlichen Einbrecher und Gespenster, vor denen man sich vor dem Zubettgehen fürchtet, und die auch gelegentlich den Schlafenden heimsuchen, entstammen einer und derselben infantilen Reminiszenz. Es sind die nächtlichen Besucher, die das Kind aus dem Schlafe geweckt haben, um es auf den Topf zu setzen, damit es das Bett nicht nässe, oder die die Decke gehoben haben, um sorgsam nachzuschauen, wie es während des Schlafens die Hände hält. Aus den Analysen einiger dieser Angstträume habe ich noch die Person des nächtlichen Besuchers zur Agnoszierung bringen können. Der Räuber war jedesmal der Vater, die Gespenster werden wohl eher weiblichen Personen im weißen Nachtgewande entsprechen.

29

Zur Ausnützung der Worte in der Traumdarstellung:

Daß zu Zwecken der Darstellung im Traume die Orthographie weit hinter dem Wortklang zurücktritt, wird uns nicht gerade wundernehmen, wenn sich z. B. der Reim ähnliche Freiheiten gestatten darf. In einem weitläufigen von Rank mitgeteilten

1) Ferner Rank, Belege zur Rettungsphantasie (Zentralblatt f. PsA., I, 1910, p. 331); Reik, Zur Rettungssymbolik (ebenda, p. 499); Rank, Die „Geburtsrettungsphantasie" in Traum und Dichtung (Internat. Zeitschr. f. PsA., II, 1914).

und sehr eingehend analysierten Traum eines jungen Mädchens wird erzählt, daß sie zwischen Feldern spazieren geht, wo sie schöne Gerste- und Kornähren abschneidet. Ein Jugendfreund kommt ihr entgegen, und sie will es vermeiden, ihn anzutreffen. Die Analyse zeigt, daß es sich um einen Kuß in Ehren handelt (Jahrb. II, p. 491). Die Ähren, die nicht abgerissen, sondern abgeschnitten werden sollen, dienen in diesem Traum als solche und in ihrer Verdichtung mit Ehre, Ehrungen zur Darstellung einer ganzen Reihe von anderen Gedanken.

Dafür hat die Sprache in anderen Fällen dem Traume die Darstellung seiner Gedanken sehr leicht gemacht, da sie über eine ganze Reihe von Worten verfügt, die ursprünglich bildlich und konkret gemeint waren und gegenwärtig im abgeblaßten, abstrakten Sinne gebraucht werden. Der Traum braucht diesen Worten nur ihre frühere volle Bedeutung wiederzugeben oder in den Bedeutungswandel des Wortes ein Stück weit herabzusteigen. Z. B. es träumt jemand, daß sein Bruder in einem Kasten steckt; bei der Deutungsarbeit ersetzt sich der Kasten durch einen „Schrank“ und der Traumgedanke lautet nun, daß dieser Bruder sich „einschränken“ solle, an seiner Statt nämlich. Ein anderer Träumer steigt auf einen Berg, von dem aus er eine ganz außerordentlich weite Aussicht hat. Er identifiziert sich dabei mit einem Bruder, der eine „Rundschau“ herausgibt, welche sich mit den Beziehungen zum fernsten Osten beschäftigt.

In einem Traum des „Grünen Heinrich“ wälzt sich ein übermütiges Pferd im schönsten Hafer, von dem jedes Korn aber „ein süßer Mandelkern, eine Rosine und ein neuer Pfennig“ ist, „zusammen in rote Seide gewickelt und mit einem Endchen Schweinsborste eingebunden“. Der Dichter (oder der Träumer) gibt uns sofort die Deutung dieser Traumdarstellung, denn das Pferd fühlt sich angenehm gekitzelt, so daß es ruft: Der Hafer sticht mich.

Besonders ausgiebigen Gebrauch vom Redensart- und Wortwitztraum macht (nach Henzen) die altnordische Sagaliteratur, in der sich kaum ein Traumbeispiel ohne Doppelsinn oder Wortspiel findet.

30

Beispiele von Darstellungen:

Manche dieser Darstellungen sind fast witzig zu nennen. Man hat den Eindruck, daß man sie niemals selbst erraten hätte, wenn der Träumer sie nicht mitzuteilen wüßte:

1) Ein Mann träumt, *man frage ihn nach einem Namen, an den er sich aber nicht besinnen könne.* Er erklärt selbst, das wolle heißen: Es fällt mir nicht im Traume ein.

2) Eine Patientin erzählt einen Traum, in welchem *alle handelnden Personen besonders groß waren.* Das will heißen, setzt sie hinzu, daß es sich um eine Begebenheit aus meiner frühen Kindheit handeln muß, denn damals sind mir natürlich alle Erwachsenen so ungeheuer groß erschienen. Ihre eigene Person trat in diesem Trauminhalt nicht auf.

Die Verlegung in die Kindheit wird in anderen Träumen auch anders ausgedrückt, indem Zeit in Raum übersetzt wird. Man sieht die betreffenden Personen und Szenen wie weit entfernt am Ende eines langen Weges oder so, als ob man sie mit einem verkehrt gerichteten Opernglas betrachten würde.

3) Ein im Wachleben zu abstrakter und unbestimmter Ausdrucksweise geneigter Mann, sonst mit gutem Witz begabt, träumt in gewissem Zusammenhange, daß *er auf einen Bahnhof gehe, wie eben ein Zug ankomme. Dann werde aber der Perron an den stehenden Zug angenähert,* also eine absurde Umkehrung des wirklichen Vorganges. Dieses Detail ist auch nichts anderes als ein Index, der daran mahnt, daß etwas anderes im Trauminhalt umgekehrt werden solle. Die Analyse desselben Traumes führt zu Erinnerungen an Bilderbücher, in denen Männer dargestellt waren, die auf dem Kopfe standen und auf den Händen gingen.

4) Derselbe Träumer berichtet ein anderes Mal von einem kurzen Traum, der fast an die Technik eines Rebus erinnert. *Sein Onkel gibt ihm im Automobil einen Kuß.* Er fügt unmittelbar die Deutung hinzu, die ich nie gefunden hätte, das heiße: Autoerotismus. Ein Scherz im Wachen hätte ebenso lauten können.

5) Der Träumer *zieht eine Frau hinter dem Bett hervor.* Das heißt: Er gibt ihr den Vorzug.

6) Der Träumer *sitzt als Offizier an einer Tafel dem Kaiser gegenüber:* Er bringt sich in Gegensatz zum Vater.

7) Der Träumer *behandelt eine andere Person wegen eines Knochenbruches.* Die Analyse erweist diesen Bruch als Darstelluug eines Ehebruches u. dgl.

8) Die Tageszeiten vertreten im Trauminhalt sehr häufig Lebenszeiten der Kindheit. So bedeutet z. B. um $^{1}/_{4}6$ Uhr früh bei einem Träumer das Alter von 5 Jahren 3 Monaten, den bedeutungsvollen Zeitpunkt der Geburt eines jüngeren Bruders.

9) Eine andere Darstellung von Lebenszeiten im Traume: *Eine Frau geht mit zwei kleinen Mädchen, die* $1^{1}/_{4}$ *Jahre auseinander sind.* — Die Träumerin findet keine Familie ihrer Bekanntschaft, für die das zuträfe. Sie deutet selbst, daß beide Kinder ihre eigene Person darstellen, und daß der Traum sie mahnt, die beiden traumatischen Ereignisse ihrer Kindheit seien um soviel voneinander entfernt. ($3^{1}/_{2}$ und $4^{3}/_{4}$ Jahre.)

10) Es ist nicht zu verwundern, daß Personen, die in psychoanalytischer Behandlung stehen, häufig von dieser träumen und alle die Gedanken und Erwartungen, die sie erregt, im Traume ausdrücken müssen. Das für die Kur gewählte Bild ist in der Regel das einer Fahrt, meist im Automobil, als einem neuartigen und komplizierten Vehikel; im Hinweis auf die Schnelligkeit des Automobils kommt dann der Spott des Behandelten auf seine Rechnung. Soll das „Unbewußte" als Element der Wachgedanken im Traume Darstellung finden, so ersetzt es sich ganz zweckmäßigerweise durch „unterirdische" Lokalitäten, die andere Male, ganz ohne Beziehung zur analytischen Kur, den Frauenleib oder den Mutterleib bedeutet hatten. „Unten" im Traume bezieht sich sehr häufig auf die Genitalien, das gegensätzliche „oben" auf Gesicht, Mund oder Brust. Mit wilden Tieren symbolisiert die Traumarbeit in der Regel leidenschaftliche Triebe, sowohl die des Träumers als auch die anderer Personen, vor denen der Träumer sich fürchtet, also mit einer ganz geringfügigen Verschiebung die Personen selbst, welche die Träger dieser Leidenschaften sind. Von hier ist es nicht weit zu der an den Totemismus anklingenden Darstellung des gefürchteten Vaters durch böse Tiere, Hunde, wilde Pferde. Man könnte sagen, die wilden Tiere dienen zur Darstellung der vom Ich gefürchteten, durch Verdrängung bekämpften Libido. Auch die Neurose selbst, die „kranke Person", wird oft vom Träumer abgespalten und als selbständige Person im Traume veranschaulicht.

11) (H. Sachs.) „Aus der ‚Traumdeutung' wissen wir, daß die Traumarbeit verschiedene Wege kennt, um ein Wort oder eine Redewendung sinnlich-anschaulich darzustellen. Sie kann sich z. B. den Umstand, daß der darzustellende Ausdruck zweideutig ist, zunutze machen und, den Doppelsinn als ‚Weiche' benutzend, statt der ersten, in den Traumgedanken vorkommenden Bedeutung die zweite in den manifesten Trauminhalt aufnehmen.

Dies ist bei dem kleinen, im folgenden mitgeteilten Traume geschehen, und zwar unter geschickter Benutzung der dazu tauglichen rezenten Tageseindrücke als Darstellungsmaterial.

Ich hatte am Traumtage an einer Erkältung gelitten und deshalb am Abend beschlossen, das Bett, wenn irgend möglich, während der Nacht nicht zu verlassen. Der Traum ließ mich scheinbar nur meine Tagesarbeit fortsetzen; ich hatte mich damit beschäftigt, Zeitungsausschnitte in ein Buch zu kleben, wobei ich bestrebt war, jedem Ausschnitt den passenden Platz anzuweisen. Der Traum lautete:

,*Ich bemühe mich, einen Ausschnitt in das Buch zu kleben; er geht aber nicht auf die Seite, was mir großen Schmerz verursacht.*'

Ich erwachte und mußte konstatieren, daß der Schmerz des Traumes als realer Leibschmerz andauere, der mich denn auch zwang, meinem Vorsatz untreu zu werden. Der Traum hatte mir als ,Hüter des Schlafes' die Erfüllung meines Wunsches, im Bette zu bleiben, durch die Darstellung der Worte ,er geht aber nicht auf die Seite' vorgetäuscht."

Man darf geradezu sagen, die Traumarbeit bediene sich zur visuellen Darstellung der Traumgedanken aller ihr zugänglichen Mittel, ob sie der Wachkritik erlaubt oder unerlaubt erscheinen mögen, und setzt sich dadurch dem Zweifel wie dem Gespött aller jener aus, die von Traumdeutung nur gehört und sie nicht selbst geübt haben. An solchen Beispielen ist besonders das Buch von Stekel, „Die Sprache des Traumes" reich, doch vermeide ich es, von dort die Belege zu entnehmen, weil die Kritiklosigkeit und technische Willkür des Autors auch den nicht in Vorurteilen Befangenen unsicher macht.

12) Aus einer Arbeit von V. Tausk, Kleider und Farben im Dienste der Traumdarstellung (Int. Zeitschr. f. PsA., II, 1914):

a) A. träumt, *er sehe seine frühere Gouvernante im schwarzen Lüsterkleid, das über dem Gesäß straff anliegt.* — Das heißt, er erklärt diese Frau für lüstern.

b) C. sieht im Traum *auf der X-er Landstraße ein Mädchen, von weißem Licht umflossen und mit einer weißen Bluse bekleidet.*

Der Träumer hat auf jener Landstraße mit einem Fräulein Weiß die ersten Intimitäten ausgetauscht.

c) Frau D. träumt, sie sehe *den alten Blasel (einen 80jährigen Wiener Schauspieler) in voller Rüstung auf dem Divan liegen. Dann springt er über Tische und Stühle, zieht seinen Degen, sieht sich dabei im Spiegel und fuchtelt mit dem Degen in der Luft herum, als kämpfe er gegen einen eingebildeten Feind.*

Deutung: Die Träumerin hat ein altes Blasenleiden. Sie liegt bei der Analyse auf dem Divan, und wenn sie sich im Spiegel sieht, dann kommt sie sich insgeheim trotz ihrer Jahre und ihrer Krankheit noch sehr rüstig vor.

13) Die „große Leistung“ im Traume.

Der männliche Träumer sieht sich *als gravides Weib im Bette liegend. Der Zustand wird ihm sehr beschwerlich. Er ruft aus: Da will ich doch lieber* ... (in der Analyse ergänzt er, nach einer Erinnerung an eine Pflegeperson: Steine klopfen). *Hinter seinem Bett hängt eine Landkarte, deren unterer Rand durch eine Holzleiste gespannt erhalten wird. Er reißt diese Leiste herunter, indem er sie an beiden Enden packt, wobei sie aber nicht quer bricht, sondern in zwei Längshälften zersplittert. Damit hat er sich erleichtert und auch die Geburt befördert.*

Er deutet ohne Hilfe das Herunterreißen der Leiste als eine große „Leistung“, durch welche er sich aus seiner unbehaglichen Situation (in der Kur) befreit, indem er sich aus seiner weiblichen Einstellung herausreißt ... Das absurde Detail, daß die Holzleiste nicht nur bricht, sondern der Länge nach splittert, findet seine Erklärung, indem der Träumer erinnert, daß die Verdoppelung im Verein mit der Zerstörung eine Anspielung auf die Kastration enthält. Der Traum stellt sehr häufig die Kastration im trotzigen Wunschgegensatz durch das Vorhandensein von zwei Penissymbolen dar. Die „Leiste“ ist ja auch eine den Genitalien naheliegende Körperregion. Er fügt dann die Deutung zusammen, er überwinde die Kastrationsdrohung, welche ihn in die weibliche Einstellung gebracht hat.[1]

14) In einer von mir französisch durchgeführten Analyse ist ein Traum zu deuten, in dem ich als Elefant erscheine. Ich muß natürlich fragen, wie ich zu dieser Darstellung komme. „*Vous me trompez,*“ antwortet der Träumer. (*trompe* = Rüssel.)

31

Ein sonderbarer Kindertraum:

Ich will mir nicht versagen, hier noch einen Traum mit sonderbarem Inhalt einzuschalten, der auch noch als Kindertraum bemerkenswert ist und sich durch die Analyse sehr leicht aufklärt. Eine Dame erzählt: Ich kann mich erinnern, daß ich als Kind wiederholt geträumt habe, *der liebe Gott habe einen zugespitzten Papierhut auf dem Kopfe.* Einen solchen Hut pflegte man mir nämlich sehr oft bei Tische aufzusetzen, damit ich nicht auf die Teller der anderen Kinder hinschauen könne, wieviel sie von dem betreffenden Gericht bekommen haben. Da ich gehört habe, Gott sei allwissend, so bedeutet der Traum, ich wisse alles auch trotz des aufgesetzten Hutes.

32

Ein anderer Zahlentraum:

Einen anderen Zahlentraum, der durch durchsichtige Determinierung oder vielmehr Überdeterminierung ausgezeichnet ist, verdanke ich mitsamt seiner Deutung Herrn B. Dattner:

1) Internat. Zeitschr. f. PsA., II., 1914.

„Mein Hausherr, Sicherheitswachmann in Magistratsdiensten, träumt, er stünde auf der Straße Posten, was eine Wunscherfüllung ist. Da kommt ein Inspektor auf ihn zu, der auf dem Ringkragen die Nummer 22 und 62 oder 26 trägt. Jedenfalls aber seien mehrere Zweier daraufgewesen. Schon die Zerteilung der Zahl 2262 bei der Wiedergabe des Traumes läßt darauf schließen, daß die Bestandteile eine gesonderte Bedeutung haben. Sie hätten gestern im Amt über die Dauer ihrer Dienstzeit gesprochen, fällt ihm ein. Ursache gab ein Inspektor, der mit 62 Jahren in Pension gegangen sei. Der Träumer hat erst 22 Dienstjahre und braucht noch 2 Jahre 2 Monate, um eine 90%ige Pension zu erreichen. Der Traum spiegelt ihm nun zuerst die Erfüllung eines langgehegten Wunsches, den Inspektorsrang, vor. Der Vorgesetzte mit der 2262 auf dem Kragen ist er selbst, er versieht seinen Dienst auf der Straße, auch ein Lieblingswunsch, hat seine 2 Jahre und 2 Monate abgedient und kann nun wie der 62jährige Inspektor mit voller Pension aus dem Amte scheiden.“[1]

33

Zur Zerstücklung von Reden:

In der gleichen Weise wie der Traum verfährt auch die Neurose. Ich kenne eine Patientin, die daran leidet, daß sie Lieder oder Stücke von solchen unwillkürlich und widerwillig hört (halluziniert), ohne deren Bedeutung für ihr Seelenleben verstehen zu können. Sie ist übrigens gewiß nicht paranoisch. Die Analyse zeigt dann, daß sie den Text dieser Lieder mittels gewisser Lizenzen mißbräuchlich verwendet hat. „Leise, leise, fromme Weise.“ Das bedeutet für ihr Unbewußtes: Fromme Waise, und diese ist sie selbst. „O du selige, o du fröhliche“ ist der Anfang

1) Analysen von anderen Zahlenträumen siehe bei Jung, Marcinowski u. a. Dieselben setzen oft sehr komplizierte Zahlenoperationen voraus, die aber vom Träumer mit verblüffender Sicherheit vollzogen werden. Vgl. auch Jones, „Über unbewußte Zahlenbehandlung“ (Zentralbl. f. PsA., II, 1912, p. 241 f.).

eines Weihnachtsliedes; indem sie es nicht bis zu „Weihnachtszeit“ fortsetzt, macht sie daraus ein Brautlied u. dgl. — Derselbe Entstellungsmechanismus kann sich übrigens auch ohne Halluzination im bloßen Einfall durchsetzen. Warum wird einer meiner Patienten von der Erinnerung an ein Gedicht heimgesucht, das er in jungen Jahren lernen mußte:

„Nächtlich am Busento lispeln .?“,

Weil sich seine Phantasie mit einem Stück dieses Zitats:

„Nächtlich am Busen“ begnügt.

Es ist bekannt, daß der parodistische Witz auf dieses Stückchen Technik nicht verzichtet hat. Die „Fliegenden Blätter“ brachten einst unter ihren Illustrationen zu deutschen „Klassikern“ auch ein Bild zum Schillerschen „Siegesfest“, zu dem das Zitat vorzeitig abgeschlossen war.

„Und des frisch erkämpften Weibes
Freut sich der Atrid und strickt.“
Fortsetzung: Um den Reiz des schönen Leibes
Seine Arme hochbeglückt.

34

Zur Inschrift des Josefsdenkmals:

Sie lautet richtig:

Saluti publicae vixit
non diu sed totus.

Das Motiv der Fehlleistung: *patriae* für *publicae* hat Wittels wahrscheinlich zutreffend erraten.

35

Zu den absurden Träumen, besonders von Toten:

Die Häufigkeit, mit welcher im Traume tote Personen wie lebend auftreten, handeln und mit uns verkehren, hat eine ungebührliche Verwunderung hervorgerufen und sonderbare Erklärungen erzeugt, aus denen unser Unverständnis für den Traum sehr auffällig erhellt. Und doch ist die Aufklärung dieser Träume eine sehr naheliegende. Wie oft kommen wir in die Lage, uns zu denken: Wenn der Vater noch leben würde, was würde er dazu sagen? Dieses Wenn kann der Traum nicht anders darstellen als durch die Gegenwart in einer bestimmten Situation. So träumt z. B. ein junger Mann, dem sein Großvater ein großes Erbe hinterlassen hat, bei einer Gelegenheit von Vorwurf wegen einer bedeutenden Geldausgabe, der Großvater sei wieder am Leben und fordere Rechenschaft von ihm. Was wir für die Auflehnung gegen den Traum halten, der Einspruch aus unserem besseren Wissen, daß der Mann doch schon gestorben sei, ist in Wirklichkeit der Trostgedanke, daß der Verstorbene das nicht zu erleben brauchte, oder die Befriedigung darüber, daß er nichts mehr dreinzureden hat.

Eine andere Art von Absurdität, die sich in Träumen von toten Angehörigen findet, drückt nicht Spott und Hohn aus, sondern dient der äußersten Ablehnung, der Darstellung eines verdrängten Gedankens, den man gerne als das Allerundenkbarste hinstellen möchte. Träume dieser Art erscheinen nur auflösbar, wenn man sich erinnert, daß der Traum zwischen Gewünschtem und Realem keinen Unterschied macht. So träumt z. B. ein Mann, der seinen Vater in dessen Krankheit gepflegt und unter dessen Tod schwer gelitten hatte, eine Zeit nachher folgenden unsinnigen Traum: *Der Vater war wieder am Leben und sprach mit ihm wie sonst, aber* (das Merkwürdige war), *er war doch gestorben und wußte es nur nicht.* Man versteht diesen Traum, wenn man nach „er war doch gestorben" einsetzt: infolge des Wunsches des Träumers und zu „er wußte es nicht" ergänzt: daß der Träumer diesen Wunsch hatte. Der Sohn hatte während der Krankenpflege wiederholt den Vater tot gewünscht, d. h. den eigentlich erbarmungsvollen Gedanken gehabt, der Tod möge doch endlich dieser Qual ein Ende machen. In der Trauer nach dem Tode wurde selbst dieser Wunsch des Mitleidens zum unbewußten Vorwurf, als ob er durch ihn wirklich beigetragen hätte, das

Leben des Kranken zu verkürzen. Durch Erweckung der frühinfantilsten Regungen gegen den Vater wurde es möglich, diesen Vorwurf als Traum auszudrücken, aber gerade wegen der weltenweiten Gegensätzlichkeit zwischen dem Traumerreger und dem Tagesgedanken mußte dieser Traum so absurd ausfallen. (Vgl. hiezu: Formulierungen über die zwei Prinzipien des psychischen Geschehens. Jahrbuch f. PsA., III, 1911. Ges. Schriften, Bd. V.)

Die Träume von geliebten Toten stellen der Traumdeutung überhaupt schwierige Aufgaben, deren Lösung nicht immer befriedigend gelingt. Den Grund hiefür mag man in der besonders stark ausgeprägten Gefühlsambivalenz suchen, welche das Verhältnis des Träumers zum Toten beherrscht. Es ist sehr gewöhnlich, daß in solchen Träumen der Verstorbene zunächst als lebend behandelt wird, daß es dann plötzlich heißt, er sei tot, und daß er in der Fortsetzung des Traumes doch wieder lebt. Das wirkt verwirrend. Ich habe endlich erraten, daß dieser Wechsel von Tod und Leben die Gleichgültigkeit des Träumers darstellen soll („Es ist mir dasselbe, ob er lebt oder gestorben ist"). Natürlich ist diese Gleichgültigkeit keine reale, sondern eine gewünschte, sie soll die sehr intensiven, oft gegensätzlichen Gefühlseinstellungen des Träumers verleugnen helfen, und wird so zur Traumdarstellung seiner Ambivalenz. Für andere Träume, in denen man mit Toten verkehrt, hat oft folgende Regel orientierend gewirkt: Wenn im Traume nicht daran gemahnt wird, daß der Tote — tot ist, so stellt sich der Träumer dem Toten gleich, er träumt von seinem eigenen Tod. Die plötzlich im Traume auftretende Besinnung oder Verwunderung: Aber, der ist ja längst gestorben, ist eine Verwahrung gegen diese Gemeinschaft und lehnt die Todesbedeutung für den Träumer ab. Aber ich gestehe den Eindruck zu, daß die Traumdeutung Träumen dieses Inhaltes noch lange nicht alle ihre Geheimnisse entlockt hat.

36

Das muß ich dem Doktor erzählen:

Die noch im Traume enthaltene Mahnung oder der Vorsatz: *Das muß ich dem Doktor erzählen,* bei Träumen während der psychoanalytischen Behandlung entspricht regelmäßig einem großen Widerstand gegen die Beichte des Traumes und wird nicht selten vom Vergessen des Traumes gefolgt.

37

Zu Marburg:

Schiller ist nicht in einem Marburg, sondern in Marbach geboren, wie jeder deutsche Gymnasiast weiß, und wie auch ich wußte. Es ist dies wieder einer jener Irrtümer (vgl. oben S. 39), die sich als Ersatz für eine absichtliche Verfälschung an anderer Stelle einschleichen, und deren Aufklärung ich in der „Psychopathologie des Alltagslebens" versucht habe.

38

Affekte in einem Kindertraum:

Wenn ich nicht sehr irre, so zeigt der erste Traum, den ich von meinem 20 Monate alten Enkel erfahren konnte, den Tatbestand, daß es der Traumarbeit gelungen ist, ihren Stoff in eine Wunscherfüllung zu verwandeln, während der dazugehörige Affekt sich auch im Schlafzustand unverändert durchsetzt. Das Kind ruft in der Nacht vor dem Tage, an dem sein Vater ins Feld abrücken soll, heftig schluchzend: Papa, Papa—Bebi. Das kann nur heißen: Papa und Bebi bleiben beisammen, während das Weinen den bevorstehenden Abschied anerkennt. Das Kind war damals sehr wohl imstande, den Begriff der Trennung auszudrücken. „Fort" (durch ein eigentümlich betontes, lange gezogenes o o o h ersetzt) war eines seiner ersten Worte gewesen, und es hatte mehrere Monate vor diesem ersten Traum mit all seinen Spielsachen „fort" aufgeführt, was auf die früh gelungene Selbstüberwindung, die Mutter fortgehen zu lassen, zurückging.

39

Flavit et dissipati sunt.
Die Korrektur dieses Zitats siehe oben S. 39.

40

Affektverkehrung und heuchlerische Träume:

Ein ausgezeichnetes Beispiel einer solchen Affektverkehrung gibt ein von Ferenczi berichteter Traum:[1] „Ein älterer Herr wird bei Nacht von seiner Frau geweckt, die ängstlich darüber wurde, daß er im Schlafe so laut und unbändig lachte. Der Mann erzählte später, folgenden Traum gehabt zu haben: *Ich lag in meinem Bette, ein bekannter Herr trat ein, ich wollte das Licht aufdrehen, konnte es aber nicht, versuchte es immer wieder, — vergebens. Daraufhin stieg meine Frau aus dem Bette, um mir zu helfen, aber auch sie vermochte nichts auszurichten; weil sie sich aber vor dem Herrn wegen ihres Negligés genierte, gab sie es schließlich auf und legte sich wieder ins Bett; all dies war so komisch, daß ich darüber fürchterlich lachen mußte. Die Frau sagte: ‚Was lachst du, was lachst du?‘, ich aber lachte nur weiter, bis ich erwachte.* — Tags darauf war der Herr äußerst niedergeschlagen, hatte Kopfschmerzen, — vom vielen Lachen, das mich erschüttert hat, meinte er."

„Analytisch betrachtet, schaut der Traum minder lustig aus. Der ‚bekannte Herr‘, der eintritt, ist in den latenten Traumgedanken das am Vortage geweckte Bild des Todes als des ‚großen Unbekannten‘. Der alte Herr, der an Arteriosklerose leidet, hatte am Vortage Grund, ans Sterben zu denken. Das unbändige Lachen vertritt die Stelle des Weinens und Schluchzens bei der Idee, daß er sterben muß. Es ist das Lebenslicht, das er nicht mehr aufdrehen kann. Dieser traurige Gedanke mag sich an vor kurzem

1) Internat. Zeitschr. f. Psychoanalyse, IV, 1916.

beabsichtigte, aber mißlungene Beischlafversuche angeknüpft haben, bei denen ihm auch die Hilfe seiner Frau im Negligé nichts half; er merkte, daß es mit ihm schon abwärts geht. Die Traumarbeit verstand es, die traurige Idee der Impotenz und des Sterbens in eine komische Szene und das Schluchzen in Lachen umzuwandeln."

Es gibt eine Klasse von Träumen, die auf die Bezeichnung als „heuchlerische" einen besonderen Anspruch haben und die Theorie der Wunscherfüllung auf eine harte Probe stellen. Ich wurde auf sie aufmerksam, als Frau Dr. M. Hilferding in der „Wiener Psychoanalytischen Vereinigung" den in Nachstehendem abgedruckten Traumbericht Roseggers zur Diskussion brachte.

Rosegger (in „Waldheimat" II. Band) erzählt in der Geschichte „Fremd gemacht" (p. 303): „Ich erfreue mich sonst eines gesunden Schlummers, aber ich habe die Ruhe von so mancher Nacht eingebüßt, ich habe neben meinem bescheidenen Studenten- und Literatendasein den Schatten eines veritabeln Schneiderlebens durch die langen Jahre geschleppt, wie ein Gespenst, ohne seiner los werden zu können."

„Es ist nicht wahr, daß ich mich tagsüber in Gedanken so häufig und lebhaft mit meiner Vergangenheit beschäftigt hätte. Ein der Haut eines Philisters entsprungener Welt- und Himmelsstürmer hat anderes zu tun. Aber auch an seine nächtlichen Träume wird der flotte Bursche kaum gedacht haben; erst später, als ich gewohnt worden war, über alles nachzudenken oder auch, als sich der Philister in mir wieder ein wenig zu regen begann, fiel es mir auf, wieso ich denn — wenn ich überhaupt träumte — allemal der Schneidergesell' war und daß ich solchergestalt schon so lange Zeit bei meinem Lehrmeister unentgeltlich in der Werkstatt arbeitete. Ich war mir, wenn ich so neben ihm saß und nähte und bügelte, sehr wohl bewußt, daß ich eigentlich nicht mehr dorthin gehöre, daß ich mich als Städter mit anderen Dingen zu befassen habe; doch hatte ich stets Ferien, war stets auf der Sommerfrische und so saß ich zur Aushilfe beim Lehrmeister. Es war mir oft gar unbehaglich, ich bedauerte den Verlust der Zeit, in welcher ich mich besser und nützlicher zu beschäftigen gewußt hätte. Vom Lehrmeister mußte ich mir mitunter, wenn etwas nicht ganz nach Maß und Schnitt ausfallen wollte, eine Rüge gefallen lassen; von einem Wochenlohn jedoch war gar niemals die Rede. Oft, wenn ich mit gekrümmtem Rücken in der dunkeln Werkstatt so dasaß, nahm ich mir vor, die Arbeit zu kündigen und mich fremd zu machen. Einmal tat ich's sogar, jedoch der Meister nahm keine Notiz davon, und nächstens saß ich doch wieder bei ihm und nähte."

„Wie mich nach solch langweiligen Stunden das Erwachen beglückte! Und da nahm ich mir vor, wenn dieser zudringliche Traum sich wieder einmal einstellen sollte, ihn mit Energie von mir zu werfen und laut auszurufen: es ist nur Gaukelspiel, ich liege im Bette und will schlafen . . . Und in der nächsten Nacht saß ich doch wieder in der Schneiderwerkstatt."

„So ging es Jahre in unheimlicher Regelmäßigkeit fort. Da war es einmal, als wir, der Meister und ich, beim Alpelhofer arbeiteten, bei jenem Bauern, wo ich in die Lehre eingetreten war, daß sich mein Meister ganz besonders unzufrieden mit meinen Arbeiten zeigte. ‚Möcht' nur wissen, wo du deine Gedanken hast!' sagte er und sah mich etwas finster an. Ich dachte, das Vernünftigste wäre, wenn ich jetzt aufstünde, dem Meister bedeutete, daß ich nur aus Gefälligkeit bei ihm sei, und wenn ich dann davonging. Aber ich tat es nicht. Ich ließ es mir gefallen, als der Meister einen Lehrling aufnahm und mir befahl, demselben auf der Bank Platz zu machen. Ich rückte in den Winkel und nähte. An demselben Tage wurde auch noch ein Geselle aufgenommen, bigott, es war der Böhm, der vor neunzehn Jahren bei uns gearbeitet hatte und damals auf dem Wege vom Wirtshause in den Bach gefallen war. Als er sich setzen wollte, war kein Platz da. Ich blickte den Meister fragend an, und dieser sagte zu mir:

‚Du hast ja doch keinen Schick zur Schneiderei, du kannst gehen, du bist fremd gemacht.' — So übermächtig war hierüber mein Schreck, daß ich erwachte."

„Das Morgengrauen schimmerte zu den klaren Fenstern herein in mein trautes Heim. Gegenstände der Kunst umgaben mich; im stilvollen Bücherschrank harrte meiner der ewige Homer, der gigantische Dante, der unvergleichliche Shakespeare, der glorreiche Goethe — die Herrlichen, die Unsterblichen alle. Vom Nebenzimmer her klangen die hellen Stimmchen der erwachenden und mit ihrer Mutter schäkernden Kinder. Mir war zumute, als hätte ich dieses idyllisch süße, dieses friedensmilde und poesiereiche, helldurchgeistigte Leben, in welchem ich das beschauliche menschliche Glück so oft und tief empfand, von neuem wiedergefunden. Und doch wurmte es mich, daß ich mit der Kündigung meinem Meister nicht zuvorgekommen, sondern von ihm abgedankt worden war."

„Und wie merkwürdig ist mir das: Mit jener Nacht, da mich der Meister ‚fremd gemacht' hatte, genieße ich Ruhe, träume nicht mehr von meiner in ferner Vergangenheit liegenden Schneiderzeit, die in ihrer Anspruchslosigkeit ja so heiter war und die doch einen so langen Schatten in meine späteren Lebensjahre hereingeworfen hat."

In dieser Traumreihe des Dichters, der in seinen jungen Jahren Schneidergeselle gewesen war, fällt es schwer, das Walten der Wunscherfüllung zu erkennen. Alles Erfreuliche liegt im Tagesleben, während der Traum den gespenstigen Schatten einer endlich überwundenen unerfreulichen Existenz fortzuschleppen scheint. Eigene Träume von ähnlicher Art haben mich in den Stand gesetzt, einige Aufklärung über solche Träume zu geben. Ich habe als junger Doktor lange Zeit im chemischen Institut gearbeitet, ohne es in den dort erforderten Künsten zu etwas bringen zu können, und denke darum im Wachen niemals gern an diese unfruchtbare und eigentlich beschämende Episode meines Lernens. Dagegen ist es bei mir ein wiederkehrender Traum geworden, daß ich im Laboratorium arbeite, Analysen mache, Verschiedenes erlebe usw.; diese Träume sind ähnlich unbehaglich wie die Prüfungsträume und niemals sehr deutlich. Bei der Deutung eines dieser Träume wurde ich endlich auf das Wort „Analyse" aufmerksam, das mir den Schlüssel zum Verständnis bot. Ich bin ja seither „Analytiker" geworden, mache Analysen, die sehr gelobt werden, allerdings Psychoanalysen. Ich verstand nun: wenn ich auf diese Art von Analysen im Tagesleben stolz geworden bin, mich vor mir selbst rühmen möchte, wie weit ich es gebracht habe, hält mir nächtlicherweile der Traum jene anderen mißglückten Analysen vor, auf die stolz zu sein ich keinen Grund hatte; es sind Strafträume des Emporkömmlings, wie die des Schneidergesellen, der ein gefeierter Dichter geworden war. Wie wird es aber dem Traume möglich, sich in dem Konflikt zwischen Parvenüstolz und Selbstkritik in den Dienst der letzteren zu stellen und eine vernünftige Warnung anstatt einer unerlaubten Wunscherfüllung zum Inhalt zu nehmen? Ich erwähnte schon, daß die Beantwortung dieser Frage Schwierigkeiten macht. Wir können erschließen, daß zunächst eine übermütige Ehrgeizphantasie die Grundlage des Traumes bildete, an ihrer Statt ist aber ihre Dämpfung und Beschämung in den Trauminhalt gelangt. Man darf daran erinnern, daß es masochistische Tendenzen im Seelenleben gibt, denen man eine solche Umkehrung zuschreiben darf. Ich könnte nichts dagegen haben, wenn man diese Art von Träumen als Strafträume von den Wunscherfüllungsträumen abtrennte. Ich würde darin keine Einschränkung der bisher vertretenen Theorie des Traumes erblicken, sondern bloß ein sprachliches Entgegenkommen für die Auffassung, welcher das Zusammenfallen von Gegensätzen fremdartig erscheint. Genaueres Eingehen auf einzelne dieser Träume läßt aber noch anderes erkennen. In dem undeutlichen Beiwerk eines meiner Laboratoriumsträume hatte ich gerade jenes Alter, welches mich in das düsterste und erfolgloseste Jahr meiner ärztlichen Laufbahn versetzte; ich hatte noch keine Stellung und wußte nicht, wie ich mein Leben erhalten sollte, aber dabei fand sich plötzlich, daß ich die Wahl zwischen mehreren Frauen hatte, die ich heiraten sollte! Ich war also wieder jung und vor allem, sie war wieder jung, die Frau, die alle diese schweren Jahre mit mir geteilt hatte. Somit war einer der unablässig nagenden Wünsche des alternden Mannes als der unbewußte Traumerreger verraten. Der in anderen psychischen Schichten tobende Kampf zwischen der Eitelkeit und der Selbstkritik hatte zwar den Trauminhalt bestimmt, aber der tiefer wurzelnde Jugendwunsch hatte ihn allein als Traum möglich gemacht. Man sagt sich auch manchmal im Wachen: Es ist ja sehr gut heute, und es war einmal eine harte Zeit; aber es war doch schön damals; du warst ja noch so jung.

Eine andere Gruppe von Träumen, die ich bei mir selbst häufig gefunden und als heuchlerisch erkannt habe, hat zum Inhalt die Versöhnung mit Personen, zu denen die freundschaftlichen Beziehungen längst erloschen sind. Die Analyse deckt dann regelmäßig einen Anlaß auf, der mich auffordern könnte, den letzten Rest von Rücksicht auf diese ehemaligen Freunde beiseite zu setzen und sie wie Fremde oder wie Feinde zu behandeln. Der Traum aber gefällt sich darin, die gegensätzliche Relation auszumalen.

Bei der Beurteilung von Träumen, die ein Dichter mitteilt, darf man oft genug annehmen, daß er solche als störend empfundene und für unwesentlich erachtete Einzelheiten des Trauminhaltes von der Mitteilung ausgeschlossen hat. Seine Träume geben uns dann Rätsel auf, die bei exakter Wiedergabe des Trauminhaltes bald zu lösen wären.

O. Rank machte mich auch aufmerksam, daß im Grimmschen Märchen vom tapferen Schneiderlein oder „Sieben auf einen Streich" ein ganz ähnlicher Traum eines Emporkömmlings erzählt wird. Der Schneider, der Heros und Schwiegersohn des Königs geworden ist, träumt eines Nachts bei der Prinzessin, seiner

Gemahlin, von seinem Handwerk; diese, mißtrauisch geworden, bestellt nun Bewaffnete für die nächste Nacht, die das aus dem Traum Gesprochene anhören und sich der Person des Träumers versichern sollen. Aber das Schneiderlein ist gewarnt und weiß jetzt den Traum zu korrigieren.

41

Zum Zusammentreten der Affektquellen:

Analog habe ich die außerordentlich starke Lustwirkung der tendenziösen Witze erklärt.

42

Zu den Phantasien im Traum:

Ein gutes Beispiel eines solchen, durch Übereinanderlagerung mehrerer Phantasien entstandenen Traumes habe ich im „Bruchstück einer Hysterieanalyse“ 1905 analysiert. Übrigens habe ich die Bedeutung solcher Phantasien für die Traumbildung unterschätzt, solange ich vorwiegend meine eigenen Träume bearbeitete, denen seltener Tagträume, meist Diskussionen und Gedankenkonflikte, zugrunde liegen. Bei anderen Personen ist die volle Analogie des nächtlichen Traumes mit dem Tagtraume oft viel leichter zu erweisen. Es gelingt häufig bei Hysterischen eine Attacke durch einen Traum zu ersetzen; man kann sich dann leicht überzeugen, daß für beide psychische Bildungen die Tagtraumphantasie die nächste Vorstufe ist.

43

Zur scheinbaren Dauer des Traumes:

Unter den Träumen, welche Justine Tobowolska in ihrer Dissertation über die scheinbare Zeitdauer im Traume gesammelt hat, erscheint mir jener der beweisendste, den Macario (1857) von einem Bühnendichter, Casimir Bonjour, berichtet.[1] Dieser Mann wollte eines Abends der ersten Aufführung eines seiner

1) Tobowolska, p. 53.

Stücke beiwohnen, war aber so ermüdet, daß er auf seinem Sitz hinter den Kulissen gerade in dem Momente einnickte, als sich der Vorhang hob. In seinem Schlaf machte er nun alle fünf Akte seines Stückes durch und beobachtete alle die verschiedenartigen Zeichen von Ergriffenheit, welche die Zuhörer bei den einzelnen Szenen äußerten. Nach der Beendigung der Vorstellung hörte er dann ganz selig, wie sein Name unter den lebhaftesten Beifallsbezeigungen verkündet wurde. Plötzlich wachte er auf. Er wollte weder seinen Augen noch seinen Ohren trauen, die Vorstellung war nicht über die ersten Verse der ersten Szene hinausgekommen; er konnte nicht länger als zwei Minuten geschlafen haben. Es ist wohl nicht zu gewagt, für diesen Traum zu behaupten, daß das Durcharbeiten der fünf Akte des Bühnenstückes und das Achten auf das Verhalten des Publikums bei den einzelnen Stellen keiner Neuproduktion während des Schlafes zu entstammen braucht sondern eine bereits vollzogene Phantasiearbeit in dem angegebenen Sinne wiederholen kann. Die Tobowolska hebt mit anderen Autoren als gemeinsame Charaktere der Träume mit beschleunigtem Vorstellungsablauf hervor, daß sie besonders kohärent erscheinen, gar nicht wie andere Träume, und daß die Erinnerung an sie weit eher eine summarische als eine detaillierte ist. Dies wären aber gerade die Kennzeichen, welche solchen fertigen, durch die Traumarbeit angerührten Phantasien zukommen müßten, ein Schluß welchen die Autoren allerdings nicht ziehen.

ZUSATZKAPITEL B:
Sekundäre Bearbeitung und funktionales Phänomen

Die sekundäre Bearbeitung ist jenes Moment der Traumarbeit, welches von den meisten Autoren bemerkt und in seiner Bedeutung gewürdigt worden ist. In heiterer Verbildlichung schildert H. Ellis dessen Leistung (Einleitung, p. 10):

„Wir können uns die Sache tatsächlich so denken, daß das Schlafbewußtsein zu sich sagt: Hier kommt unser Meister, das Wachbewußtsein, der ungeheuer viel Wert auf Vernunft, Logik u. dgl. legt. Schnell! Faß die Dinge an, bringe sie in Ordnung, jede Anordnung genügt — ehe er eintritt, um vom Schauplatze Besitz zu ergreifen."

Die Identität dieser Arbeitsweise mit der des wachen Denkens wird besonders klar von Delacroix (p. 526) behauptet:

„*Cette fonction d'interprétation n'est pas particulière au rêve; c'est le même travail de coordination logique que nous faisons sur nos sensations pendant la veille.*"

J. Sully vertritt dieselbe Auffassung. Ebenso Tobowolska:

„*Sur ces successions incohérentes d'hallucinations, l'esprit s'efforce de faire le même travail de coordination logique qu'il fait pendant la veille sur les sensations. Il relie entre elles par un lien imaginaire toutes ces images décousues et bouche les écarts trop grands qui se trouvaient entre elles*" *(p. 93)*.

Einige Autoren lassen diese ordnende und deutende Tätigkeit noch während des Träumens beginnen und im Wachen fortgesetzt werden. So Paulhan (p. 547):

„*Cependant j'ai souvent pensé qu'il pouvait y avoir une certaine déformation, ou plutôt reformation du rêve dans le souvenir*

La tendence systématisante de l'imagination pourrait fort bien achever après le réveil ce qu'elle a ébauché pendant le sommeil. De la sorte, la rapidité réelle de la pensée serait augmentée en apparence par les perfectionnements dus à l'imagination éveillée."

Leroy et Tobowolska (p. 592):

„*dans le rêve, au contraire, l'interprétation et la coordination se font non seulement à l'aide des données du rêve, mais encore à l'aide de celles de la veille . . .*"

Es konnte dann nicht ausbleiben, daß dieses einzig erkannte Moment der Traumbildung in seiner Bedeutung überschätzt wurde, so daß man ihm die ganze Leistung, den Traum geschaffen zu haben, zuschob. Diese Schöpfung sollte sich im Moment des Erwachens vollziehen, wie es Goblot und noch weitergehend Foucault annehmen, die dem Wachdenken die Fähigkeit zuschreiben, aus den im Schlaf auftauchenden Gedanken den Traum zu bilden.

Leroy et Tobowolska sagen über diese Auffassung: „*On a cru pouvoir placer le rêve au moment du reveil et ils ont attribué à la pensée de la veille la fonction de construire le rêve avec les images présentes dans la pensée du sommeil.*“

An die Würdigung der sekundären Bearbeitung schließe ich die eines neuen Beitrages zur Traumarbeit, den feinsinnige Beobachtungen von H. Silberer aufgezeigt haben. Silberer hat, wie an anderer Stelle erwähnt,[1] die Umsetzung von Gedanken in Bilder gleichsam in flagranti erhascht, indem er sich in Zuständen von Müdigkeit und Schlaftrunkenheit zu geistiger Tätigkeit nötigte. Dann entschwand ihm der bearbeitete Gedanke und an seiner Statt stellte sich eine Vision ein, welche sich als der Ersatz des meist abstrakten Gedankens erwies. (Siehe die Beispiele S. 65.) Bei diesen Versuchen ereignete es sich nun, daß das auftauchende, einem Traumelement gleichzusetzende Bild etwas anderes darstellte als den der Bearbeitung harrenden Gedanken, nämlich die Ermüdung selbst, die Schwierigkeit oder Unlust zu dieser Arbeit, also den subjektiven Zustand und die Funktionsweise der sich mühenden Person anstatt des Gegenstandes ihrer Bemühung. Silberer nannte diesen bei ihm recht häufig eintretenden Fall das „funktionale Phänomen“ zum Unterschiede von dem zu erwartenden „materialen“.

„Z. B.: Ich liege eines Nachmittags äußerst schläfrig auf meinem Sofa, zwinge mich aber, über ein philosophisches Problem nachzudenken. Ich suche nämlich die Ansichten Kants und Schopenhauers über die Zeit zu vergleichen. Es gelingt mir infolge meiner Schlaftrunkenheit nicht, die Gedankengänge beider neben-

1) Siehe Seite 64.

einander festzuhalten, was zum Vergleich nötig wäre. Nach mehreren vergeblichen Versuchen präge ich mir noch einmal die Kantische Ableitung mit aller Willenskraft ein, um sie dann auf die Schopenhauersche Problemstellung anzuwenden. Hierauf lenke ich meine Aufmerksamkeit der letzteren zu; als ich jetzt auf Kant zurückgreifen will, zeigt es sich, daß er mir wieder entschwunden ist, vergebens bemühe ich mich, ihn von neuem hervorzuholen. Diese vergebliche Bemühung, die in meinem Kopf irgendwo verlegten Kant-Akten sogleich wiederzufinden, stellt sich mir nun bei geschlossenen Augen plötzlich wie im Traumbild als anschaulich-plastisches Symbol dar: *Ich verlange eine Auskunft von einem mürrischen Sekretär, der, über einen Schreibtisch gebeugt, sich durch mein Drängen nicht stören läßt. Sich halb aufrichtend, blickt er mich unwillig und abweisend an.*" (Jahrb. I. p. 514.)

Andere Beispiele, die sich auf das Schwanken zwischen Schlaf und Wachen beziehen:

„Beispiel Nr. 2. — Bedingungen: Morgens beim Erwachen. In einer gewissen Schlaftiefe (Dämmerzustand) über einen vorherigen Traum nachdenkend, ihn gewissermaßen nach- und austräumend, fühle ich mich dem Wachbewußtsein näher kommend, ich will jedoch in dem Dämmerzustand noch verbleiben.

Szene: *Ich schreite mit einem Fuß über einen Bach, ziehe ihn aber alsbald wieder zurück, trachte herüben zu bleiben.*" (Jahrb. III. p. 625.)

„Beispiel Nr. 6. — Bedingungen wie im Beispiele Nr. 4. (Er will noch ein wenig liegen bleiben, ohne zu verschlafen.) Ich will mich noch ein wenig dem Schlafe hingeben.

Szene: *Ich verabschiede mich von jemand und vereinbare mit ihm (oder ihr), ihn (sie) bald wieder zu treffen.*"

Das „funktionale" Phänomen, die „Darstellung des Zuständlichen anstatt des Gegenständlichen", beobachtete Silberer wesentlich unter den zwei Verhältnissen des Einschlafens und des Aufwachens. Es ist leicht zu verstehen, daß nur der letztere Fall für die Traumdeutung in Betracht kommt. Silberer hat an guten Beispielen gezeigt, daß die Endstücke des manifesten Inhaltes vieler Träume, an die das Erwachen unmittelbar anschließt, nichts anderes darstellen als den Vorsatz oder den Vorgang des Erwachens selbst. Dieser Absicht dient: das Überschreiten einer Schwelle („Schwellensymbolik“), das Verlassen eines Raumes, um einen anderen zu betreten, das Abreisen, Heimkommen, die Trennung von einem Begleiter, das Eintauchen in Wasser und anderes. Ich kann allerdings die Bemerkung nicht unterdrücken, daß ich die auf Schwellensymbolik zu beziehenden Elemente des Traumes in eigenen Träumen wie in denen der von mir analysierten Personen ungleich seltener angetroffen habe, als man nach den Mitteilungen von Silberer erwarten sollte.

Es ist keineswegs undenkbar oder unwahrscheinlich, daß diese „Schwellensymbolik“ auch für manche Elemente mitten im Zusammenhange eines Traumes aufklärend würde, z. B. an Stellen, wo es sich um Schwankungen der Schlaftiefe und Neigung, den Traum abzubrechen, handelte. Doch sind gesicherte Beispiele für dieses Vorkommen noch nicht erbracht. Häufiger scheint der Fall der Überdeterminierung vorzuliegen, daß eine Traumstelle, welche ihren materialen Inhalt aus dem Gefüge der Traumgedanken bezieht, überdies zur Darstellung von etwas Zuständlichem an der seelischen Tätigkeit verwendet wurde.

Das sehr interessante funktionale Phänomen Silberers hat ohne Verschulden seines Entdeckers viel Mißbrauch herbeigeführt, indem die alte Neigung zur abstrakt-symbolischen Deutung der Träume eine Anlehnung an dasselbe gefunden hat. Die Bevorzugung der „funktionalen Kategorie“ geht bei manchen so weit, daß sie vom funktionalen Phänomen sprechen, wo immer intellektuelle Tätigkeiten oder Gefühlsvorgänge im Inhalt der Traumgedanken vorkommen, obwohl dieses Material nicht mehr und nicht weniger Anrecht hat, als Tagesrest in den Traum einzugehen, als alles andere.

Wir wollen anerkennen, daß die Silbererschen Phänomene einen zweiten Beitrag zur Traumbildung von Seite des Wachdenkens darstellen, welcher allerdings minder konstant und bedeutsam ist als der erste, unter dem Namen „sekundäre Bearbeitung" eingeführte. Es hatte sich gezeigt, daß ein Stück der bei Tage tätigen Aufmerksamkeit auch während des Schlafzustandes dem Traume zugewendet bleibt, ihn kontrolliert, kritisiert und sich die Macht vorbehält, ihn zu unterbrechen. Es hat uns nahe gelegen, in dieser wachgebliebenen seelischen Instanz den Zensor zu erkennen, dem ein so starker eindämmender Einfluß auf die Gestaltung des Traumes zufällt. Was die Beobachtungen von Silberer dazugeben, ist die Tatsache, daß unter Umständen eine Art von Selbstbeobachtung dabei mittätig ist und ihren Beitrag zum Trauminhalt liefert. Über die wahrscheinlichen Beziehungen dieser selbstbeobachtenden Instanz, die besonders bei philosophischen Köpfen vordringlich werden mag, zur endopsychischen Wahrnehmung, zum Beachtungswahn, zum Gewissen und zum Traumzensor geziemt es sich, an anderer Stelle zu handeln.[1]

44

Traumgedanken und Traumarbeit:

Ich fand es früher einmal so außerordentlich schwierig, die Leser an die Unterscheidung von manifestem Trauminhalt und latenten Traumgedanken zu gewöhnen. Immer wieder wurden Argumente und Einwendungen aus dem ungedeuteten Traum, wie ihn die Erinnerung bewahrt hat, geschöpft und die Forderung der Traumdeutung überhört. Nun da sich wenigstens die Analytiker damit befreundet haben, für den manifesten Traum seinen durch Deutung gefundenen Sinn einzusetzen, machen sich viele

1) Zur Einführung des Narzißmus. Jahrbuch der Psychoanalyse VI, 1914. (Ges. Schriften, Bd. VI.)

von ihnen einer anderen Verwechslung schuldig, an der sie ebenso hartnäckig festhalten. Sie suchen das Wesen des Traumes in diesem latenten Inhalt und übersehen dabei den Unterschied zwischen latenten Traumgedanken und Traumarbeit. Der Traum ist im Grunde nichts anderes als eine besondere Form unseres Denkens, die durch die Bedingungen des Schlafzustandes ermöglicht wird. Die Traumarbeit ist es, die diese Form herstellt, und sie allein ist das Wesentliche am Traum, die Erklärung seiner Besonderheit. Ich sage dies zur Würdigung der berüchtigten „prospektiven Tendenz" des Traumes. Daß der Traum sich mit den Lösungsversuchen der unserem Seelenleben vorliegenden Aufgaben beschäftigt, ist nicht merkwürdiger, als daß unser bewußtes Wachleben sich so beschäftigt, und fügt nur hiezu, daß diese Arbeit auch im Vorbewußten vor sich gehen kann, was uns ja bereits bekannt ist.

45

Hier folgten von der vierten Auflage (1914) an zwei Beiträge von Dr. Otto Rank „Traum und Dichtung" und „Traum und Mythus", denen die Aufnahme in eine Sammlung meiner Schriften natürlich versagt bleiben muß.

ERGÄNZUNGEN ZU ABSCHNITT VII „ZUR PSYCHOLOGIE DER TRAUMVORGÄNGE"

1

Zur Mutmaßung Spittas:

Das Gleiche bei Foucault und Tannery.

2

Zur Determinierung:

Vgl. Psychopathologie des Alltagslebens. I. Aufl., 1901 u. 1904. 10. Aufl. 1924 (Ges. Schriften, Bd. IV).

3

Das Mißtrauen der Psychoanalyse:

Der hier so peremptorisch aufgestellte Satz: „Was immer die Fortsetzung der Arbeit stört, ist ein Widerstand", könnte leicht mißverstanden werden. Er hat natürlich nur die Bedeutung einer technischen Regel, einer Mahnung für den Analytiker. Es soll nicht in Abrede gestellt werden, daß sich während einer Analyse verschiedene Vorfälle ereignen können, die man der Absicht des Analysierten nicht zur Last legen kann. Es kann der Vater des Patienten sterben, ohne daß dieser ihn umgebracht hätte, es kann auch ein Krieg ausbrechen, der der Analyse ein Ende macht. Aber hinter der offenkundigen Übertreibung jenes Satzes steckt doch ein neuer und guter Sinn. Wenn auch das störende Ereignis real und vom Patienten unabhängig ist, so hängt es doch oftmals nur von diesem ab, wieviel störende Wirkung ihm eingeräumt wird, und der Widerstand zeigt sich unverkennbar in der bereitwilligen und übermäßigen Ausnützung einer solchen Gelegenheit.

4

Zur tendenziösen Natur des Zweifelns und Vergessens:

Als Beispiel für die Bedeutung von Zweifel und Unsicherheit im Traum bei gleichzeitigem Einschrumpfen des Trauminhaltes auf ein einzelnes Element entnehme ich meinen „Vorlesungen zur Einführung in die Psychoanalyse" (1916) folgenden Traum, dessen Analyse nach kurzem zeitlichen Aufschub doch gelungen ist:

„*Eine skeptische Patientin hat einen längeren Traum, in dem es vorkommt, daß ihr gewisse Personen von meinem Buche über den ,Witz' erzählen und es sehr loben. Dann wird etwas erwähnt von einem ,Kanal', vielleicht ein anderes Buch, in dem Kanal vorkommt, oder sonst etwas mit Kanal... sie weiß es nicht... es ist ganz unklar.*

Nun werden Sie gewiß zu glauben geneigt sein, daß das Element ,Kanal' sich der Deutung entziehen wird, weil es selbst so unbestimmt ist. Sie haben mit der vermuteten Schwierigkeit recht, aber es ist nicht darum schwer, weil es undeutlich ist, sondern es ist undeutlich aus einem anderen Grunde, demselben, der auch die Deutung schwer macht. Der Träumerin fällt zu Kanal nichts ein; ich weiß natürlich auch nichts zu sagen. Eine Weile später, in Wahrheit am nächsten Tage, erzählt sie, es sei ihr etwas eingefallen, was vielleicht dazu gehört. Auch ein Witz nämlich, den sie erzählen gehört hat. Auf einem Schiff zwischen Dover und Calais unterhält sich ein bekannter Schriftsteller mit einem Engländer, welcher in einem gewissen Zusammenhange den Satz zitiert: *Du sublime au ridicule il n'y a qu'un pas.* Der Schriftsteller antwortet: *Oui, le pas de Calais,* womit er sagen will, daß er Frankreich großartig und England lächerlich findet. Der Pas de Calais ist aber doch ein Kanal, der Ärmelkanal nämlich, Canal la Manche. Ob ich meine, daß dieser Einfall etwas mit dem Traum zu tun hat? Gewiß, meine ich, er gibt wirklich die Lösung des rätselhaften Traumelements. Oder wollen Sie bezweifeln, daß dieser Witz bereits vor dem Traum als das Unbewußte des Elements ‚Kanal' vorhanden war, können Sie annehmen, daß er nachträglich hinzugefunden wurde? Der Einfall bezeugt nämlich die Skepsis, die sich bei ihr hinter aufdringlicher Bewunderung verbirgt, und der Widerstand ist wohl der gemeinsame Grund für beides, sowohl, daß ihr der Einfall so zögernd gekommen, als auch dafür, daß das entsprechende Traumelement so unbestimmt ausgefallen ist. Blicken Sie hier auf das Verhältnis des Traumelements zu seinem Unbewußten. Es ist wie ein Stückchen dieses Unbewußten, wie eine Anspielung darauf; durch seine Isolierung ist es ganz unverständlich geworden."

5

Zu den Sprachirrtümern im Traum:

Solche Korrekturen im Gebrauche fremder Sprachen sind in Träumen nicht selten, werden aber häufiger fremden Personen zugeschoben. Maury (p. 143) träumte einmal zur Zeit, da er Englisch lernte, daß er einer anderen Person die Mitteilung, er habe sie gestern besucht, mit den Worten machte: *I called for you yesterday*. Der andere erwiderte richtig: Es heißt: *I called on you yesterday*.

6

Zum nachträglichen Erinnern vergessener Träume:

E. Jones beschreibt den analogen, häufig vorkommenden Fall, daß während der Analyse eines Traumes ein zweiter derselben Nacht erinnert wird, der bis dahin vergessen war, ja nicht einmal vermutet wurde.

7

Ein anderer Beweis für die Abhängigkeit des Traumvergessens vom Widerstande:

Die psychoanalytische Erfahrung hat uns noch einen anderen Beweis dafür geschenkt, daß das Vergessen der Träume weit mehr vom Widerstand als von der Fremdheit zwischen dem Wach- und dem Schlafzustand, wie die Autoren meinen, abhängt. Es ereignet sich mir wie anderen Analytikern und den in solcher Behandlung stehenden Patienten nicht selten, daß wir durch einen Traum aus dem Schlafe geweckt, wie wir sagen möchten, unmittelbar darauf im vollen Besitze unserer Denktätigkeit den Traum zu deuten beginnen. Ich habe in solchen Fällen oftmals nicht geruht, bis ich das volle Verständnis des Traumes gewonnen hatte, und doch konnte es geschehen, daß ich nach dem Erwachen die Deutungsarbeit ebenso vollständig vergessen hatte wie den Trauminhalt, obwohl ich wußte, daß ich geträumt und daß ich den Traum gedeutet hatte. Viel häufiger hatte der Traum das Ergebnis der Deutungsarbeit mit in die Vergessenheit gerissen, als es der geistigen Tätigkeit gelungen war, den Traum für die Erinnerung zu halten. Zwischen dieser Deutungsarbeit und dem Wachdenken besteht aber nicht jene psychische Kluft, durch welche die Autoren das Traumvergessen ausschließend erklären wollen. — Wenn Morton Prince gegen meine Erklärung des Traumvergessens einwendet, es sei nur ein Spezialfall der Amnesie für abgespaltene seelische Zustände (*dissociated states*), und die Unmöglichkeit, meine Erklärung für diese spezielle Amnesie auf andere Typen von Amnesie zu übertragen, mache sie auch für ihre nächste Absicht wertlos, so erinnert er den Leser daran, daß er in all seinen Beschreibungen solcher dissoziierter Zustände niemals den Versuch gemacht hat, die dynamische Erklärung für diese Phänomene zu finden. Er hätte sonst entdecken müssen, daß die Verdrängung (resp. der durch sie geschaffene Widerstand) ebensowohl die Ursache dieser Abspaltungen wie der Amnesie für ihren psychischen Inhalt ist.

8

Die Bedeutung von aus der Kinderzeit bewahrten Träumen:

Träume, die in den ersten Kindheitsjahren vorgefallen sind und sich nicht selten in voller sinnlicher Frische durch Dezennien im Gedächtnis erhalten haben, gelangen fast immer zu einer großen Bedeutung für das Verständnis der Entwicklung und der Neurose des Träumers. Ihre Analyse schützt den Arzt gegen Irrtümer und Unsicherheiten, die ihn auch theoretisch verwirren könnten.

9

Ablehnung irriger Behauptungen über die Traumdeutung:

Andererseits kann ich aber der Behauptung nicht beipflichten, die zuerst von H. Silberer aufgestellt worden ist, daß jeder Traum — oder auch nur zahlreiche, und gewisse Gruppen von Träumen — zwei verschiedene Deutungen erfordern, die sogar in fester Beziehung zu einander stehen. Die eine dieser Deutungen, die Silberer die psychoanalytische nennt, gibt dem Traume einen beliebigen, zumeist infantil-sexuellen Sinn; die andere, bedeutsamere, von ihm die anagogische geheißen, zeigt die ernsthafteren, oft tiefsinnigen, Gedanken auf, welche die Traumarbeit als Stoff übernommen hat. Silberer hat diese Behauptung nicht durch Mitteilung einer Reihe von Träumen, die er nach beiden Richtungen analysiert hätte, erwiesen. Ich muß dagegen einwenden, daß eine solche Tatsache nicht besteht. Die meisten Träume verlangen doch keine Überdeutung und sind insbesondere einer anagogischen Deutung nicht fähig. Die Mitwirkung einer Tendenz, welche die grundlegenden Verhältnisse der Traumbildung verschleiern und das Interesse von ihren Triebwurzeln ablenken möchte, ist bei der Silbererschen Theorie ebensowenig zu verkennen wie bei anderen theoretischen Bemühungen der letzten Jahre. Für eine Anzahl von Fällen konnte ich die Angaben von Silberer bestätigen; die Analyse zeigte mir dann, daß die Traumarbeit die Aufgabe vorgefunden hatte, eine Reihe von sehr abstrakten und einer direkten Darstellung unfähigen Gedanken aus dem Wachleben in einen Traum zu verwandeln. Sie suchte diese Aufgabe zu lösen, indem sie sich eines anderen Gedankenmaterials bemächtigte, welches in lockerer, oft allegorisch zu nennender Beziehung zu den abstrakten Gedanken stand und dabei der Darstellung geringere Schwierigkeiten bereitete. Die abstrakte Deutung eines so entstandenen Traumes wird vom Träumer unmittelbar gegeben; die richtige Deutung des unterschobenen Materials muß mit den bekannten technischen Mitteln gesucht werden.

10

Zur Frage des Denkens ohne Zielvorstellungen:

Ich bin erst später darauf aufmerksam gemacht worden, daß Ed. v. Hartmann in diesem psychologisch bedeutsamen Punkte die nämliche Anschauung vertritt: „Gelegentlich der Erörterung der Rolle des Unbewußten im künstlerischen Schaffen (Philos. d. Unbew. Bd. I, Abschn. B, Kap. V) hat Eduard v. Hartmann das Gesetz der von unbewußten Zielvorstellungen geleiteten Ideenassoziation mit klaren Worten ausgesprochen, ohne sich jedoch der Tragweite dieses Gesetzes bewußt zu sein. Ihm ist es darum zu tun, zu erweisen, daß ‚jede Kombination sinnlicher Vorstellungen, wenn sie nicht rein dem Zufall anheimgestellt wird, sondern zu einem bestimmten Ziele führen soll, der Hilfe des Unbewußten bedarf' und daß das bewußte Interesse an einer bestimmten Gedankenverbindung ein Antrieb für das Unbewußte ist, unter den unzähligen möglichen Vorstellungen die zweckentsprechende herauszufinden. ‚Es ist das Unbewußte, welches den Zwecken des Interesses gemäß wählt: und das gilt für die Ideenassoziation beim abstrakten Denken, als sinnlichem Vorstellen oder künstlerischem Kombinieren und beim witzigen Einfall. Daher ist eine Einschränkung der Ideenassoziation auf die hervorrufende und die hervorgerufene Vorstellung im Sinne der reinen Assoziationspsychologie nicht aufrechtzuerhalten. Eine solche Einschränkung wäre ‚nur dann tatsächlich gerechtfertigt, wenn Zustände im menschlichen Leben vorkommen, in denen der Mensch nicht nur von jedem bewußten Zweck, sondern auch von der Herrschaft oder Mitwirkung jedes unbewußten Interesses, jeder Stimmung frei ist. Dies ist aber ein kaum jemals vorkommender Zustand, denn auch, wenn man seine Gedankenfolge anscheinend völlig dem Zufall anheimgibt, oder wenn man sich ganz den unwillkürlichen Träumen der Phantasie überläßt, so walten doch immer zu der einen Stunde andere Hauptinteressen, maßgebende Gefühle und Stimmungen im Gemüt als zu der anderen, und diese werden allemal einen Einfluß auf die Ideenassoziation üben‘. (Philos. d. Unbew., 11. Aufl., I., 246.) Bei halbunbewußten Träumen kommen immer nur solche Vorstellungen, die dem augenblicklichen (unbewußten) Hauptinteresse entsprechen (a. a. O.). Die Hervorhebung des Einflusses der Gefühle und Stimmungen auf die freie Gedankenfolge läßt nun das methodische Verfahren der Psychoanalyse auch vom Standpunkte der Hartmannschen Psychologie als durchaus gerechtfertigt erscheinen.“ (N. E. Pohorilles in Internat. Zeitschr. f. ärztl. PsA. I, 1913, p. 605 f.) — Du Prel schließt aus der Tatsache, daß ein Name, auf den wir uns vergeblich besinnen, uns oft plötzlich wieder unvermittelt einfällt, es gebe ein unbewußtes und dennoch zielgerichtetes Denken, dessen Resultat alsdann ins Bewußtsein tritt (Philos. d. Mystik, p. 107).

11

Zur „freien Assoziation“:

Vgl. hiezu die glänzende Bestätigung dieser Behauptung, die C. G. Jung durch Analysen bei Dementia praecox erbracht hat. („Zur Psychologie der Dementia praecox“, 1907.)

12

Zur Rechtfertigung der Einfallstechnik in der Psychoanalyse:

Die hier vorgetragenen, damals sehr unwahrscheinlich klingenden Sätze haben später durch die „diagnostischen Assoziationsstudien" Jungs und seiner Schüler eine experimentelle Rechtfertigung und Verwertung erfahren.

13

Zur Bedingtheit des Bewußtseins:

Ich habe später gemeint, das Bewußtsein entstehe geradezu an Stelle der Erinnerungsspur. (Siehe zuletzt: Notiz über den Wunderblock, 1925, Ges. Schriften, Bd. VI.)

14

Zum Schema der psychischen Systeme:

Die weitere Ausführung dieses linear aufgerollten Schemas wird mit der Annahme zu rechnen haben, daß das auf *Vbw* folgende System dasjenige ist, dem wir das Bewußtsein zuschreiben müssen, daß also *W* = *Bw*.

15

Zur Regression:

Die erste Andeutung des Moments der Regression findet sich bereits bei Albertus Magnus. Die Imaginatio, heißt es bei ihm, baut aus den aufbewahrten Bildern der sinnfälligen Objekte den Traum auf. Der Prozeß vollzieht sich umgekehrt wie im Wachen (nach Diepgen, p. 14). — Hobbes sagt (im Leviathan, 1651): „*In sum, our dreams are the reverse of our waking imaginations, the motion, when we are awake, beginning at one end, and when we dream at another.*" (Nach H. Ellis, p. 112.)

16

Regression und Verdrängung:

In einer Darstellung der Lehre von der Verdrängung wäre auszuführen, daß ein Gedanke durch das Zusammenwirken zweier ihn beeinflussenden Momente in die Verdrängung gerät. Er wird von der einen Seite (der Zensur des *Bw*) weggestoßen, von der anderen (dem *Ubw*) angezogen, also ähnlich wie man auf die Spitze der großen Pyramide gelangt. (Vgl. den Aufsatz „Die Verdrängung", Ges. Schriften, Bd. V.)

17

Weiteres über die Regression:

Über die Regression wollen wir noch bemerken, daß sie in der Theorie der neurotischen Symptombildung eine nicht minder wichtige Rolle wie in der des Traumes spielt. Wir unterscheiden dann eine dreifache Art der Regression: *a)* eine topische im Sinne des hier entwickelten Schemas der ψ-Systeme, *b)* eine zeitliche, insofern es sich um ein Rückgreifen auf ältere psychische Bildungen handelt, und *c)* eine formale, wenn primitive Ausdrucks- und Darstellungsweisen die gewohnten ersetzen. Alle drei Arten von Regression sind aber im Grunde eines und treffen in den meisten Fällen zusammen, denn das zeitlich ältere ist zugleich das formal primitive und in der psychischen Topik dem Wahrnehmungsende nähere.

Wir können auch das Thema der Regression im Traume nicht verlassen, ohne einem Eindruck Worte zu leihen, der sich uns bereits wiederholt aufgedrängt hat, und der nach einer Vertiefung in das Studium der Psychoneurosen neuerdings verstärkt zurückkehren wird: Das Träumen sei im ganzen ein Stück Regression zu den frühesten Verhältnissen des Träumers, ein Wiederbeleben seiner Kindheit, der in ihr herrschend gewesenen Triebregungen und verfügbar gewesenen Ausdrucksweisen. Hinter dieser individuellen Kindheit wird uns dann ein Einblick in die phylogenetische Kindheit, in die Entwicklung des Menschengeschlechts, versprochen, von der die des einzelnen tatsächlich eine abgekürzte, durch die zufälligen Lebensumstände beeinflußte Wiederholung ist. Wir ahnen, wie treffend die Worte Fr. Nietzsches sind, daß sich im Traume „ein uraltes Stück Menschtum fortübt, zu dem man auf direktem Wege kaum mehr gelangen kann“, und werden zur Erwartung veranlaßt, durch die Analyse der Träume zur Kenntnis der archaischen Erbschaft des Menschen zu kommen, das seelisch Angeborene in ihm zu erkennen. Es scheint, daß Traum und Neurose uns mehr von den seelischen Altertümern bewahrt haben, als wir vermuten konnten, so daß die Psychoanalyse einen hohen Rang unter den Wissenschaften beanspruchen darf, die sich bemühen, die ältesten und dunkelsten Phasen des Menschheitsbeginnes zu rekonstruieren.

18

Weiteres über den Schlafzustand:

Ein weiteres Eindringen in die Kenntnis der Verhältnisse des Schlafzustandes und der Bedingungen der Halluzination habe ich in dem Aufsatz „Metapsychologische Ergänzung zur Traumlehre“ (Int. Zschr. f. PsA. IV, 1916/18, Ges. Schriften, Bd. V) versucht.

19

Die Verarbeitung unlustvollen Materials und die Strafträume:

Vielleicht ist es zweckmäßig, dieselbe Frage auch in der Form einer Untersuchung zu behandeln, wie sich der Traum benimmt, wenn ihm in den Traumgedanken ein Material geboten wird, das einer Wunscherfüllung durchwegs widerspricht, also begründete Sorgen, schmerzliche Erwägungen, peinliche Einsichten. Die Mannigfaltigkeit der möglichen Erfolge läßt sich dann folgender Art gliedern: *a)* Es gelingt der Traumarbeit, alle peinlichen Vorstellungen durch gegenteilige zu ersetzen und die dazugehörigen unlustigen Affekte zu unterdrücken. Das ergibt dann einen reinen Befriedigungstraum, eine greifbare „Wunscherfüllung“, an der weiter nichts zu erörtern scheint. *b)* Die peinlichen Vorstellungen gelangen, mehr oder weniger abgeändert, aber doch gut kenntlich, in den manifesten Trauminhalt. Dies ist der Fall, der die Zweifel an der Wunschtheorie des Traumes weckt und weiterer Untersuchung bedarf. Solche Träume peinlichen Inhalts können entweder indifferent empfunden werden oder auch den ganzen peinlichen Affekt mitbringen, der durch ihren Vorstellungsinhalt gerechtfertigt scheint, oder selbst unter Angstentwicklung zum Erwachen führen.

Die Analyse weist dann nach, daß auch diese Unlustträume Wunscherfüllungen sind. Ein unbewußter und verdrängter Wunsch, dessen Erfüllung vom Ich des Träumers nicht anders als peinlich empfunden werden könnte, hat sich der Gelegenheit bedient, die ihm durch das Besetztbleiben der peinlichen Tagesreste geboten wird, hat ihnen seine Unterstützung geliehen und sie durch diese traumfähig gemacht. Aber während im Falle *a* der unbewußte Wunsch mit dem bewußten zusammenfiel, wird im Falle *b* der Zwiespalt zwischen dem Unbewußten und dem Bewußten — dem Verdrängten und dem Ich — bloßgelegt, und die Situation des Märchens von den drei Wünschen, welche die Fee dem Ehepaar freigibt, verwirklicht (s. unten S. 168). Die Befriedigung über die Erfüllung des verdrängten Wunsches kann so groß ausfallen, daß sie den an den Tagesresten hängenden peinlichen Affekten das Gleichgewicht hält; der Traum ist dann in seinem Gefühlston indifferent, obwohl er einerseits die Erfüllung eines Wunsches, anderseits die einer Befürchtung ist. Oder es kann geschehen, daß das schlafende Ich einen noch ausgiebigeren Anteil an der Traumbildung nimmt, daß es auf die zustande gekommene Befriedigung des verdrängten Wunsches mit einer heftigen Empörung reagiert und selbst dem Traume unter Angst ein Ende macht. Es ist also nicht schwer zu erkennen, daß die Unlust- und die Angstträume im Sinne der Theorie ebensosehr Wunscherfüllungen sind wie die glatten Befriedigungsträume.

Unlustträume können auch „Strafträume“ sein. Es ist zuzugeben, daß man durch ihre Anerkennung zur Theorie des Traumes in gewissem Sinne etwas Neues hinzufügt. Was durch sie erfüllt wird, ist gleichfalls ein unbewußter Wunsch, der nach einer Bestrafung des Träumers für eine verdrängte unerlaubte Wunschregung. Insofern fügen sich die Träume der hier vertretenen Forderung, daß die Triebkraft zur Traumbildung von einem dem Unbewußten angehörigen Wunsche beigestellt werden müßte. Eine feinere psychologische Zergliederung läßt aber den Unterschied von den anderen Wunschträumen erkennen. In den Fällen der Gruppe *b* gehörte der unbewußte, traumbildende Wunsch dem Verdrängten an, bei den Strafträumen ist es gleichfalls ein unbewußter Wunsch, den wir aber nicht dem Verdrängten, sondern dem „Ich" zurechnen müssen. Die Strafträume weisen also auf die Möglichkeit einer noch weiter gehenden Beteiligung des Ichs an der Traumbildung hin. Der Mechanismus der Traumbildung wird überhaupt weit durchsichtiger, wenn man anstatt des Gegensatzes von „Bewußt" und „Unbewußt" den von „Ich" und „Verdrängt" einsetzt. Dies kann nicht ohne Rücksicht auf die Vorgänge bei der Psychoneurose geschehen und ist darum in diesem Buche nicht durchgeführt worden. Ich bemerke nur, daß die Strafträume nicht allgemein an die Bedingung peinlicher Tagesreste geknüpft sind. Sie entstehen vielmehr am leichtesten unter der gegensätzlichen Voraussetzung, daß die Tagesreste Gedanken befriedigender Natur sind, die aber unerlaubte Befriedigungen ausdrücken. Von diesen Gedanken gelangt dann nichts in den manifesten Traum als ihr direkter Gegensatz, ähnlich wie es in den Träumen der Gruppe *a* der Fall war. Der wesentliche Charakter der Strafträume bliebe also, daß bei ihnen nicht der unbewußte Wunsch aus dem Verdrängten (dem System *Ubw*) zum Traumbildner wird, sondern der gegen ihn reagierende, dem Ich angehörige, wenn auch unbewußte (d. h. vorbewußte) Strafwunsch.

Ich will einiges von dem hier Vorgebrachten an einem eigenen Traum erläutern, vor allem die Art, wie die Traumarbeit mit einem Tagesrest peinlicher Erwartungen verfährt:

„Undeutlicher Anfang. *Ich sage meiner Frau, ich habe eine Nachricht für sie, etwas ganz Besonderes. Sie erschrickt und will nichts hören. Ich versichere ihr, im Gegenteil, etwas, was sie sehr freuen wird, und beginne zu erzählen, daß das Offizierskorps unseres Sohnes eine Summe Geldes geschickt hat (5000 K?), etwas von Anerkennung ... Verteilung ... Dabei bin ich mit ihr in ein kleines Zimmer gegangen, wie eine Vorratskammer, um etwas herauszusuchen. Plötzlich sehe ich meinen Sohn erscheinen, er ist nicht in Uniform, sondern eher im enganliegenden Sportkostüm (wie ein Seehund?), mit kleiner Kappe. Er steigt auf einen Korb, der sich seitlich neben einem Kasten befindet, wie um etwas auf diesen Kasten zu legen. Ich rufe ihn an; keine Antwort. Mir scheint, er hat das Gesicht oder die Stirn verbunden, er richtet sich etwas im Munde, schiebt sich etwas ein. Auch haben seine Haare einen grauen Schimmer. Ich denke: Sollte er so erschöpft sein? Und hat er falsche Zähne? Ehe ich ihn wieder anrufen kann, erwache ich ohne Angst, aber mit Herzklopfen. Meine Nachtuhr zeigt die Stunde 2½.*“

Die Mitteilung einer vollständigen Analyse ist auch diesmal unmöglich. Ich beschränke mich auf die Hervorhebung einiger entscheidender Punkte. Den Anlaß zum Traum hatten peinigende Erwartungen des Tages gegeben; von dem an der Front Kämpfenden waren wieder einmal Nachrichten durch länger als eine Woche ausgeblieben. Es ist leicht zu ersehen, daß im Trauminhalt die Überzeugung Ausdruck findet, daß er verwundet oder gefallen ist. Zu Anfang des Traumes merkt man das energische Bemühen, die peinlichen Gedanken durch ihr Gegenteil zu ersetzen. Ich habe etwas Hocherfreuliches mitzuteilen, etwas von Geldsendung, Anerkennung, Verteilung. (Die Geldsumme stammt aus einem erfreulichen Vorkommnis in der ärztlichen Praxis, will also überhaupt vom Thema ablenken.) Aber diese Bemühung mißlingt. Die Mutter ahnt etwas Schreckliches und will mich nicht anhören. Die Verkleidungen sind auch zu dünn, überall schimmert die Beziehung zu dem, was unterdrückt werden soll, durch. Wenn der Sohn gefallen ist, werden seine Kameraden seine Habseligkeiten zurückschicken; ich werde, was er hinterläßt, an die Geschwister und andere zu verteilen haben; Anerkennungen werden häufig dem Offizier nach seinem „Heldentod“ verliehen. Der Traum geht also daran, direkt zum Ausdruck zu bringen, was er zunächst verleugnen wollte, wobei sich die wunscherfüllende Tendenz noch durch Entstellungen bemerkbar macht. (Der Wechsel der Örtlichkeit im Traume ist wohl als Schwellensymbolik nach Silberer zu verstehen.) Wir ahnen freilich nicht, was ihm die dazu erforderliche Triebkraft leiht. Der Sohn erscheint aber nicht als einer der „fällt“, sondern als einer der „steigt“. Er ist ja auch ein kühner Bergsteiger gewesen. Er ist nicht in Uniform, sondern im Sportkostüm, d. h. an die Stelle des jetzt gefürchteten Unfalles ist ein früherer getreten, den er im Sport erlitten, als er auf einer Skitour fiel und sich den Oberschenkel brach. Aber die Art, wie er kostümiert ist, so daß er einem Seehund gleicht, erinnert sofort an einen Jüngeren, an unseren kleinen drolligen Enkel; das graue Haar mahnt an dessen vom Kriege arg hergenommenen Vater, unseren Schwiegersohn. Was soll das? Aber genug damit; die Örtlichkeit eine Speisekammer, der Kasten, von dem er sich etwas holen will (etwas darauflegen im Traum), das sind unverkennbare Anspielungen an einen eigenen Unfall, den ich mir zugezogen, als ich über zwei und noch nicht drei Jahre alt war. Ich stieg in der Speisekammer auf einen Schemel, um mir etwas Gutes zu holen, was auf einem Kasten oder Tisch lag. Der Schemel kippte um und traf mich mit seiner Kante hinter dem Unterkiefer. Ich hätte mir auch alle Zähne ausschlagen können. Eine Mahnung meldet sich dabei: Das geschieht dir recht, wie eine feindselige Regung gegen den wackeren Krieger. Die Vertiefung der Analyse läßt mich dann die versteckte Regung finden, die sich an dem gefürchteten Unfall des Sohnes befriedigen könnte. Es ist der Neid gegen die Jugend, den der Gealterte im Leben gründlich erstickt zu haben glaubt, und es ist unverkennbar, daß gerade die Stärke der schmerzlichen Ergriffenheit, wenn ein solches Unglück sich wirklich ereignete, zu ihrer Linderung eine solche verdrängte Wunscherfüllung aufspürt.

20

Zur Einschränkung der vollen Regression:

Mit anderen Worten: es wird die Einsetzung einer „Realitätsprüfung" als notwendig erkannt.

21

Zur Vergleichung der Wunscherfüllung im Traum und im Wachleben:

Ich habe diesen Gedankengang an anderer Stelle (Formulierungen über die zwei Prinzipien des psychischen Geschehens, Ges. Schriften, Bd. V) weiter ausgeführt und als die beiden Prinzipien das Lust- und das Realitätsprinzip hingestellt.

22

Zur Wunscherfüllung durch neurotische Symptome:

Korrekter gesagt: Ein Anteil des Symptoms entspricht der unbewußten Wunscherfüllung, ein anderer der Reaktionsbildung gegen dieselbe.

23

Zum Verhältnis von Traum und Symptom:

Hughlings Jackson hatte geäußert: Findet das Wesen des Traumes, und ihr werdet alles, was man über das Irresein wissen kann, gefunden haben. *(Find out all about dreams and you will have found out all about insanity.)*

24

Zur Wunscherfüllung bei Hysterie:

Vgl. hiezu meine letzten Formulierungen der Entstehung hysterischer Symptome in dem Aufsatz „Hysterische Phantasien und ihre Beziehung zur Bisexualität" 1908, Ges. Schriften, Bd. V.

25

Das Wissen um Schlafen und Träumen:

Dagegen gibt es Personen, bei denen die nächtliche Festhaltung des Wissens, daß sie schlafen und träumen, ganz offenkundig wird, und denen also eine bewußte Fähigkeit, das Traumleben zu lenken, eigen scheint. Ein solcher Träumer ist z. B. mit der Wendung, die ein Traum nimmt, unzufrieden, er bricht ihn, ohne aufzuwachen, ab und beginnt ihn von neuem, um ihn anders fortzusetzen, ganz wie ein populärer Schriftsteller auf Verlangen seinem Schauspiel einen glücklicheren Ausgang gibt. Oder er denkt sich ein anderes Mal im Schlafe, wenn ihn der Traum in eine sexuell erregende Situation versetzt hat: „Das will ich nicht weiter träumen, um mich in einer Pollution zu erschöpfen, sondern hebe es mir lieber für eine reale Situation auf."

Der Marquis d'Hervey (Vaschide p. 139) behauptete, eine solche Macht über seine Träume gewonnen zu haben, daß er ihren Ablauf nach Belieben beschleunigen und ihnen eine ihm beliebige Richtung geben konnte. Es scheint, daß bei ihm der Wunsch zu schlafen einem anderen vorbewußten Wunsch Raum gegönnt hatte, dem, seine Träume zu beobachten und sich an ihnen zu ergötzen. Mit einem solchen Wunschvorsatz ist der Schlaf ebensowohl verträglich wie mit einem Vorbehalt als Bedingung des Erwachens (Ammenschlaf). Es ist auch bekannt, daß das Interesse am Traum bei allen Menschen die Anzahl der nach dem Erwachen erinnerten Träume erheblich steigert.

Über andere Beobachtungen von Lenkung der Träume sagt Ferenczi: „Der Traum bearbeitet den das Seelenleben gerade beschäftigenden Gedanken von allen Seiten her, läßt das eine Traumbild bei drohender Gefahr des Mißlingens der Wunscherfüllung fallen, versucht es mit einer neuen Art der Lösung, bis es ihm endlich gelingt, eine die beiden Instanzen des Seelenlebens kompromissuell befriedigende Wunscherfüllung zu schaffen."

26

Zur Traumfunktion:

Ist dies die einzige Funktion, die wir dem Traume zugestehen können? Ich kenne keine andere. A. Maeder hat zwar den Versuch gemacht, andere, „sekundäre", Funktionen für den Traum in Anspruch zu nehmen. Er ging von der richtigen Beobachtung aus, daß manche Träume Lösungsversuche von Konflikten enthalten, die späterhin wirklich durchgeführt werden, sich also wie Vorübungen zu Wachtätigkeiten verhalten. Er brachte darum das Träumen in Parallele zu dem Spielen der Tiere und der Kinder, welches als vorübende Betätigung mitgebrachter Instinkte und als Vorbereitung für späteres ernsthaftes Tun aufzufassen ist, und stellte eine *fonction ludique* des Träumens auf. Kurze Zeit vor Maeder war die „vorausdenkende" Funktion des Traumes auch von Alf. Adler betont worden. (In einer von mir 1905 veröffentlichten Analyse wurde ein als Vorsatz aufzufassender Traum jede Nacht bis zu seiner Ausführung wiederholt.)

Allein eine leichte Überlegung muß uns lehren, daß diese „sekundäre" Funktion des Traumes im Rahmen einer Traumdeutung keine Anerkennung verdient. Das Vorausdenken, Fassen von Vorsätzen, Entwerfen von Lösungsversuchen, die dann eventuell im Wachleben verwirklicht werden können, dies und viel anderes sind Leistungen der unbewußten und vorbewußten Tätigkeit des Geistes, welche sich als „Tagesrest" in den Schlafzustand fortsetzen und dann mit einem unbewußten Wunsch (siehe Bd. II, S. 471 f.) zur Traumbildung zusammentreten kann. Die vorausdenkende Funktion des Traumes ist also vielmehr eine Funktion des vorbewußten Wachdenkens, deren Ergebnis uns durch die Analyse der Träume oder auch anderer Phänomene verraten werden kann. Nachdem man so lange den Traum mit seinem manifesten Inhalt zusammenfallen ließ, muß man sich jetzt auch davor hüten, den Traum mit den latenten Traumgedanken zu verwechseln.

27

Zur Theorie des Angsttraumes:

„Ein zweites, weit wichtigeres und tiefer reichendes Moment, welches der Laie gleichfalls vernachlässigt, ist das folgende. Eine Wunscherfüllung müßte gewiß Lust bringen, aber es fragt sich auch, wem? Natürlich dem, der den Wunsch hat. Vom Träumer ist uns aber bekannt, daß er zu seinen Wünschen ein ganz besonderes Verhältnis unterhält. Er verwirft sie, zensuriert sie, kurz, er mag sie nicht. Eine Erfüllung derselben kann ihm also keine Lust bringen, sondern nur das Gegenteil davon. Die Erfahrung zeigt dann, daß dieses Gegenteil, was noch zu erklären ist, in der Form der Angst auftritt. Der Träumer kann also in seinem Verhältnis zu seinen Traumwünschen nur einer Summation von zwei Personen gleichgestellt werden, die doch durch eine starke Gemeinsamkeit verbunden sind. Anstatt aller weiteren Ausführungen biete ich Ihnen ein bekanntes Märchen, in welchem Sie die nämlichen Beziehungen wiederfinden werden: Eine gute Fee verspricht einem armen Menschenpaar, Mann und Frau, die Erfüllung ihrer drei ersten Wünsche. Sie sind selig und nehmen sich vor, diese drei Wünsche sorgfältig auszuwählen. Die Frau läßt sich aber durch den Duft von Bratwürstchen aus der nächsten Hütte verleiten, sich ein solches Paar Würstchen herzuwünschen. Flugs sind sie auch da; das ist die erste Wunscherfüllung. Nun wird der Mann böse und wünscht in seiner Erbitterung, daß die Würste der Frau an der Nase hängen mögen. Das vollzieht sich auch und die Würste sind von ihrem neuen Standort nicht wegzubringen; das ist nun die zweite Wunscherfüllung, aber der Wunsch ist der des Mannes; der Frau ist diese Wunscherfüllung sehr unangenehm. Sie wissen, wie es im Märchen weitergeht. Da die beiden im Grunde doch eines sind, Mann und Frau, muß der dritte Wunsch lauten, daß die Würstchen von der Nase der Frau weggehen mögen. Wir könnten dieses Märchen noch mehrmals in anderem Zusammenhange verwerten; hier diene es uns nur als Illustration der Möglichkeit, daß die Wunscherfüllung des einen zur Unlust für den anderen führen kann, wenn die beiden miteinander nicht einig sind." (Vorlesungen zur Einführung in die Psychoanalyse, XIV, Ges. Schriften, Bd. VII.)

28

Zu den Angstträumen der Kinder:

Dieses Material ist seither von der psychoanalytischen Literatur in reichlichem Ausmaß beigestellt worden.

29

Einschaltung in die Überschau der Übereinstimmungen mit den Autoren:

Die Behauptung von Sully, „der Traum bringe unsere früheren sukzessive entwickelten Persönlichkeiten wieder, unsere alte Art, die Dinge anzusehen, Impulse und Reaktionsweisen, die uns vor langen Zeiten beherrscht haben", konnten wir im vollen Umfange zu der unsrigen machen.

30

Flectere si nequeo Superos Acheronta movebo:

Nach diesem Vers Vergils, der das Streben der verdrängten Triebregungsn andeuten soll, habe ich den Satz hingestellt:

Die Traumdeutung aber ist die Via regia zur Kenntnis des Unbewußten im Seelenleben.

31

Zusatz zur Anmerkung:

Diese und weitere Aufsätze über Vergessen, Versprechen, Vergreifen usw. sind seither als „Psychopathologie des Alltagslebens" gesammelt erschienen (1904, 10. Aufl. 1924. Ges. Schriften, Bd. X.)

32

Zum Ersatz einer topischen Vorstellung durch eine dynamische:

Diese Auffassung erfuhr eine Ausgestaltung und Abänderung, nachdem man als den wesentlichen Charakter einer vorbewußten

Vorstellung die Verbindung mit Wortvorstellungsresten erkannt hatte (Das Unbewußte 1915, Ges. Schriften, Bd. V).

33

Zur Rechtfertigung der Annahme des Unbewußten:

Ich freue mich, auf einen Autor hinweisen zu können, der aus dem Studium des Traumes den nämlichen Schluß über das Verhältnis der bewußten zur unbewußten Tätigkeit gezogen hat. Du Prel sagt: „Die Frage, was die Seele ist, erheischt offenbar eine Voruntersuchung darüber, ob Bewußtsein und Seele identisch seien. Gerade diese Vorfrage nun wird vom Traume verneint, welcher zeigt, daß der Begriff der Seele über den des Bewußtseins hinausragt, wie etwa die Anziehungskraft eines Gestirns über seine Leuchtsphäre" (Philos. d. Mystik, p. 47).

„Es ist eine Wahrheit, die man nicht ausdrücklich genug hervorheben kann, daß Bewußtsein und Seele nicht Begriffe von gleicher Ausdehnung sind" (p. 306).

34

Der Traum als Form des Ausdrucks von im Wachen unterdrückten Regungen:

Vgl. hiezu den (oben S. 18) mitgeteilten Traum (Σα-τυρος) Alexanders des Großen bei der Belagerung von Tyrus.

36

Zur Frage der psychischen Realität:

Hat man die unbewußten Wünsche, auf ihren letzten und wahrsten Ausdruck gebracht, vor sich, so muß man wohl sagen, daß die psychische Realität eine besondere Existenzform ist, welche mit der materiellen Realität nicht verwechselt werden soll. Es erscheint dann ungerechtfertigt, wenn die Menschen sich sträuben, die Verantwortung für die Immoralität ihrer Träume zu übernehmen. Durch die Würdigung der

Funktionsweise des seelischen Apparats und die Einsicht in die Beziehung zwischen Bewußtem und Unbewußtem wird das ethisch Anstößige unseres Traum- und Phantasielebens meist zum Verschwinden gebracht.

„Was der Traum uns an Beziehungen zur Gegenwart (Realität) kundgetan hat, wollen wir dann auch im Bewußtsein aufsuchen und dürfen uns nicht wundern, wenn wir das Ungeheuer, das wir unter dem Vergrößerungsglas der Analyse gesehen haben, dann als Infusionstierchen wiederfinden." (H. Sachs.)

ZUSATZKAPITEL C

EINIGE NACHTRÄGE ZUM GANZEN DER TRAUMDEUTUNG

a) Die Grenzen der Deutbarkeit

Die Frage, ob man von jedem Produkt des Traumlebens eine vollständige und gesicherte Übersetzung in die Ausdrucksweise des Wachlebens (Deutung) geben kann, soll nicht abstrakt behandelt werden, sondern unter Beziehung auf die Verhältnisse, unter denen man an der Traumdeutung arbeitet.

Unsere geistigen Tätigkeiten streben entweder ein nützliches Ziel an oder unmittelbaren Lustgewinn. Im ersteren Falle sind es intellektuelle Entscheidungen, Vorbereitungen zu Handlungen oder Mitteilungen an andere; im anderen Falle nennen wir sie Spielen und Phantasieren. Bekanntlich ist auch das Nützliche nur ein Umweg zur lustvollen Befriedigung. Das Träumen ist nun eine Tätigkeit der zweiten Art, die ja entwicklungsgeschichtlich die ursprünglichere ist. Es ist irreführend, zu sagen, das Träumen bemühe sich um die bevorstehenden Aufgaben des Lebens oder suche Probleme der Tagesarbeit zu Ende zu führen. Darum kümmert sich das vorbewußte Denken. Dem Träumen liegt solche nützliche Absicht ebenso ferne wie die der Vorbereitung einer Mitteilung an einen anderen. Wenn sich der Traum mit einer Aufgabe des Lebens beschäftigt, löst er sie so, wie es einem irrationellen Wunsch, und nicht so, wie es einer verständigen Überlegung entspricht. Nur eine nützliche Absicht, eine Funktion, muß man dem Traum zusprechen, er soll die Störung des Schlafes verhüten. Der Traum kann beschrieben werden als ein Stück Phantasieren im Dienste der Erhaltung des Schlafes.

Es folgt daraus, daß es dem schlafenden Ich im ganzen gleichgültig ist, was während der Nacht geträumt wird, wenn der Traum nur leistet, was ihm aufgetragen ist, und daß diejenigen Träume ihre Funktion am besten erfüllt haben, von denen man nach dem Erwachen nichts zu sagen weiß. Wenn es so oft anders zugeht, wenn wir Träume erinnern, — auch über Jahre und Jahrzehnte, — so bedeutet dies jedesmal einen Einbruch des verdrängten Unbewußten ins normale Ich. Ohne solche Genugtuung hat das Verdrängte seine Hilfe zur Aufhebung der drohenden Schlafstörung nicht leihen wollen. Wir wissen, es ist die Tatsache dieses Einbruchs, die dem Traum seine Bedeutung für die Psychopathologie verschafft. Wenn wir sein treibendes Motiv aufdecken können, erhalten wir unvermutete Kunde von den verdrängten Regungen im Unbewußten; anderseits, wenn wir seine Entstellungen rückgängig machen, belauschen wir das vorbewußte Denken in Zuständen innerer Sammlung, die tagsüber das Bewußtsein nicht auf sich gezogen hätten.

Niemand kann die Traumdeutung als isolierte Tätigkeit üben; sie bleibt ein Stück der analytischen Arbeit. In dieser wenden wir je nach Bedarf unser Interesse bald dem vorbewußten Trauminhalt, bald dem unbewußten Beitrag zur Traumbildung zu, vernachlässigen auch oft das eine Element zugunsten des anderen. Es nützte auch nichts, wenn jemand sich vornehmen wollte, Träume außerhalb der Analyse zu deuten. Er würde den Bedingungen der analytischen Situation doch nicht entgehen, und wenn er seine eigenen Träume bearbeitet, unternimmt er seine Selbstanalyse. Diese Bemerkung gilt nicht für den, der auf die Mitarbeit des Träumers verzichtet und die Deutung von Träumen durch intuitives Erfassen erfahren will. Aber solche Traumdeutung ohne Rücksicht auf die Assoziationen des Träumers bleibt auch im günstigsten Falle ein unwissenschaftliches Virtuosenstück von sehr zweifelhaftem Wert.

Übt man die Traumdeutung nach dem einzigen technischen Verfahren, das sich rechtfertigen läßt, so merkt man bald, daß der Erfolg durchaus von der Widerstandsspannung zwischen dem erwachten Ich und dem verdrängten Unbewußten abhängig ist. Die Arbeit unter „hohem Widerstandsdruck“ erfordert selbst, wie ich an anderer Stelle auseinandergesetzt habe, ein anderes Verhalten des Analytikers als bei geringem Druck. In der Analyse hat man es durch lange Zeiten mit starken Widerständen zu tun, die noch nicht bekannt sind, die jedenfalls nicht überwunden werden können, solange sie unbekannt bleiben. Es ist also nicht zu verwundern, daß man von den Traumproduktionen des Patienten nur einen gewissen Anteil und auch diesen meist nicht vollständig übersetzen und verwerten kann. Auch wenn man durch die eigene Geübtheit in die Lage kommt, viele Träume zu verstehen, zu deren Deutung der Träumer wenig Beiträge geliefert hat, soll man gemahnt bleiben, daß die Sicherheit solcher Deutung in Frage steht, und wird Bedenken tragen, seine Vermutung dem Patienten aufzudrängen.

Kritische Einwendungen werden nun sagen: Wenn man nicht alle Träume, die man bearbeitet, zur Deutung bringt, soll man auch nicht mehr behaupten, als man vertreten kann, und sich mit der Aussage begnügen, einzelne Träume seien durch Deutung als sinnreich zu erkennen, von anderen wisse man es nicht. Allein gerade die Abhängigkeit des Deutungserfolges vom Widerstand enthebt den Analytiker einer solchen Bescheidenheit. Er kann die Erfahrung machen, daß ein anfangs unverständlicher Traum noch in derselben Stunde durchsichtig wird, nachdem es gelungen ist, einen Widerstand des Träumers durch eine glückliche Aussprache zu beseitigen. Plötzlich fällt ihm dann ein bisher vergessenes Traumstück ein, das den Schlüssel zur Deutung bringt, oder es stellt sich eine neue Assoziation ein, mit deren

Hilfe das Dunkel sich lichtet. Es kommt auch vor, daß man nach Monaten und Jahren analytischer Bemühung auf einen Traum zurückgreift, der zu Anfang der Behandlung unsinnig und unverständlich erschien, und der nun durch die seither gewonnenen Einsichten eine völlige Klärung erfährt. Nimmt man aus der Theorie des Traumes das Argument hinzu, daß die vorbildlichen Traumleistungen der Kinder durchwegs sinnvoll und leicht deutbar sind, so wird man sich zur Behauptung berechtigt finden, der Traum sei ganz allgemein ein deutbares psychisches Gebilde, wenngleich die Situation nicht immer die Deutung zu geben gestattet.

Wenn man die Deutung eines Traumes gefunden hat, ist es nicht immer leicht zu entscheiden, ob sie eine „vollständige" ist, d. h. ob nicht auch andere vorbewußte Gedanken sich durch denselben Traum Ausdruck verschafft haben. Als erwiesen hat dann jener Sinn zu gelten, der sich auf die Einfälle des Träumers und die Einschätzung der Situation berufen kann, ohne daß man darum den anderen Sinn jedesmal abweisen dürfte. Er bleibt möglich, wenn auch unerwiesen; man muß sich mit der Tatsache einer solchen Vieldeutigkeit der Träume befreunden. Diese ist übrigens nicht jedesmal einer Unvollkommenheit der Deutungsarbeit zur Last zu legen, sie kann ebensowohl an den latenten Traumgedanken selbst haften. Der Fall, daß wir unsicher bleiben, ob eine Äußerung, die wir gehört, eine Auskunft, die wir erhalten haben, diese oder jene Auslegung zulassen, außer ihrem offenbaren Sinn noch etwas anderes andeuten, ereignet sich ja auch im Wachleben und außerhalb der Situation der Traumdeutung.

Zu wenig untersucht sind die interessanten Vorkommnisse, daß derselbe manifeste Trauminhalt gleichzeitig einer konkreten Vorstellungsreihe und einer abstrakten Gedankenfolge, die an erstere angelehnt ist, Ausdruck gibt. Der Traumarbeit macht es natürlich Schwierigkeiten, die Vorstellungsmittel für abstrakte Gedanken zu finden.

b) Die sittliche Verantwortung für den Inhalt der Träume

Im einleitenden Abschnitt dieses Buches („Die wissenschaftliche Literatur der Traumprobleme“) habe ich dargestellt, in welcher Weise die Autoren auf die peinlich empfundene Tatsache reagieren, daß der zügellose Inhalt der Träume so oft dem sittlichen Empfinden des Träumers widerspricht. (Ich vermeide absichtlich, von „kriminellen“ Träumen zu reden, denn ich halte diese über das psychologische Interesse hinausgreifende Bezeichnung für völlig entbehrlich.) Aus der unsittlichen Natur der Träume hat sich begreiflicherweise ein neues Motiv ergeben, die psychische Wertung des Traumes zu verleugnen. Wenn der Traum ein sinnloses Produkt gestörter Seelentätigkeit ist, dann entfällt ja jeder Anlaß, für den anscheinenden Inhalt des Traumes eine Verantwortlichkeit zu übernehmen.

Dies Problem der Verantwortlichkeit für den manifesten Trauminhalt ist durch die Aufklärungen der „Traumdeutung“ gründlich verschoben, ja eigentlich beseitigt worden.

Wir wissen jetzt, der manifeste Inhalt ist ein Blendwerk, eine Fassade. Es lohnt sich nicht, ihn einer ethischen Prüfung zu unterziehen, seine Verstöße gegen die Moral ernster zu nehmen als die gegen Logik und Mathematik. Wenn vom „Inhalt“ des Traumes die Rede ist, kann man nur den Inhalt der vorbewußten Gedanken und den der verdrängten Wunschregung meinen, die durch die Deutungsarbeit hinter der Traumfassade aufgedeckt werden. Immerhin hat auch diese unsittliche Fassade eine Frage an uns zu stellen. Wir haben doch gehört, daß die latenten Traumgedanken eine strenge Zensur zu bestehen haben, ehe ihnen die Aufnahme in den manifesten Inhalt gestattet wird. Wie kann es also geschehen, daß diese Zensur, die sonst Geringfügigeres beanständet, gegen die manifest unmoralischen Träume so vollkommen versagt?

Die Antwort ist nicht nahe bei der Hand, wird vielleicht nicht ganz befriedigend ausfallen können. Man wird zunächst diese Träume der Deutung unterziehen und dann finden, daß einige von ihnen der Zensur keinen Anstoß geboten haben, weil sie im Grunde nichts Böses bedeuten. Es sind harmlose Prahlereien, Identifikationen, die eine Maske vortäuschen wollen; sie wurden nicht zensuriert, weil sie nicht die Wahrheit sagten. Andere aber — es sei zugestanden: die größere Anzahl — bedeuten wirklich, was sie ankündigen, sie haben keine Entstellung durch die Zensur erfahren. Sie sind der Ausdruck von unsittlichen, inzestuösen und perversen Regungen oder von mörderischen, sadistischen Gelüsten. Auf manche dieser Träume reagiert der Träumer mit angstvollem Erwachen; dann ist die Situation uns nicht mehr unklar. Die Zensur hat ihre Tätigkeit versäumt, es wird zu spät bemerkt, und die Angstentwicklung ist nun der Ersatz für die unterbliebene Entstellung. In noch anderen Fällen solcher Träume wird auch diese Affektäußerung vermißt. Der anstößige Inhalt wird von der im Schlaf erreichten Höhe der Sexualerregung getragen oder er genießt die Toleranz, die auch der Wachende für einen Wutanfall, eine Zornesstimmung, ein Schwelgen in grausamen Phantasien üben kann.

Unser Interesse für die Genese dieser manifest unsittlichen Träume erleidet aber eine große Herabsetzung, wenn wir aus der Analyse erfahren, daß die Mehrzahl der Träume, — harmlose, affektlose und Angstträume, — wenn man die Entstellungen der Zensur rückgängig gemacht hat, sich als Erfüllungen unmoralischer — egoistischer, sadistischer, perverser, inzestuöser — Wunschregungen enthüllen. Diese verkappten Verbrecher sind wie in der Welt des Wachlebens unvergleichlich häufiger als die mit offenem Visier. Der aufrichtige Traum vom sexuellen Verkehr mit der Mutter, dessen Jokaste im „König Ödipus" gedenkt, ist eine Seltenheit gegen all die mannigfaltigen Träume, welche die Psychoanalyse in gleichem Sinne deuten muß.

Ich habe über diesen Charakter der Träume, der ja das Motiv für die Traumentstellung abgibt, in diesem Buche so ausführlich gehandelt, daß ich nun rasch über den Sachverhalt hinweg zu dem uns vorliegenden Problem schreiten kann: Muß man die Verantwortlichkeit für den Inhalt seiner Träume übernehmen? Zur Vervollständigung sei nur hinzugefügt, daß der Traum nicht immer unsittliche Wunscherfüllungen bringt, sondern häufig auch energische Reaktionen dagegen in der Form von „Strafträumen". Mit anderen Worten, die Traumzensur kann sich nicht nur in Entstellungen und in Angstentwicklung äußern, sondern sie mag sich so weit aufraffen, daß sie den unsittlichen Inhalt ganz austilgt und ihn durch einen anderen zur Sühne bestimmten ersetzt, an dem jener aber erkannt werden kann. Das Problem der Verantwortlichkeit für den unsittlichen Trauminhalt besteht aber nicht mehr für uns, wie einst für die Autoren, die nichts von latenten Traumgedanken und vom Verdrängten in unserem Seelenleben wußten. Selbstverständlich muß man sich für seine bösen Traumregungen verantwortlich halten. Was will man sonst mit ihnen machen? Wenn der — richtig verstandene — Trauminhalt nicht die Eingebung fremder Geister ist, so ist er ein Stück von meinem Wesen. Wenn ich die in mir vorfindlichen Strebungen nach sozialen Maßstäben in gute und böse klassifizieren will, so muß ich für beide Arten die Verantwortlichkeit tragen, und wenn ich abwehrend sage, was unbekannt, unbewußt und verdrängt in mir ist, das ist nicht mein „Ich", so stehe ich nicht auf dem Boden der Psychoanalyse, habe ihre Aufschlüsse nicht angenommen und kann durch die Kritik meiner Nebenmenschen, durch die Störungen meiner Handlungen und die Verwirrungen meiner Gefühle eines Besseren belehrt werden. Ich kann erfahren, daß dies von mir Verleugnete nicht nur in mir „ist", sondern gelegentlich auch aus mir „wirkt".

Im metapsychologischen Sinne gehört dies böse Verdrängte allerdings nicht zu meinem „Ich", — wenn ich nämlich ein moralisch untadeliger Mensch sein sollte, — sondern zu einem „Es“, dem mein Ich aufsitzt. Aber dies Ich hat sich aus dem Es entwickelt, es bildet eine biologische Einheit mit ihm, ist nur ein besonders modifizierter, peripherischer Anteil von ihm, unterliegt dessen Einflüssen, gehorcht den Anregungen, die von dem Es ausgehen. Es wäre ein aussichtsloses Beginnen für irgendeinen vitalen Zweck, das Ich vom Es zu trennen.

Übrigens, wenn ich auch meinem moralischen Hochmut nachgeben und dekretieren wollte, für alle sittlichen Wertungen darf ich das Böse im Es vernachlässigen und brauche mein Ich nicht dafür verantwortlich zu machen, was nützte es mir? Die Erfahrung zeigt mir, daß ich es doch tue, daß ich gezwungen bin, es irgendwie zu tun. Die Psychoanalyse hat uns einen krankhaften Zustand kennen gelehrt, die Zwangsneurose, in dem sich das arme Ich für allerlei böse Regungen schuldig fühlt, von denen es nichts weiß, die ihm zwar im Bewußtsein vorgehalten werden, zu denen es sich aber unmöglich bekennen kann. Ein wenig davon findet sich bei jedem Normalen. Sein „Gewissen“ ist merkwürdigerweise um so empfindlicher, je moralischer er ist. Man stelle sich dagegen vor, daß ein Mensch desto „anfälliger“ ist, umso mehr an Infektionen und Wirkungen von Traumen leidet, — je gesünder er ist. Das kommt wohl daher, daß das Gewissen selbst eine Reaktionsbildung auf das Böse ist, das im Es verspürt wird. Je stärker dessen Unterdrückung, desto reger das Gewissen.

Dem ethischen Narzißmus des Menschen sollte es genügen, daß er in der Tatsache der Traumentstellung, in den Angst- und Strafträumen ebenso deutliche Beweise seines sittlichen Wesens erhält wie durch die Traumdeutung Belege für Existenz und Stärke seines bösen Wesens. Wer, damit nicht zufrieden, „besser“ sein will, als er geschaffen ist, möge versuchen, ob er es im Leben weiter bringt als zur Heuchelei oder zur Hemmung.

Der Arzt wird es dem Juristen überlassen, für soziale Zwecke eine künstlich auf das metapsychologische Ich eingeschränkte Verantwortlichkeit aufzustellen. Es ist allgemein bekannt, auf welche Schwierigkeiten es stößt, aus dieser Konstruktion praktische Folgen abzuleiten, die den Gefühlen der Menschen nicht widerstreiten.

c) Die okkulte Bedeutung des Traumes

Wenn der Probleme des Traumlebens kein Ende abzusehen ist, so kann sich nur der darüber verwundern, der eben vergißt, daß alle Probleme des Seelenlebens auch am Traume wiederkehren, vermehrt um einige neue, die die besondere Natur der Träume betreffen. Viele der Dinge, die wir am Traum studieren, weil sie sich uns dort zeigen, haben aber mit dieser psychischen Besonderheit des Traumes nichts oder wenig zu tun. So ist z. B. die Symbolik kein Traumproblem, sondern ein Thema unseres archaischen Denkens, unserer „Grundsprache" nach des Paranoikers Schreber trefflichem Ausdruck, sie beherrscht den Mythus und das religiöse Ritual nicht minder als den Traum; kaum daß der Traumsymbolik die Eigenheit verbleibt, vorwiegend sexuell Bedeutsames zu verhüllen! Auch der Angsttraum braucht seine Aufklärung nicht von der Traumlehre zu erwarten, die Angst ist vielmehr ein Neurosenproblem, es bleibt nur zu erörtern, wie Angst unter den Bedingungen des Träumens entstehen kann.

Ich meine, es ist mit dem Verhältnis des Traumes zu den angeblichen Tatsachen der okkulten Welt auch nicht anders. Aber da der Traum selbst immer etwas Geheimnisvolles war, hat man ihn mit jenen anderen unerkannten Geheimnissen in intime Beziehung gesetzt. Er hatte wohl auch ein historisches Anrecht darauf, denn in den Urzeiten, als unsere Mythologie sich bildete, mögen die Traumbilder an der Entstehung der Seelenvorstellungen beteiligt gewesen sein.

Es soll zwei Kategorien von Träumen geben, die den okkulten Phänomenen zuzurechnen sind, die prophetischen und die telepathischen. Für beide spricht eine unübersehbare Masse von Zeugnissen; gegen beide die hartnäckige Abneigung, wenn man will, das Vorurteil der Wissenschaft.

Daß es prophetische Träume in dem Sinne gibt, daß ihr Inhalt irgendeine Gestaltung der Zukunft darstellt, leidet allerdings keinen Zweifel, fraglich bleibt nur, ob diese Vorhersagen in irgend bemerkenswerter Weise mit dem übereinstimmen, was später wirklich geschieht. Ich gestehe, daß mich für diesen Fall der Vorsatz der Unparteilichkeit im Stiche läßt. Daß es irgendeiner psychischen Leistung außer einer scharfsinnigen Berechnung möglich sein sollte, das zukünftige Geschehen im Einzelnen vorauszusehen, widerspricht einerseits zu sehr allen Erwartungen und Einstellungen der Wissenschaft und entspricht anderseits allzu getreu uralten, wohlbekannten Menschheitswünschen, welche die Kritik als unberechtigte Anmaßung verwerfen muß. Ich meine also, wenn man die Unzuverlässigkeit, Leichtgläubigkeit und Unglaubwürdigkeit der meisten Berichte zusammenhält mit der Möglichkeit affektiv erleichterter Erinnerungstäuschungen und der Notwendigkeit einzelner Zufallstreffer, darf man erwarten, daß sich der Spuk der prophetischen Wahrträume in ein Nichts auflösen wird. Persönlich habe ich nie etwas erlebt oder erfahren, was ein günstigeres Vorurteil erwecken könnte.

Anders steht es mit den telepathischen Träumen. Hier sei aber vor allem bemerkt, daß noch niemand behauptet hat, das telepathische Phänomen — die Aufnahme eines seelischen Vorganges in einer Person durch eine andere auf anderem Wege als dem der Sinneswahrnehmung — sei ausschließlich an den Traum gebunden. Die Telepathie ist also wiederum kein Traumproblem, man braucht sein Urteil über ihre Existenz nicht aus dem Studium der telepathischen Träume zu schöpfen.

Unterwirft man die Berichte über telepathische Vorkommnisse (ungenau: Gedankenübertragung) derselben Kritik, mit der man andere okkulte Behauptungen abgewehrt hat, so behält man doch ein ansehnliches Material übrig, das man nicht so leicht vernachlässigen kann. Auch gelingt es auf diesem Gebiete weit eher, eigene Beobachtungen und Erfahrungen zu sammeln, die eine freundliche Einstellung zum Problem der Telepathie berechtigen, wenngleich sie für die Herstellung einer gesicherten Überzeugung noch nicht ausreichen mögen. Man bildet sich vorläufig die Meinung, es könnte wohl sein, daß die Telepathie wirklich existiert und daß sie den Wahrheitskern von vielen anderen, sonst unglaublichen Aufstellungen bildet.

Man tut gewiß recht daran, wenn man auch in Sachen der Telepathie jede Position der Skepsis hartnäckig verteidigt und nur ungern vor der Macht der Beweise zurückweicht. Ich glaube ein Material gefunden zu haben, welches den meisten sonst zulässigen Bedenken entzogen ist: nicht erfüllte Prophezeiungen berufsmäßiger Wahrsager. Leider stehen mir nur wenige solche Beobachtungen zu Gebote, aber zwei unter diesen haben mir einen starken Eindruck hinterlassen. Es ist mir versagt, diese so ausführlich mitzuteilen, daß sie auch auf andere wirken könnten. Ich muß mich auf die Hervorhebung einiger wesentlichen Punkte beschränken.

Den betreffenden Personen war also — am fremden Ort und von seiten eines fremden Wahrsagers, der dabei irgendeine, wahrscheinlich gleichgültige, Praktik betrieb — etwas für eine bestimmte Zeit vorhergesagt worden, was nicht eingetroffen war. Die Verfallszeit der Prophezeiung war längst vorüber. Es war auffällig, daß die Gewährspersonen anstatt mit Spott und Enttäuschung mit offenbarem Wohlgefallen von ihrem Erlebnis erzählten. Im Inhalte der ihnen gewordenen Verkündigung fanden sich ganz bestimmte Einzelheiten, die willkürlich und unverständlich schienen, die eben nur durch ihr Eintreffen gerechtfertigt worden wären. So sagte z. B. der Chiromant der siebenundzwanzigjährigen, aber viel jünger aussehenden Frau, die den Ehering abgezogen hatte, sie werde noch heiraten und mit zweiunddreißig Jahren zwei Kinder haben. Die Frau war dreiundvierzig Jahre alt, als sie, schwer krank geworden, mir diese Begebenheit in ihrer Analyse erzählte, sie war kinderlos geblieben. Wenn man ihre Geheimgeschichte kannte, die dem „Professeur“ in der Halle des Pariser Hotels sicherlich unbekannt geblieben war, konnte man die beiden Zahlen der Prophezeiung verstehen. Das Mädchen hatte nach einer ungewöhnlich intensiven Vaterbindung geheiratet und sich dann sehnlichst Kinder gewünscht, um ihren Mann an die Stelle des Vaters rücken zu können. Nach jahrelanger Enttäuschung, an der Schwelle einer Neurose, holte sie sich die Prophezeiung, die — ihr das Schicksal ihrer Mutter versprach. Auf diese traf es zu, daß sie mit zweiunddreißig Jahren zwei Kinder gehabt hatte. So war es also nur mit Hilfe der Psychoanalyse möglich, die Eigentümlichkeiten der angeblich von außen her erfolgenden Botschaft sinnvoll zu deuten. Dann aber konnte man den ganzen, so eindeutig bestimmten, Sachverhalt nicht besser aufklären als durch die Annahme, ein starker Wunsch der Befragenden — in Wirklichkeit der stärkste, unbewußte Wunsch ihres Affektlebens und der Motor ihrer keimenden Neurose — habe sich durch unmittelbare Übertragung dem mit einer ablenkenden Hantierung beschäftigten Wahrsager kundgegeben.

Ich habe auch bei Versuchen im intimen Kreise wiederholt den Eindruck gewonnen, daß die Übertragung von stark affektiv betonten Erinnerungen unschwer gelingt. Getraut man sich, die Einfälle der Person, auf welche übertragen werden soll, einer analytischen Bearbeitung zu unterziehen, so kommen oft Übereinstimmungen zum Vorschein, die sonst unkenntlich geblieben wären. Aus manchen Erfahrungen bin ich geneigt, den Schluß zu ziehen, daß solche Übertragungen besonders gut in dem Moment zustande kommen, da eine Vorstellung aus dem Unbewußten auftaucht, theoretisch ausgedrückt, sobald sie aus dem „Primärvorgang“ in den „Sekundärvorgang“ übergeht.

Bei aller durch die Tragweite, Neuheit und Dunkelheit des Gegenstandes gebotenen Vorsicht hielt ich es doch nicht mehr für berechtigt, mit diesen Äußerungen zum Problem der Telepathie zurückzuhalten. Mit dem Traum hat dies alles nur so viel zu tun: Wenn es telepathische Botschaften gibt, so ist nicht abzuweisen, daß sie auch den Schlafenden erreichen und von ihm im Traum erfaßt werden können. Ja nach der Analogie mit anderem Wahrnehmungs- und Gedankenmaterial darf man es auch nicht abweisen, daß telepathische Botschaften, die während des Tages aufgenommen wurden, erst im Traum der nächsten Nacht zur Verarbeitung kommen. Es wäre dann nicht einmal ein Einwand, wenn das telepathisch vermittelte Material im Traum wie ein anderes verändert und umgestaltet würde. Man möchte gerne mit Hilfe der Psychoanalyse mehr und besser Gesichertes über die Telepathie erfahren.

ERGÄNZUNGEN ZU ABSCHNITT VIII „LITERATURVERZEICHNIS“

1

In den späteren Auflagen dieses Buches ist der Versuch gemacht worden, die Literatur bis zum jeweiligen Datum des Erscheinens fortzuführen. Ich habe aber hier darauf verzichtet. Bekanntlich hat seit dem Bekanntwerden der „Traumdeutung“ die Literatur über den Traum (besonders die analytische) eine große Bereicherung erfahren.

2

Das angekündigte Buch von Ruths ist meines Wissens nicht erschienen.

ÜBER DEN TRAUM

„Über den Traum" erschien zuerst 1901 im Verlag J. F. Bergmann, Wiesbaden (seither München), in den „Grenzfragen des Nerven- und Seelenlebens" (herausg. von Löwenfeld und Kurella); 2. Auflage 1911, 3. Auflage 1922. Übersetzungen erschienen in folgenden Sprachen: englisch (von M. D. Eder), London 1914; russisch, Petersburg 1909; holländisch (von J. Stärcke), Leiden 1913; ungarisch (von S. Ferenczi), Budapest 1915; italienisch (von M. Levi-Bianchini), 1919; dänisch (von Gelsted, zusammen mit der Übersetzung der fünf Vorlesungen „Über Psychoanalyse"), 1920; spanisch (von Luis Lopez Ballesteros y de Torres in Bd. II der Obras Completas), Madrid 1923, und französisch (von Helene Legros in „Les Documents Bleus"), Paris 1925.

I

In den Zeiten, die wir vorwissenschaftliche nennen dürfen, waren die Menschen um die Erklärung des Traumes nicht verlegen. Wenn sie ihn nach dem Erwachen erinnerten, galt er ihnen als eine entweder gnädige oder feindselige Kundgebung höherer, dämonischer und göttlicher Mächte. Mit dem Aufblühen naturwissenschaftlicher Denkweisen hat sich all diese sinnreiche Mythologie in Psychologie umgesetzt, und heute bezweifelt nur mehr eine geringe Minderzahl unter den Gebildeten, daß der Traum die *eigene psychische Leistung* des Träumers ist.

Seit der Verwerfung der mythologischen Hypothese ist der Traum aber erklärungsbedürftig geworden. Die Bedingungen seiner Entstehung, seine Beziehung zum Seelenleben des Wachens, seine Abhängigkeit von Reizen, die sich während des Schlafzustandes zur Wahrnehmung drängen, die vielen dem wachen Denken anstößigen Eigentümlichkeiten seines Inhaltes, die Inkongruenz zwischen seinen Vorstellungsbildern und den an sie geknüpften Affekten, endlich die Flüchtigkeit des Traumes, die Art, wie das wache Denken ihn als fremdartig beiseite schiebt, in der Erinnerung verstümmelt oder auslöscht: — all diese und noch andere Probleme verlangen seit vielen hundert Jahren nach Lösungen, die bis heute nicht befriedigend gegeben werden konnten. Im Vordergrunde des Interesses steht aber die Frage nach der *Bedeutung* des Traumes, die einen zweifachen Sinn in sich schließt. Sie fragt erstens nach der psychischen Bedeutung des Träumens, nach der Stellung des Traumes zu anderen seelischen Vorgängen und nach einer etwaigen biologischen Funktion desselben, und zweitens möchte sie wissen, ob der Traum deutbar ist, ob der einzelne Trauminhalt einen „Sinn" hat, wie wir ihn in anderen psychischen Kompositionen zu finden gewöhnt sind.

Drei Richtungen machen sich in der Würdigung des Traumes bemerkbar. Die eine derselben, die gleichsam den Nachklang der alten Überschätzung des Traumes bewahrt hat, findet ihren Ausdruck bei manchen Philosophen. Ihnen gilt als die Grundlage des Traumlebens ein besonderer Zustand der Seelentätigkeit, den sie sogar als eine Erhebung zu einer höheren Stufe feiern. So urteilt z. B. Schubert: Der Traum sei eine Befreiung des Geistes von der Gewalt der äußeren Natur, eine Loslösung der Seele von den Fesseln der Sinnlichkeit. Andere Denker gehen nicht so weit, halten aber daran fest, daß die Träume wesentlich seelischen Anregungen entspringen und Äußerungen seelischer Kräfte darstellen, die tagsüber an ihrer freien Entfaltung behindert sind (der Traumphantasie — Scherner, Volkelt). Eine Fähigkeit zur Überleistung wenigstens auf gewissen Gebieten (Gedächtnis) wird dem Traumleben von einer großen Anzahl von Beobachtern zugesprochen.

Im scharfen Gegensatz hiezu vertritt die Mehrzahl ärztlicher Autoren eine Auffassung, welche dem Traum kaum noch den Wert eines psychischen Phänomens beläßt. Die Erreger des Traumes sind nach ihnen ausschließlich die Sinnes- und Leibreize, die entweder von außen den Schläfer treffen oder zufällig in seinen inneren Organen rege werden. Das Geträumte hat nicht mehr Anspruch auf Sinn und Bedeutung als etwa die Tonfolge, welche die zehn Finger eines der Musik ganz unkundigen Menschen hervorrufen, wenn sie über die Tasten des Instruments hinlaufen. Der Traum ist geradezu als „ein körperlicher, in allen Fällen unnützer, in vielen Fällen krankhafter Vorgang" zu kennzeichnen (B i n z). Alle Eigentümlichkeiten des Traumlebens erklären sich aus der zusammenhanglosen, durch physiologische Reize erzwungenen Arbeit einzelner Organe oder Zellgruppen des sonst in Schlaf versenkten Gehirns.

Wenig beeinflußt durch dieses Urteil der Wissenschaft und unbekümmert um die Quellen des Traumes, scheint die Volksmeinung an dem Glauben festzuhalten, daß der Traum denn doch einen Sinn habe, der sich auf die Verkündigung der Zukunft bezieht, und der durch irgend ein Verfahren der Deutung aus seinem oft verworrenen und rätselhaften Inhalt gewonnen werden könne. Die in Anwendung gebrachten Deutungsmethoden bestehen darin, daß man den erinnerten Trauminhalt durch einen anderen ersetzt, entweder Stück für Stück n a c h e i n e m f e s t s t e h e n d e n S c h l ü s s e l, oder das Ganze des Traumes durch ein anderes Ganzes, zu dem es in der Beziehung eines S y m b o l s steht. Ernsthafte Männer lächeln über diese Bemühungen. „Träume sind Schäume."

II

Zu meiner großen Überraschung entdeckte ich eines Tages, daß nicht die ärztliche, sondern die laienhafte, halb noch im Aberglauben befangene Auffassung des Traumes der Wahrheit nahe kommt. Ich gelangte nämlich zu neuen Aufschlüssen über den Traum, indem ich eine neue Methode der psychologischen Untersuchung auf ihn anwendete, die mir bei der Lösung der Phobien, Zwangsideen, Wahnideen u. dgl. hervorragend gute Dienste geleistet hatte, und die seither unter dem Namen „Psychoanalyse" bei einer ganzen Schule von Forschern Aufnahme gefunden hat. Die mannigfaltigen Analogien des Traumlebens mit den verschiedenartigsten Zuständen psychischer Krankheit im Wachen sind ja von zahlreichen ärztlichen Forschern mit Recht bemerkt worden. Es erschien also von vorneherein hoffnungsvoll, ein Untersuchungsverfahren, welches sich bei den psychopathischen Gebilden bewährt hatte, auch zur Aufklärung des Traumes heranzuziehen. Die Angst- und Zwangsideen stehen dem normalen Bewußtsein in ähnlicher Weise fremd gegenüber wie die Träume dem Wachbewußtsein; ihre Herkunft ist dem Bewußtsein ebenso unbekannt wie die der Träume. Bei diesen psychopathischen Bildungen wurde man durch ein praktisches Interesse getrieben, ihre Herkunft und Entstehungsweise zu ergründen, denn die Erfahrung hatte gezeigt, daß eine solche Aufdeckung der dem Bewußtsein verhüllten Gedankenwege, durch welche die krankhaften Ideen mit dem übrigen psychischen Inhalt zusammenhängen, einer Lösung dieser Symptome gleichkommt, die Bewältigung der bisher unhemmbaren Idee zur Folge hat. Aus der Psychotherapie stammte also das Verfahren, dessen ich mich für die Auflösung der Träume bediente.

Dieses Verfahren ist leicht zu beschreiben, wenngleich seine Ausführung Unterweisung und Übung erfordern dürfte. Wenn man es bei einem anderen, etwa einem Kranken mit einer Angstvorstellung, in Anwendung zu bringen hat, so fordert man ihn auf, seine Aufmerksamkeit auf die betreffende Idee zu richten, aber nicht, wie er schon so oft getan, über sie nachzudenken, sondern alles ohne Ausnahme sich klar zu machen und dem Arzt mitzuteilen, was ihm zu ihr einfällt. Die dann etwa auftretende Behauptung, daß die Aufmerksamkeit nichts erfassen könne, schiebt man durch eine energische Versicherung, ein solches Ausbleiben eines Vorstellungsinhaltes sei ganz unmöglich, zur Seite. Tatsächlich ergeben sich sehr bald zahlreiche Einfälle, an die sich weitere knüpfen, die aber regelmäßig von dem Urteil des Selbstbeobachters eingeleitet werden, sie seien unsinnig oder unwichtig, gehören nicht hierher, seien ihm nur zufällig und außer Zusammenhang mit dem gegebenen Thema eingefallen. Man merkt sofort, daß es diese Kritik ist, welche all diese Einfälle von der Mitteilung, ja bereits vom Bewußtwerden, ausgeschlossen hat. Kann man die betreffende Person dazu bewegen, auf solche Kritik gegen ihre Einfälle zu verzichten und die Gedankenreihen, die sich bei festgehaltener Aufmerksamkeit ergeben, weiter zu spinnen, so gewinnt man ein psychisches Material, welches alsbald deutlich an die zum Thema genommene krankhafte Idee anknüpft, deren Verknüpfungen mit anderen Ideen bloßlegt, und in weiterer Verfolgung gestattet, die krankhafte Idee durch eine neue zu ersetzen, die sich in verständlicher Weise in den seelischen Zusammenhang einfügt.

Es ist hier nicht der Ort, die Voraussetzungen, auf denen dieser Versuch ruht, und die Folgerungen, die sich aus seinem regelmäßigen Gelingen ableiten, ausführlich zu behandeln. Es mag also die Aussage genügen, daß wir bei jeder krankhaften Idee ein zur Lösung derselben hinreichendes Material erhalten, wenn wir unsere Aufmerksamkeit gerade den „ungewollten", den „unser Nachdenken störenden", den sonst von der Kritik als wertloser Abfall beseitigten Assoziationen zuwenden. Übt man das Verfahren an sich selbst, so unterstützt man sich bei der Untersuchung am besten durch sofortiges Niederschreiben seiner anfänglich unverständlichen Einfälle.

Ich will nun zeigen, wohin es führt, wenn ich diese Methode der Untersuchung auf den Traum anwende. Es müßte jedes Traumbeispiel sich in gleicher Weise dazu eignen; aus gewissen Motiven wähle ich aber einen eigenen Traum, der mir in der Erinnerung undeutlich und sinnlos erscheint, und der sich durch seine Kürze empfehlen kann. Vielleicht wird gerade der Traum der letzten Nacht diesen Ansprüchen genügen. Sein unmittelbar nach dem Erwachen fixierter Inhalt lautet folgendermaßen:

„Eine Gesellschaft, Tisch oder Table d'hôte ... Es wird Spinat gegessen ... Frau E. L. sitzt neben mir, wendet sich ganz mir zu und legt vertraulich die Hand auf mein Knie. Ich entferne die Hand abwehrend. Sie sagt dann: Sie haben aber immer so schöne Augen gehabt ... Ich sehe dann undeutlich etwas wie zwei Augen als Zeichnung oder wie die Kontur eines Brillenglases ..."

Dies ist der ganze Traum oder wenigstens alles, was ich von ihm erinnere. Er erscheint mir dunkel und sinnlos, vor allem aber befremdlich. Frau E. L. ist eine Person, zu der ich kaum je freundschaftliche Beziehungen gepflogen, meines Wissens herzlichere nie gewünscht habe. Ich habe sie lange Zeit nicht gesehen und glaube nicht, daß in den letzten Tagen von ihr die Rede war. Irgendwelche Affekte haben den Traumvorgang nicht begleitet.

Nachdenken über diesen Traum bringt ihn meinem Verständnis

nicht näher. Ich werde aber jetzt absichts- und kritiklos die Einfälle verzeichnen, die sich meiner Selbstbeobachtung ergeben. Ich bemerke bald, daß es dabei vorteilhaft ist, den Traum in seine Elemente zu zerlegen und zu jedem dieser Bruchstücke die anknüpfenden Einfälle aufzusuchen.

Gesellschaft, Tisch oder Table d'hôte. Daran knüpft sich sofort die Erinnerung an das kleine Erlebnis, welches den gestrigen Abend beschloß. Ich war von einer kleinen Gesellschaft weggegangen in Begleitung eines Freundes, der sich erbot, einen Wagen zu nehmen und mich nach Hause zu führen. „Ich ziehe einen Wagen mit Taxameter vor," sagte er, „das beschäftigt einen so angenehm; man hat immer etwas, worauf man schauen kann." Als wir im Wagen saßen und der Kutscher die Scheibe einstellte, so daß die ersten sechzig Heller sichtbar wurden, setzte ich den Scherz fort. „Wir sind kaum eingestiegen und schulden ihm schon sechzig Heller. Mich erinnert der Taxameterwagen immer an die Table d'hôte. Er macht mich geizig und eigensüchtig, indem er mich unausgesetzt an meine Schuld mahnt. Es kommt mir vor, daß diese zu schnell wächst, und ich fürchte mich, zu kurz zu kommen, gerade wie ich mich auch an der Table d'hôte der komischen Besorgnis, ich bekomme zu wenig, müsse auf meinen Vorteil bedacht sein, nicht erwehren kann." In entfernterem Zusammenhange hiermit zitierte ich:

„Ihr führt ins Leben uns hinein,
Ihr laßt den Armen schuldig werden."

Ein zweiter Einfall zur Table d'hôte: Vor einigen Wochen habe ich mich an einer Gasthaustafel in einem Tiroler Höhenkurort heftig über meine liebe Frau geärgert, die mir nicht reserviert genug gegen einige Nachbarn war, mit denen ich durchaus keinen Verkehr anknüpfen wollte. Ich bat sie, sich mehr mit mir als mit den Fremden zu beschäftigen. Das ist ja auch, als ob ich an der Table d'hôte zu kurz gekommen wäre. Jetzt fällt mir auch der Gegensatz auf zwischen dem

Benehmen meiner Frau an jener Tafel und dem der Frau E. L. im Traum, „die sich ganz mir zuwendet“.

Weiter: Ich merke jetzt, daß der Traumvorgang die Reproduktion einer kleinen Szene ist, die sich ganz ähnlich so zwischen meiner Frau und mir zur Zeit meiner geheimen Werbung zugetragen hat. Die Liebkosung unter dem Tischtuch war die Antwort auf einen ernsthaft werbenden Brief. Im Traum ist aber meine Frau durch die mir fremde E. L. ersetzt.

Frau E. L. ist die Tochter eines Mannes, dem ich Geld geschuldet habe! Ich kann nicht umhin zu bemerken, daß sich da ein ungeahnter Zusammenhang zwischen den Stücken des Trauminhalts und meinen Einfällen enthüllt. Folgt man der Assoziationskette, die von einem Element des Trauminhaltes ausgeht, so wird man bald zu einem anderen Element desselben zurückgeführt. Meine Einfälle zum Traume stellen Verbindungen her, die im Traume selbst nicht ersichtlich sind.

Pflegt man nicht, wenn jemand erwartet, daß andere für seinen Vorteil sorgen sollen, ohne eigenen Vorteil dabei zu finden, diesen Weltunkundigen höhnisch zu fragen: Glauben sie denn, daß dies oder jenes um Ihrer schönen Augen willen geschehen wird? Dann bedeutet ja die Rede der Frau E. L. im Traume: „Sie haben immer so schöne Augen gehabt“ nichts anderes als: Ihnen haben die Leute immer alles zu Liebe getan; Sie haben alles umsonst gehabt. Das Gegenteil ist natürlich wahr: Ich habe alles, was mir andere etwa Gutes erwiesen, teuer bezahlt. Es muß mir doch einen Eindruck gemacht haben, daß ich gestern den Wagen umsonst gehabt habe, in dem mich mein Freund nach Hause geführt hat.

Allerdings der Freund, bei dem wir gestern zu Gaste waren, hat mich oft zu seinem Schuldner gemacht. Ich habe erst unlängst eine Gelegenheit, es ihm zu vergelten, ungenützt vorübergehen lassen. Er hat ein einziges Geschenk von mir, eine antike Schale, auf der ringsum Augen gemalt sind, ein sog. Occhiale zur

Abwehr des Malocchio. Er ist übrigens Augenarzt. Ich hatte ihn an demselben Abend nach der Patientin gefragt, die ich zur Brillenbestimmung in seine Ordination empfohlen hatte.

Wie ich bemerke, sind nun fast sämtliche Stücke des Trauminhaltes in den neuen Zusammenhang gebracht. Ich könnte aber konsequenter Weise noch fragen, warum im Traume gerade Spinat aufgetischt wird? Weil Spinat an eine kleine Szene erinnert, die kürzlich an unserem Familientische vorfiel, als ein Kind — gerade jenes, dem man die schönen Augen wirklich nachrühmen kann — sich weigerte, Spinat zu essen. Ich selbst benahm mich als Kind ebenso; Spinat war mir lange Zeit ein Abscheu, bis sich mein Geschmack später änderte und dieses Gemüse zur Lieblingsspeise erhob. Die Erwähnung dieses Gerichts stellt so eine Annäherung her zwischen meiner Jugend und der meines Kindes. „Sei froh, daß du Spinat hast," hatte die Mutter dem kleinen Feinschmecker zugerufen. „Es gibt Kinder, die mit Spinat sehr zufrieden wären." Ich werde so an die Pflichten der Eltern gegen ihre Kinder erinnert. Die Goetheschen Worte:

> „Ihr führt ins Leben uns hinein,
> Ihr laßt den Armen schuldig werden"

zeigen in diesem Zusammenhange einen neuen Sinn.

Ich werde hier haltmachen, um die bisherigen Ergebnisse der Traumanalyse zu überblicken. Indem ich den Assoziationen folgte, welche sich an die einzelnen, aus ihrem Zusammenhang gerissenen Elemente des Traumes anknüpften, bin ich zu einer Reihe von Gedanken und Erinnerungen gelangt, in denen ich wertvolle Äußerungen meines Seelenlebens erkennen muß. Dieses durch die Analyse des Traumes gefundene Material steht in einer innigen Beziehung zum Trauminhalt, doch ist diese Beziehung von der Art, daß ich das neu Gefundene niemals aus dem Trauminhalt hätte erschließen können. Der Traum war affektlos, unzusammenhängend und unverständlich; während ich die Gedanken hinter dem Traume entwickle, verspüre ich intensive und gut begründete Affektregungen; die Gedanken selbst fügen sich ausgezeichnet zu logisch verbundenen Ketten zusammen, in denen gewisse Vorstellungen als zentrale wiederholt vorkommen. Solche im Traum selbst nicht vertretene Vorstellungen sind in unserem Beispiel die Gegensätze von eigennützig—uneigennützig, die Elemente schuldig sein und umsonst tun. Ich könnte in dem Gewebe, welches sich der Analyse enthüllt, die Fäden fester anziehen und würde dann zeigen können, daß sie zu einem einzigen Knoten zusammenlaufen, aber Rücksichten nicht wissenschaftlicher, sondern privater Natur hindern mich, diese Arbeit öffentlich zu tun. Ich müßte zu vielerlei verraten, was besser mein Geheimnis bleibt, nachdem ich auf dem Wege zu dieser Lösung mir allerlei klar gemacht, was ich mir selbst ungern eingestehe. Warum ich aber nicht lieber einen anderen Traum wählte, dessen Analyse sich zur Mitteilung besser eignet, so daß ich eine bessere Überzeugung für den Sinn und Zusammenhang des durch Analyse aufgefundenen Materials erwecken kann? Die Antwort lautet, weil jeder Traum, mit dem ich mich beschäftigen will, zu denselben schwer mitteilbaren Dingen führen und mich in die gleiche Nötigung zur Diskretion versetzen wird. Ebensowenig würde ich diese Schwierigkeit vermeiden, wenn ich den Traum eines anderen zur Analyse brächte, es sei denn, daß die Verhältnisse gestatteten, ohne Schaden für den mir Vertrauenden alle Verschleierungen fallen zu lassen.

Die Auffassung, die sich mir schon jetzt aufdrängt, geht dahin, daß der Traum eine Art Ersatz ist für jene affektvollen und sinnreichen Gedankengänge, zu denen ich nach vollendeter Analyse gelangt bin. Ich kenne den Prozeß noch nicht, welcher aus diesen Gedanken den Traum hat entstehen lassen, aber ich sehe ein, daß es Unrecht ist, diesen als einen rein körperlichen, psychisch bedeutungslosen Vorgang hinzustellen, der durch die isolierte

Tätigkeit einzelner, aus dem Schlaf geweckter Hirnzellgruppen entstanden ist.

Zweierlei merke ich noch an: daß der Trauminhalt sehr viel kürzer ist als die Gedanken, für deren Ersatz ich ihn erkläre, und daß die Analyse eine unwichtige Begebenheit des Abends vor dem Träumen als den Traumerreger aufgedeckt hat.

Ich werde einen so weit reichenden Schluß natürlich nicht ziehen, wenn mir erst eine einzige Traumanalyse vorliegt. Wenn mir aber die Erfahrung gezeigt hat, daß ich durch kritiklose Verfolgung der Assoziationen von jedem Traum aus zu einer solchen Kette von Gedanken gelangen kann, unter deren Elementen die Traumbestandteile wiederkehren, und die unter sich korrekt und sinnreich verknüpft sind, so wird die geringe Erwartung, daß die das erstemal bemerkten Zusammenhänge sich als Zufall herausstellen könnten, wohl aufgegeben werden. Ich halte mich dann für berechtigt, die neue Einsicht durch Namengebung zu fixieren. Den Traum, wie er mir in der Erinnerung vorliegt, stelle ich dem durch Analyse gefundenen zugehörigen Material gegenüber, nenne den ersteren den manifesten Trauminhalt, das letztere — zunächst ohne weitere Scheidung — den latenten Trauminhalt. Ich stehe dann vor zwei neuen, bisher nicht formulierten Problemen: *1)* welches der psychische Vorgang ist, der den latenten Trauminhalt in den mir aus der Erinnerung bekannten, manifesten, übergeführt hat; *2)* welches das Motiv oder die Motive sind, die solche Übersetzung erfordert haben. Den Vorgang der Verwandlung vom latenten zum manifesten Trauminhalt werde ich die Traumarbeit nennen. Das Gegenstück zu dieser Arbeit, welches die entgegengesetzte Umwandlung leistet, kenne ich bereits als Analysenarbeit. Die anderen Traumprobleme, die Fragen nach den Traumerregern, nach der Herkunft des Traummaterials, nach dem etwaigen Sinn des Traumes und Funktion des Träumens, und nach den Gründen des Traumvergessens werde ich nicht am manifesten, sondern am neugewonnenen latenten Trauminhalt erörtern. Da ich alle widersprechenden wie alle unrichtigen Angaben über das Traumleben in der Literatur auf die Unkenntnis des erst durch Analyse zu enthüllenden latenten Trauminhaltes zurückführe, werde ich eine Verwechslung des manifesten Traumes mit den latenten Traumgedanken fortan aufs sorgfältigste zu vermeiden suchen.

III

Die Verwandlung der latenten Traumgedanken in den manifesten Trauminhalt verdient unsere volle Aufmerksamkeit als das zuerst bekannt gewordene Beispiel von Umsetzung eines psychischen Materials aus der einen Ausdrucksweise in die andere, aus einer Ausdrucksweise, die uns ohne weiteres verständlich ist, in eine andere, zu deren Verständnis wir erst durch Anleitung und Bemühung vordringen können, obwohl auch sie als Leistung unserer Seelentätigkeit anerkannt werden muß. Mit Rücksicht auf das Verhältnis von latentem zu manifestem Trauminhalt lassen sich die Träume in drei Kategorien bringen. Wir können erstens solche Träume unterscheiden, die *sinnvoll* und gleichzeitig *verständlich* sind, d. h. eine Einreihung in unser seelisches Leben ohne weiteren Anstoß zulassen. Solcher Träume gibt es viele; sie sind meist kurz und erscheinen uns im allgemeinen wenig bemerkenswert, weil alles Erstaunen oder Befremden Erregende ihnen abgeht. Ihr Vorkommen ist übrigens ein starkes Argument gegen die Lehre, welche den Traum durch isolierte Tätigkeit einzelner Hirnzellgruppen entstehen läßt; es fehlen ihnen alle Kennzeichen herabgesetzter oder zerstückelter psychischer Tätigkeit, und doch erheben wir gegen ihren Charakter als Träume niemals einen Einspruch und verwechseln sie nicht mit den Produkten des Wachens. Eine zweite Gruppe bilden jene Träume, die zwar in sich zusammenhängend sind und einen klaren Sinn haben, aber *befremdend* wirken, weil wir diesen Sinn in unserem Seelenleben nicht unterzubringen wissen. Solch ein Fall ist es, wenn wir z. B. träumen, daß ein lieber Verwandter an der Pest gestorben ist, während wir keinen Grund zu solcher Erwartung, Besorgnis oder Annahme kennen und uns verwundert fragen: wie komme ich zu dieser Idee? In die dritte Gruppe gehören endlich jene Träume, denen beides abgeht, Sinn und Verständlichkeit, die unzusammenhängend, verworren und sinnlos erscheinen. Die überwiegende Mehrzahl der Produkte unseres Träumens zeigt diese Charaktere, welche die Geringschätzung der Träume und die ärztliche Theorie von der eingeschränkten Seelentätigkeit begründet haben. Zumal in den längeren und komplizierteren Traumkompositionen vermißt man nur selten die deutlichsten Zeichen der Inkohärenz.

Der Gegensatz von manifestem und latentem Trauminhalt hat offenbar nur für die Träume der zweiten, und noch eigentlicher für die der dritten Kategorie Bedeutung. Hier finden sich die Rätsel vor, die erst verschwinden, wenn man den manifesten Traum durch den latenten Gedankeninhalt ersetzt, und an einem Beispiel dieser Art, an einem verworrenen und unverständlichen Traum, haben wir auch die voranstehende Analyse ausgeführt. Wir sind aber wider unser Erwarten auf Motive gestoßen, die uns eine vollständige Kenntnisnahme der latenten Traumgedanken verwehrten, und durch die Wiederholung der gleichen Erfahrung dürften wir zur Vermutung geführt werden, daß zwischen dem unverständlichen und verworrenen Charakter des Traumes und den Schwierigkeiten bei der Mitteilung der Traumgedanken ein intimer und gesetzmäßiger Zusammenhang besteht. Ehe wir die Natur dieses Zusammenhanges erforschen, werden wir mit Vorteil unser Interesse den leichter verständlichen Träumen der ersten Kategorie zuwenden, in denen manifester und latenter Inhalt zusammenfallen, die Traumarbeit also erspart scheint.

Die Untersuchung dieser Träume empfiehlt sich noch von einem anderen Gesichtspunkte aus. Die Träume der Kinder sind nämlich von solcher Art, also sinnvoll und nicht befremdend, was, nebenbei bemerkt, einen neuen Einspruch gegen die Zurückführung des Traumes auf dissoziierte Hirntätigkeit im Schlafe abgibt, denn warum sollte wohl solche Herabsetzung der psychischen Funktionen beim Erwachsenen zu den Charakteren des Schlafzustandes gehören, beim Kinde aber nicht? Wir dürfen uns aber mit vollem Recht der Erwartung hingeben, daß die Aufklärung psychischer Vorgänge beim Kinde, wo sie wesentlich vereinfacht sein mögen, sich als eine unerläßliche Vorarbeit für die Psychologie des Erwachsenen erweisen wird.

Ich werde also einige Beispiele von Träumen mitteilen, die ich von Kindern gesammelt habe: Ein Mädchen von 19 Monaten wird über einen Tag nüchtern erhalten, weil sie am Morgen erbrochen und sich nach der Aussage der Kinderfrau an Erdbeeren verdorben hat. In der Nacht nach diesem Hungertag hört man sie aus dem Schlafe ihren Namen nennen und dazusetzen: „*Er(d)beer, Hochbeer, Eier(s)peis, Papp.*" Sie träumt also, daß sie ißt, und hebt aus ihrem Menü gerade das hervor, was ihr die nächste Zeit, wie sie vermutet, karg zugemessen bleiben wird. — Ähnlich träumt von einem versagten Genuß ein 22monatiger Knabe, der tags zuvor seinem Onkel ein Körbchen mit frischen Kirschen hatte als Geschenk anbieten müssen, von denen er natürlich nur eine Probe kosten durfte. Er erwacht mit der freudigen Mitteilung: *He(r)mann alle Kirschen aufgessen.* — Ein 3¼jähriges Mädchen hatte am Tage eine Fahrt über den See gemacht, die ihr nicht lang genug gedauert hatte, denn sie weinte, als sie aussteigen sollte. Am Morgen darauf erzählte sie, daß sie in der Nacht auf dem See gefahren, die unterbrochene Fahrt also fortgesetzt habe. — Ein 5¼jähriger Knabe schien von einer Fußpartie in der Dachsteingegend wenig befriedigt; er erkundigte sich, so oft ein neuer Berg in Sicht kam, ob das der

Dachstein sei, und weigerte sich dann, den Weg zum Wasserfall mitzumachen. Sein Benehmen wurde auf Müdigkeit geschoben, erklärte sich aber besser, als er am nächsten Morgen seinen Traum erzählte, er sei auf den Dachstein gestiegen. Er hatte offenbar erwartet, die Dachsteinbesteigung werde das Ziel des Ausfluges sein, und war verstimmt worden, als er den ersehnten Berg nicht zu Gesicht bekam. Im Traum holte er nach, was der Tag ihm nicht gebracht hatte. — Ganz ähnlich benahm sich der Traum eines sechsjährigen Mädchens, dessen Vater einen Spaziergang vor dem erreichten Ziele wegen vorgerückter Stunde abgebrochen hatte. Auf dem Rückweg war ihr eine Wegtafel aufgefallen, die einen anderen Ausflugsort nannte, und der Vater hatte versprochen, sie ein andermal auch dorthin zu führen. Sie empfing den Vater am nächsten Morgen mit der Mitteilung, sie habe geträumt, der Vater sei mit ihr an dem einen wie an dem anderen Ort gewesen.

Das Gemeinsame dieser Kinderträume ist augenfällig. Sie erfüllen sämtlich Wünsche, die am Tage rege gemacht und unerfüllt geblieben sind. Sie sind einfache und unverhüllte Wunscherfüllungen.

Nichts anderes als eine Wunscherfüllung ist auch folgender, auf den ersten Eindruck nicht ganz verständlicher Kindertraum. Ein nicht vierjähriges Mädchen war einer poliomyelitischen Affektion wegen vom Lande in die Stadt gebracht worden und übernachtete bei einer kinderlosen Tante in einem großen — für sie natürlich übergroßen — Bette. Am nächsten Morgen berichtete sie, daß sie geträumt, das Bett sei ihr viel zu klein gewesen, so daß sie in ihm keinen Platz gefunden. Die Lösung dieses Traumes als Wunschtraum ergibt sich leicht, wenn man sich erinnert, daß „Großsein" ein häufig auch geäußerter Wunsch der Kinder ist. Die Größe des Bettes mahnte das kleine Gernegroß allzu nachdrücklich an seine Kleinheit; darum korrigierte es im Traume das ihm unliebsame

Verhältnis und wurde nun so groß, daß ihm das große Bett noch zu klein war.

Auch wenn der Inhalt der Kinderträume sich kompliziert und verfeinert, liegt die Auffassung als Wunscherfüllung jedesmal sehr nahe. Ein achtjähriger Knabe träumt, daß er mit Achilleus im Streitwagen gefahren, den Diomedes lenkte. Er hat sich nachweisbar tags vorher in die Lektüre griechischer Heldensagen versenkt; es ist leicht zu konstatieren, daß er sich diese Helden zu Vorbildern genommen und bedauert hat, nicht in ihrer Zeit zu leben.

Aus dieser kleinen Sammlung erhellt ohne weiteres ein zweiter Charakter der Kinderträume, ihr Zusammenhang mit dem Tagesleben. Die Wünsche, die sich in ihnen erfüllen, sind vom Tage, in der Regel vom Vortage, erübrigt und sind im Wachdenken mit intensiver Gefühlsbetonung ausgestattet gewesen. Unwesentliches und Gleichgültiges, oder was dem Kinde so erscheinen muß, hat im Trauminhalt keine Aufnahme gefunden.

Auch bei Erwachsenen kann man zahlreiche Beispiele solcher Träume von infantilem Typus sammeln, die aber, wie erwähnt, meist knapp an Inhalt sind. So beantwortet eine Reihe von Personen einen nächtlichen Durstreiz regelmäßig mit dem Traume zu trinken, der also den Reiz fortzuschaffen und den Schlaf fortzusetzen strebt. Bei manchen Menschen findet man solche Bequemlichkeitsträume häufig vor dem Erwachen, wenn die Aufforderung aufzustehen, an sie herantritt. Sie träumen dann, daß sie schon aufgestanden sind, beim Waschtisch stehen oder sich bereits in der Schule, im Bureau u. dgl. befinden, wo sie zur bestimmten Zeit sein sollten. In der Nacht vor einer beabsichtigten Reise träumt man nicht selten, daß man am Bestimmungsorte angekommen ist; vor einer Theatervorstellung, einer Gesellschaft antizipiert der Traum nicht selten — gleichsam ungeduldig — das erwartete Vergnügen. Andere Male drückt der Traum die Wunscherfüllung um eine Stufe indirekter aus; es bedarf noch der Herstellung einer Beziehung, einer Folgerung, also eines Beginnes von Deutungsarbeit, um die Wunscherfüllung zu erkennen. So z. B. wenn mir ein Mann den Traum seiner jungen Frau erzählt, daß sich bei ihr die Periode eingestellt habe. Ich muß daran denken, daß die junge Frau einer Gravidität entgegensieht, wenn ihr die Periode ausbleibt. Dann ist die Mitteilung des Traumes eine Graviditätsanzeige, und sein Sinn ist, daß er den Wunsch erfüllt zeigt, die Gravidität möge doch noch eine Weile ausbleiben. Unter ungewöhnlichen und extremen Verhältnissen werden solche Träume von infantilem Charakter besonders häufig. Der Leiter einer Polarexpedition berichtet z. B., daß seine Mannschaft während der Überwinterung im Eise bei monotoner Kost und schmalen Rationen regelmäßig wie die Kinder von großen Mahlzeiten träumte, von Bergen von Tabak und vom Zuhausesein.

Gar nicht selten hebt sich aus einem längeren, komplizierten und im ganzen verworrenen Traum ein besonders klares Stück hervor, das eine unverkennbare Wunscherfüllung enthält, aber mit anderem, unverständlichen Material verlötet ist. Versucht man häufiger, auch die anscheinend undurchsichtigen Träume Erwachsener zu analysieren, so erfährt man zu seiner Verwunderung, daß diese selten so einfach sind wie die Kinderträume, und daß sie etwa hinter der einen Wunscherfüllung noch anderen Sinn verbergen.

Es wäre nun gewiß eine einfache und befriedigende Lösung der Traumrätsel, wenn etwa die Analysenarbeit uns ermöglichen sollte, auch die sinnlosen und verworrenen Träume Erwachsener auf den infantilen Typus der Erfüllung eines intensiv empfundenen Wunsches vom Tage zurückzuführen. Der Anschein spricht gewiß nicht für diese Erwartung. Die Träume sind meist voll des gleichgültigsten und fremdartigsten Materials, und von Wunscherfüllung ist in ihrem Inhalt nichts zu merken.

Ehe wir aber die infantilen Träume, die unverhüllte Wunscherfüllungen sind, verlassen, wollen wir nicht versäumen, einen längst bemerkten Hauptcharakter des Traumes zu erwähnen, der gerade in dieser Gruppe am reinsten hervortritt. Ich kann jeden dieser Träume durch einen Wunschsatz ersetzen: Oh, hätte die Fahrt auf dem See doch länger gedauert; — wäre ich doch schon gewaschen und angezogen; — hätte ich doch die Kirschen behalten dürfen, anstatt sie dem Onkel zu geben; aber der Traum gibt mehr als diesen Optativ. Er zeigt den Wunsch als bereits erfüllt, stellt diese Erfüllung als real und gegenwärtig dar, und das Material der Traumdarstellung besteht vorwiegend — wenn auch nicht ausschließlich — aus Situationen und meist visuellen Sinnesbildern. Auch in dieser Gruppe wird also eine Art Umwandlung — die man als Traumarbeit bezeichnen darf — nicht völlig vermißt: Ein im Optativ stehender Gedanke ist durch eine Anschauung im Präsens ersetzt.

IV

Wir werden geneigt sein anzunehmen, daß eine solche Umsetzung in eine Situation auch bei den verworrenen Träumen stattgefunden hat, wiewohl wir nicht wissen können, ob sie auch hier einen Optativ betraf. Das eingangs mitgeteilte Traumbeispiel, in dessen Analyse wir ein Stück weit eingegangen sind, gibt uns allerdings an zwei Stellen Anlaß, etwas Derartiges zu vermuten. Es kommt in der Analyse vor, daß meine Frau sich an der Tafel mit anderen beschäftigt, was ich als unangenehm empfinde; der Traum enthält davon das genaue Gegenteil, daß die Person, die meine Frau ersetzt, sich ganz mir zuwendet. Zu welchem Wunsch kann aber ein unangenehmes Erlebnis besser Anlaß geben, als zu dem, daß sich das Gegenteil davon ereignet haben sollte, wie es der Traum als vollzogen enthält? In ganz ähnlichem Verhältnis steht der bittere Gedanke in der Analyse, daß ich nichts umsonst gehabt habe, zu der Rede der Frau im Traum: Sie haben ja immer so schöne Augen gehabt. Ein Teil der Gegensätzlichkeiten zwischen manifestem und latentem Trauminhalt dürfte sich also auf Wunscherfüllung zurückführen lassen.

Augenfälliger ist aber eine andere Leistung der Traumarbeit, durch welche die inkohärenten Träume zustande kommen. Vergleicht man an einem beliebigen Beispiel die Zahl der Vorstellungselemente oder den Umfang der Niederschrift beim Traum und bei den Traumgedanken, zu denen die Analyse führt, und von denen man eine Spur im Traume wiederfindet, so kann man nicht bezweifeln, daß die Traumarbeit hier eine großartige Zusammendrängung oder Verdichtung zustande gebracht hat. Über das Ausmaß dieser Verdichtung kann man sich zunächst ein Urteil nicht bilden; sie imponiert aber um so mehr, je tiefer man in die Traumanalyse eingedrungen ist. Da findet man dann kein Element des Trauminhaltes, von dem die Assoziationsfäden nicht nach zwei oder mehr Richtungen auseinandergingen, keine Situation, die nicht aus zwei oder mehr Eindrücken und Erlebnissen zusammengestückelt wäre. Ich träumte z. B. einmal von einer Art Schwimmbassin, in dem die Badenden nach allen Richtungen auseinanderfuhren; an einer Stelle des Randes stand eine Person, die sich zu einer badenden Person neigte, wie um sie herauszuziehen. Die Situation war zusammengesetzt aus der Erinnerung an ein Erlebnis der Pubertätszeit und aus zwei Bildern, von denen ich eines kurz vor dem Traum gesehen hatte. Die zwei Bilder waren das der Überraschung im Bade aus dem Schwindschen Zyklus Melusine (siehe die auseinanderfahrenden Badenden) und ein Sintflutbild eines italienischen Meisters. Das kleine Erlebnis aber hatte darin bestanden, daß ich zusehen konnte, wie in der Schwimmschule der Bademeister einer Dame aus dem Wasser half, die sich bis zum Eintritt der Herrenstunde verspätet hatte. — Die Situation in dem zur Analyse gewählten Beispiel leitet mich bei der Analyse auf eine kleine Reihe von Erinnerungen, von denen jede zum Trauminhalt etwas beigesteuert hat. Zunächst ist es die kleine Szene aus der Zeit meiner Werbung, von der ich bereits gesprochen; ein Händedruck unter dem Tisch, der damals vorfiel, hat für den Traum das Detail „unter dem Tisch", das ich der Erinnerung nachträglich einfügen muß, geliefert. Von „Zuwendung" war natürlich damals keine Rede; ich weiß aus der Analyse, daß dieses Element die Wunscherfüllung durch Gegensatz ist, die zum Benehmen meiner Frau an der Table d'hôte gehört.

Hinter dieser rezenten Erinnerung verbirgt sich aber eine ganz ähnliche und viel bedeutsamere Szene aus unserer Verlobungszeit, die uns für einen ganzen Tag entzweite. Die Vertraulichkeit, die Hand auf das Knie zu legen, gehört in einen ganz verschiedenen Zusammenhang und zu ganz anderen Personen. Dieses Traumelement wird selbst wieder zum Ausgangspunkt zweier besonderer Erinnerungsreihen usw.

Das Material aus den Traumgedanken, welches zur Bildung der Traumsituation zusammengeschoben wird, muß natürlich für diese Verwendung von vorneherein brauchbar sein. Es bedarf hiezu eines — oder mehrerer — in allen Komponenten vorhandenen Gemeinsamen. Die Traumarbeit verfährt dann wie Francis Galton bei der Herstellung seiner Familienphotographien. Sie bringt die verschiedenen Komponenten wie übereinander gelegt zur Deckung; dann tritt das Gemeinsame im Gesamtbild deutlich hervor, die widersprechenden Details löschen einander nahezu aus. Dieser Herstellungsprozeß erklärt auch zum Teil die schwankenden Bestimmungen von eigentümlicher Verschwommenheit so vieler Elemente des Trauminhalts. Die Traumdeutung spricht, auf dieser Einsicht fußend, folgende Regel aus: Wo sich bei der Analyse eine Unbestimmtheit noch in ein entweder — oder auflösen läßt, da ersetze man dies für die Deutung durch ein „und" und nehme jedes Glied der scheinbaren Alternative zum unabhängigen Ausgang einer Reihe von Einfällen.

Wo solche Gemeinsame zwischen den Traumgedanken nicht vorhanden sind, da bemüht sich die Traumarbeit solche zu schaffen, um die gemeinsame Darstellung im Traume zu ermöglichen. Der bequemste Weg, um zwei Traumgedanken, die noch nichts Gemeinsames haben, einander näher zu bringen, besteht in der Veränderung des sprachlichen Ausdrucks für den einen, wobei ihm etwa noch der andere durch eine entsprechende Umgießung in einen anderen Ausdruck entgegenkommt. Es ist das ein ähnlicher Vorgang wie beim Reimeschmieden, wobei der Gleichklang das gesuchte Gemeinsame ersetzt. Ein gutes Stück der Traumarbeit besteht in der Schöpfung solcher häufig sehr witzig, oft aber gezwungen erscheinenden Zwischengedanken, welche von der gemeinsamen Darstellung im Trauminhalt bis zu den nach Form und Wesen verschiedenen, durch die Traumanlässe motivierten Traumgedanken reichen. Auch in der Analyse unseres Traumbeispiels finde ich einen derartigen Fall von Umformung eines Gedankens zum Zwecke des Zusammentreffens mit einem anderen, ihm wesensfremden. Bei der Fortsetzung der Analyse stoße ich nämlich auf den Gedanken: Ich möchte auch einmal etwas umsonst haben; aber diese Form ist für den Trauminhalt nicht brauchbar. Sie wird darum durch eine neue ersetzt: Ich möchte gerne etwas genießen ohne „Kosten“ zu haben. Das Wort Kosten paßt nun mit seiner zweiten Bedeutung in den Vorstellungskreis der Table d'hôte und kann seine Darstellung durch den im Traum aufgetischten Spinat finden. Wenn bei uns eine Speise zu Tische kommt, welche von den Kindern abgelehnt wird, so versucht es die Mutter wohl zuerst mit Milde und fordert von den Kindern: Nur ein bißchen kosten. Daß die Traumarbeit die Zweideutigkeit der Worte so unbedenklich ausnützt, erscheint zwar sonderbar, stellt sich aber bei reicherer Erfahrung als ein ganz gewöhnliches Vorkommnis heraus.

Durch die Verdichtungsarbeit des Traumes erklären sich auch gewisse Bestandteile seines Inhaltes, die nur ihm eigentümlich sind und im wachen Vorstellen nicht gefunden werden. Es sind dies die Sammel- und Mischpersonen und die sonderbaren Mischgebilde, Schöpfungen, den Tierkompositionen orientalischer Völkerphantasie vergleichbar, die aber in unserem Denken bereits zu Einheiten erstarrt sind, während die Traumkompositionen in unerschöpflichem Reichtum immer neu gebildet werden. Jeder kennt solche Gebilde aus seinen eigenen Träumen;

die Weisen ihrer Herstellung sind sehr mannigfaltig. Ich kann eine Person zusammensetzen, indem ich ihr Züge von der einen und von der anderen verleihe, oder indem ich ihr die Gestalt der einen gebe und dabei im Traum den Namen der anderen denke, oder ich kann die eine Person visuell vorstellen, sie aber in eine Situation versetzen, die sich mit der anderen ereignet hat. In all diesen Fällen ist die Zusammenziehung verschiedener Personen zu einem einzigen Vertreter im Trauminhalt sinnvoll, sie soll ein „und", „gleichwie", eine Gleichstellung der originalen Personen in einer gewissen Hinsicht bedeuten, die auch im Traum selbst erwähnt sein kann. In der Regel aber ist diese Gemeinsamkeit der verschmolzenen Personen erst durch die Analyse aufzusuchen und wird im Trauminhalt eben bloß durch die Bildung der Sammelperson angedeutet.

Dieselbe Mannigfaltigkeit der Herstellungsweise und die nämliche Regel bei der Auflösung gilt auch für die unermeßlich reichhaltigen Mischgebilde des Trauminhaltes, von denen ich Beispiele wohl nicht anzuführen brauche. Ihre Sonderbarkeit verschwindet ganz, wenn wir uns entschließen, sie nicht in eine Reihe mit den Objekten der Wahrnehmung im Wachen zu stellen, sondern uns erinnern, daß sie eine Leistung der Traumverdichtung darstellen und in treffender Abkürzung einen gemeinsamen Charakter der so kombinierten Objekte hervorheben. Die Gemeinsamkeit ist auch hier meist aus der Analyse einzusetzen. Der Trauminhalt sagt gleichsam nur aus: Alle diese Dinge haben ein X gemeinsam. Die Zersetzung solcher Mischgebilde durch die Analyse führt oft auf dem kürzesten Weg zur Bedeutung des Traumes. So träumte ich einmal, daß ich mit einem meiner früheren Universitätslehrer in einer Bank sitze, die mitten unter anderen Bänken eine rasch fortschreitende Bewegung erfährt. Es war dies eine Kombination von Hörsaal und Trottoir roulant. Die weitere Verfolgung des Gedankens übergehe ich. — Ein andermal sitze ich im Waggon und halte auf dem Schoß einen

Gegenstand von der Form eines Zylinderhutes, der aber aus durchsichtigem Glas besteht. Die Situation läßt mir sofort das Sprichwort einfallen: Mit dem Hute in der Hand kommt man durchs ganze Land. Der Glaszylinder erinnert auf kurzen Umwegen an das Auersche Licht, und ich weiß bald, daß ich eine Erfindung machen möchte, die mich so reich und unabhängig werden läßt wie meinen Landsmann, den Dr. Auer von Welsbach, die seinige, und daß ich dann Reisen machen will, anstatt in Wien zu bleiben. Im Traume reise ich mit meiner Erfindung — dem allerdings noch nicht gebräuchlichen Hutzylinder aus Glas. — Ganz besonders liebt es die Traumarbeit zwei in gegensätzlicher Beziehung stehende Vorstellungen durch das nämliche Mischgebilde darzustellen, so z. B. wenn eine Frau sich im Traume, einen hohen Blumenstengel tragend, sieht, wie der Engel auf den Bildern von Mariä Verkündigung dargestellt wird (Unschuld — Marie ist ihr eigener Name), der Stengel aber mit dicken, weißen Blüten besetzt ist, die Kamelien gleichen (Gegensatz zu Unschuld: Kameliendame).

Ein gutes Stück dessen, was wir über die Traumverdichtung erfahren haben, läßt sich in der Formel zusammenfassen: Jedes der Elemente des Trauminhaltes ist durch das Material der Traumgedanken überdeterminiert, führt seine Abstammung nicht auf ein einzelnes Element der Traumgedanken, sondern auf eine ganze Reihe von solchen zurück, die einander in den Traumgedanken keineswegs nahe stehen müssen, sondern den verschiedensten Bezirken des Gedankengewebes angehören können. Das Traumelement ist im richtigen Sinne die Vertretung im Trauminhalt für all dies disparate Material. Die Analyse deckt aber noch eine andere Seite der zusammengesetzten Beziehung zwischen Trauminhalt und Traumgedanken auf. So wie von jedem Traumelement Verbindungen zu mehreren Traumgedanken führen, so ist auch in der Regel ein Traumgedanke durch mehr als ein

Traumelement vertreten; die Assoziationsfäden konvergieren nicht einfach von den Traumgedanken bis zum Trauminhalt, sondern überkreuzen und durchweben sich vielfach unterwegs.

Neben der Verwandlung eines Gedankens in eine Situation (der „Dramatisierung") ist die Verdichtung der wichtigste und eigentümlichste Charakter der Traumarbeit. Von einem Motiv, welches zu solcher Zusammendrängung des Inhalts nötigen würde, ist uns aber zunächst nichts enthüllt worden.

V

Bei den komplizierten und verworrenen Träumen, die uns jetzt beschäftigen, läßt sich nicht der ganze Eindruck von Unähnlichkeit zwischen Trauminhalt und Traumgedanken auf Verdichtung und Dramatisierung zurückführen. Es liegen Zeugnisse für die Wirksamkeit eines dritten Faktors vor, die einer sorgfältigen Sammlung würdig sind.

Ich merke vor allem, wenn ich durch Analyse zur Kenntnis der Traumgedanken gelangt bin, daß der manifeste Trauminhalt ganz andere Stoffe behandelt als der latente. Dies ist freilich nur ein Schein, der sich bei genauerer Untersuchung verflüchtigt, denn schließlich finde ich allen Trauminhalt in den Traumgedanken ausgeführt, fast alle Traumgedanken durch den Trauminhalt vertreten wieder. Aber es bleibt von der Verschiedenheit doch etwas bestehen. Was in dem Traum breit und deutlich als der wesentliche Inhalt hingestellt war, das muß sich nach der Analyse mit einer höchst untergeordneten Rolle unter den Traumgedanken begnügen, und was nach der Aussage meiner Gefühle unter den Traumgedanken auf die größte Beachtung Anspruch hat, dessen Vorstellungsmaterial findet sich im Trauminhalt entweder gar nicht vor oder ist durch eine entfernte Anspielung in einer undeutlichen Region des Traumes vertreten. Ich kann diese Tatsache so beschreiben: *Während der Traumarbeit übergeht die psychische Intensität von den Gedanken und Vorstellungen, denen sie berechtigter-*

weise zukommt, auf andere, die nach meinem Urteil keinen Anspruch auf solche Betonung haben. Kein anderer Vorgang trägt soviel dazu bei, um den Sinn des Traumes zu verbergen und mir den Zusammenhang von Trauminhalt und Traumgedanken unkenntlich zu machen. Während dieses Vorganges, den ich die Traumverschiebung nennen will, sehe ich auch die psychische Intensität, Bedeutsamkeit oder Affektfähigkeit von Gedanken sich in sinnliche Lebhaftigkeit umsetzen. Das Deutlichste im Trauminhalt erscheint mir ohne weiteres als das Wichtigste; gerade in einem undeutlichen Traumelement kann ich aber oft den direktesten Abkömmling des wesentlichen Traumgedankens erkennen.

Was ich Traumverschiebung genannt habe, könnte ich auch als Umwertung der psychischen Wertigkeiten bezeichnen. Ich habe aber das Phänomen nicht erschöpfend gewürdigt, wenn ich nicht hinzufüge, daß diese Verschiebungs- oder Umwertungsarbeit an den einzelnen Träumen mit einem sehr wechselnden Betrag beteiligt ist. Es gibt Träume, die fast ohne jede Verschiebung zustande gekommen sind. Diese sind gleichzeitig die sinnvollen und verständlichen, wie wir z. B. die unverhüllten Wunschträume kennen gelernt haben. In anderen Träumen hat nicht mehr ein Stück der Traumgedanken den ihm eigenen psychischen Wert behalten, oder zeigt sich alles Wesentliche aus den Traumgedanken durch Nebensächliches ersetzt, und dazwischen läßt sich die vollständigste Reihe von Übergängen erkennen. Je dunkler und verworrener ein Traum ist, desto größeren Anteil darf man dem Moment der Verschiebung an seiner Bildung zuschreiben.

Unser zur Analyse gewähltes Beispiel zeigt wenigstens soviel von Verschiebung, daß sein Inhalt anders zentriert erscheint als die Traumgedanken. In den Vordergrund des Trauminhaltes drängt sich eine Situation, als ob eine Frau mir Avancen machen würde; das Hauptgewicht in den Traumgedanken ruht auf dem

Wunsche, einmal uneigennützige Liebe, die „nichts kostet", zu genießen, und diese Idee ist hinter der Redensart von den schönen Augen und der entlegenen Anspielung „Spinat" versteckt.

Wenn wir durch die Analyse die Traumverschiebung rückgängig machen, gelangen wir zu vollkommen sicher lautenden Auskünften über zwei vielumstrittene Traumprobleme, über die Traumerreger und über den Zusammenhang des Traumes mit dem Wachleben. Es gibt Träume, die ihre Anknüpfung an die Erlebnisse des Tages unmittelbar verraten; in anderen ist von solcher Beziehung keine Spur zu entdecken. Nimmt man dann die Analyse zu Hilfe, so kann man zeigen, daß jeder Traum ohne mögliche Ausnahme an einen Eindruck der letzten Tage — wahrscheinlich ist es richtiger, zu sagen: des letzten Tages vor dem Traum (des Traumtages) — anknüpft. Der Eindruck, welchem die Rolle des Traumerregers zufällt, kann ein so bedeutsamer sein, daß uns die Beschäftigung mit ihm im Wachen nicht Wunder nimmt, und in diesem Falle sagen wir vom Traume mit Recht aus, er setze die wichtigen Interessen des Wachlebens fort. Gewöhnlich aber, wenn sich in dem Trauminhalt eine Beziehung zu einem Tageseindruck vorfindet, ist dieser so geringfügig, bedeutungslos und des Vergessens würdig, daß wir uns an ihn selbst nicht ohne einige Mühe besinnen können. Der Trauminhalt selbst scheint sich dann, auch wo er zusammenhängend und verständlich ist, mit den gleichgültigsten Lappalien zu beschäftigen, die unseres Interesses im Wachen unwürdig wären. Ein gutes Stück der Mißachtung des Traumes leitet sich von dieser Bevorzugung des Gleichgültigen und Nichtigen im Trauminhalte her.

Die Analyse zerstört den Schein, auf den sich dieses geringschätzige Urteil gründet. Wo der Trauminhalt einen indifferenten Eindruck als Traumerreger in den Vordergrund stellt, da weist die Analyse regelmäßig das bedeutsame, mit Recht aufregende Erlebnis nach, welches sich durch das gleichgültige ersetzt, mit dem es ausgiebige assoziative Verbindungen eingegangen hat. Wo der Trauminhalt bedeutungsloses und uninteressantes Vorstellungsmaterial behandelt, da deckt die Analyse die zahlreichen Verbindungswege auf, mittelst welcher dies Wertlose mit dem Wertvollsten in der psychischen Schätzung des Einzelnen zusammenhängt. Es sind nur Akte der Verschiebungsarbeit wenn anstatt des mit Recht erregenden Eindruckes der indifferente, anstatt des mit Recht interessanten Materials das gleichgültige zur Aufnahme in den Trauminhalt gelangen. Beantwortet man die Fragen nach den Traumerregern und nach dem Zusammenhang des Träumens mit dem täglichen Treiben nach den neuen Einsichten, die man bei der Ersetzung des manifesten Trauminhaltes durch den latenten gewonnen hat, so muß man sagen: der Traum beschäftigt sich niemals mit Dingen, die uns nicht auch bei Tag zu beschäftigen würdig sind, und Kleinigkeiten, die uns bei Tag nicht anfechten, vermögen es auch nicht, uns in den Schlaf zu verfolgen.

Welches ist der Traumerreger in dem zur Analyse gewählten Beispiel? Das wirklich bedeutungslose Erlebnis, daß mir ein Freund zu einer kostenlosen Fahrt im Wagen verhalf. Die Situation der Table d'hôte im Traum enthält eine Anspielung auf diesen indifferenten Anlaß, denn ich hatte im Gespräch den Taxameterwagen in Parallele zur Table d'hôte gebracht. Ich kann aber auch das bedeutsame Erlebnis angeben, welches sich durch dieses kleinliche vertreten läßt. Wenige Tage vorher hatte ich eine größere Geldausgabe für eine mir teuere Person meiner Familie gemacht. Kein Wunder, heißt es in den Traumgedanken, wenn diese Person mir dafür dankbar wäre, diese Liebe wäre nicht „kostenlos“. Kostenlose Liebe steht aber unter den Traumgedanken im Vordergrunde. Daß ich vor nicht langer Zeit mehrere Wagenfahrten mit dem betreffenden Verwandten gemacht, setzt die eine Wagenfahrt mit meinem Freund in den Stand, mich an die Beziehungen zu jener anderen Person zu erinnern. — Der indifferente Eindruck, der durch derartige Verknüpfungen zum Traumerreger wird, unterliegt noch einer Bedingung, die für die wirkliche Traumquelle nicht gilt; er muß jedesmal ein r e z e n t e r sein, vom Traumtage herrühren.

Ich kann das Thema der Traumverschiebung nicht verlassen, ohne eines merkwürdigen Vorganges bei der Traumbildung zu gedenken, bei dem Verdichtung und Verschiebung zum Effekt zusammenwirken. Wir haben schon bei der Verdichtung den Fall kennen gelernt, daß sich zwei Vorstellungen in den Traumgedanken, die etwas Gemeinsames, einen Berührungspunkt haben, im Trauminhalt durch eine Mischvorstellung ersetzen, in der ein deutlicherer Kern dem Gemeinsamen, undeutliche Nebenbestimmungen den Besonderheiten der beiden entsprechen. Tritt zu dieser Verdichtung eine Verschiebung hinzu, so kommt es nicht zur Bildung einer Mischvorstellung, sondern eines m i t t l e r e n G e m e i n s a m e n, das sich ähnlich zu den einzelnen Elementen verhält wie die Resultierende im Kräfteparallelogramm zu ihren Komponenten. Im Inhalt eines meiner Träume ist z. B. von einer Injektion mit P r o p y l e n die Rede. In der Analyse gelange ich zunächst nur zu einem indifferenten, als Traumerreger wirksamen Erlebnis, bei welchem A m y l e n eine Rolle spielt. Die Vertauschung von Amylen mit Propylen kann ich noch nicht rechtfertigen. Zu dem Gedankenkreis desselben Traumes gehört aber auch die Erinnerung an einen ersten Besuch in München, wo mir die P r o p y l ä e n auffielen. Die näheren Umstände der Analyse legen es nahe anzunehmen, daß die Einwirkung dieses zweiten Vorstellungskreises auf den ersten die Verschiebung von Amylen auf Propylen verschuldet hat. P r o p y l e n ist sozusagen die Mittelvorstellung zwischen A m y l e n und P r o p y l ä e n und ist darum nach Art eines K o m p r o m i s s e s durch gleichzeitige Verdichtung und Verschiebung in den Trauminhalt gelangt.

Dringender noch als bei der Verdichtung äußert sich hier bei der Verschiebungsarbeit das Bedürfnis, ein Motiv für diese rätselhaften Bemühungen der Traumarbeit aufzufinden.

VI

Ist es hauptsächlich der Verschiebungsarbeit zur Last zu legen, wenn man die Traumgedanken im Trauminhalt nicht wiederfindet oder nicht wiedererkennt, — ohne daß man das Motiv solcher Entstellung errät, — so führt eine andere und gelindere Art der Umwandlung, welche mit den Traumgedanken vorgenommen wird, zur Aufdeckung einer neuen, aber leichtverständlichen Leistung der Traumarbeit. Die nächsten Traumgedanken, welche man durch die Analyse entwickelt, fallen nämlich häufig durch ihre ungewöhnliche Einkleidung auf; sie scheinen nicht in den nüchternen sprachlichen Formen gegeben, deren sich unser Denken am liebsten bedient, sondern sind vielmehr in symbolischer Weise durch Gleichnisse und Metaphern, wie in bilderreicher Dichtersprache, dargestellt. Es ist nicht schwierig, für diesen Grad von Gebundenheit im Ausdruck der Traumgedanken die Motivierung zu finden. Der Trauminhalt besteht zumeist aus anschaulichen Situationen; die Traumgedanken müssen also vorerst eine Zurichtung erfahren, welche sie für diese Darstellungsweise brauchbar macht. Man stelle sich etwa vor die Aufgabe, die Sätze eines politischen Leitartikels oder eines Plaidoyers im Gerichtssaal durch eine Folge von Bilderzeichnungen zu ersetzen, und man wird dann leicht die Veränderungen verstehen, zu welcher die Rücksicht auf Darstellbarkeit im Trauminhalt die Traumarbeit nötigt.

Unter dem psychischen Material der Traumgedanken befinden

sich regelmäßig Erinnerungen an eindrucksvolle Erlebnisse, — nicht selten aus früher Kindheit, — die also selbst als Situationen mit meist visuellem Inhalt erfaßt worden sind. Wo es irgend möglich ist, äußert dieser Bestandteil der Traumgedanken einen bestimmenden Einfluß auf die Gestaltung des Trauminhalts, indem er gleichsam als Kristallisationspunkt anziehend und verteilend auf das Material der Traumgedanken wirkt. Die Traumsituation ist oft nichts anderes als eine modifizierte und durch Einschaltungen komplizierte Wiederholung eines solchen eindrucksvollen Erlebnisses; getreue und unvermengte Reproduktionen realer Szenen bringt der Traum hingegen nur sehr selten.

Der Trauminhalt besteht aber nicht ausschließlich aus Situationen, sondern schließt auch unvereinigte Brocken von visuellen Bildern, Reden und selbst Stücke von unveränderten Gedanken ein. Es wird daher vielleicht anregend wirken, wenn wir in knappster Weise die Darstellungsmittel mustern, welche der Traumarbeit zur Verfügung stehen, um in der eigentümlichen Ausdrucksweise des Traumes die Traumgedanken wiederzugeben.

Die Traumgedanken, welche wir durch die Analyse erfahren, zeigen sich uns als ein psychischer Komplex von allerverwickeltstem Aufbau. Die Stücke desselben stehen in den mannigfaltigsten logischen Relationen zu einander; sie bilden Vorder- und Hintergrund, Bedingungen, Abschweifungen, Erläuterungen, Beweisgänge und Einsprüche. Fast regelmäßig steht neben einem Gedankengang sein kontradiktorisches Widerspiel. Diesem Material fehlt keiner der Charaktere, die uns von unserem wachen Denken her bekannt sind. Soll nun aus alledem ein Traum werden, so unterliegt dies psychische Material einer Pressung, die es ausgiebig verdichtet, einer inneren Zerbröckelung und Verschiebung, welche gleichsam neue Oberflächen schafft, und einer auswählenden Einwirkung durch die zur Situationsbildung tauglichsten Bestandteile. Mit Rücksicht auf die Genese dieses Materials verdient ein solcher Vorgang den Namen einer „Regression". Die logischen Bande, welche das psychische Material bisher zusammengehalten hatten, gehen nun aber bei dieser Umwandlung zum Trauminhalt verloren. Die Traumarbeit übernimmt gleichsam nur den sachlichen Inhalt der Traumgedanken zur Bearbeitung. Der Analysenarbeit bleibt es überlassen, den Zusammenhang herzustellen, den die Traumarbeit vernichtet hat.

Die Ausdrucksmittel des Traumes sind also kümmerlich zu nennen im Vergleich zu denen unserer Denksprache, doch braucht der Traum auf die Wiedergabe der logischen Relationen unter den Traumgedanken nicht völlig zu verzichten; es gelingt ihm vielmehr häufig genug, dieselben durch formale Charaktere seines eigenen Gefüges zu ersetzen.

Der Traum wird zunächst dem unleugbaren Zusammenhang zwischen allen Stücken der Traumgedanken dadurch gerecht, daß er dieses Material zu einer Situation vereinigt. Er gibt logischen Zusammenhang wieder als Annäherung in Zeit und Raum, ähnlich wie der Maler, der alle Dichter zum Bild des Parnaß zusammenstellt, die niemals auf einem Berggipfel beisammen gewesen sind, wohl aber begrifflich eine Gemeinschaft bilden. Er setzt diese Darstellungsweise ins Einzelne fort, und oft, wenn er zwei Elemente nahe bei einander im Trauminhalt zeigt, bürgt er für einen besonders innigen Zusammenhang zwischen ihren Entsprechenden in den Traumgedanken. Es ist hier übrigens zu bemerken, daß alle in derselben Nacht produzierten Träume bei der Analyse ihre Herkunft aus dem nämlichen Gedankenkreis erkennen lassen.

Die Kausalbeziehung zwischen zwei Gedanken wird entweder ohne Darstellung gelassen oder ersetzt durch das Nacheinander von zwei verschieden langen Traumstücken. Häufig ist diese Darstellung eine verkehrte, indem der Anfang des Traumes die Folgerung, der Schluß desselben die Voraussetzung bringt. Die direkte Verwandlung eines Dinges in ein anderes im Traum scheint die Relation von Ursache und Wirkung darzustellen.

Die Alternative „Entweder — Oder" drückt der Traum niemals aus, sondern nimmt ihre beiden Glieder wie gleichberechtigt in den nämlichen Zusammenhang auf. Daß ein Entweder—Oder, welches bei der Traumreproduktion gebraucht wird, durch „Und" zu übersetzen ist, habe ich bereits erwähnt.

Vorstellungen, die im Gegensatz zu einander stehen, werden mit Vorliebe im Traume durch das nämliche Element ausgedrückt.[1] Das „nicht" scheint für den Traum nicht zu existieren. Opposition zwischen zwei Gedanken, die Relation der Umkehrung, findet eine höchst bemerkenswerte Darstellung im Traum. Sie wird dadurch ausgedrückt, daß ein anderes Stück des Trauminhaltes — gleichsam wie nachträglich — in sein Gegenteil verkehrt wird. Eine andere Art, Widerspruch auszudrücken, werden wir später kennen lernen. Auch die im Traum so häufige Sensation der gehemmten Bewegung dient dazu, einen Widerspruch zwischen Impulsen, einen Willenskonflikt, darzustellen.

Einer einzigen unter den logischen Relationen, der der Ähnlichkeit, Gemeinsamkeit, Übereinstimmung, kommt der Mechanismus der Traumbildung im höchsten Ausmaße zugute. Die Traumarbeit bedient sich dieser Fälle als Stützpunkte für die Traumverdichtung, indem sie alles, was solche Übereinstimmung zeigt, zu einer neuen Einheit zusammenzieht.

Diese kurze Reihe von groben Bemerkungen reicht natürlich nicht aus, um die ganze Fülle der formalen Darstellungsmittel des Traumes für die logischen Relationen der Traumgedanken zu würdigen. Die einzelnen Träume sind in dieser Hinsicht feiner

---

1) Es ist bemerkenswert, daß namhafte Sprachforscher behaupten, die ältesten menschlichen Sprachen hätten ganz allgemein kontradiktorische Gegensätze durch das nämliche Wort zum Ausdruck gebracht (stark—schwach; innen—außen usw.: „Gegensinn der Urworte").

oder nachlässiger gearbeitet, sie haben sich an den ihnen vorliegenden Text mehr oder minder sorgfältig gehalten, die Hilfsmittel der Traumarbeit mehr oder weniger weit in Anspruch genommen. Im letzteren Falle erscheinen sie dunkel, verworren, unzusammenhängend. Wo der Traum aber greifbar absurd erscheint, einen offenbaren Widersinn in seinem Inhalt einschließt, da ist er so mit Absicht und bringt durch seine scheinbare Vernachlässigung aller logischen Anforderungen ein Stück vom intellektuellen Inhalt der Traumgedanken zum Ausdruck. Absurdität im Traum bedeutet Widerspruch, Spott und Hohn in den Traumgedanken. Da diese Aufklärung den stärksten Einwand gegen die Auffassung liefert, die den Traum durch dissoziierte, kritiklose Geistestätigkeit entstehen läßt, werde ich sie durch ein Beispiel zu Nachdruck bringen.

„Einer meiner Bekannten, Herr M., ist von keinem Geringeren als von Goethe in einem Aufsatze angegriffen worden, wie wir alle meinen, mit ungerechtfertigt großer Heftigkeit. — Herr M. ist durch diesen Angriff natürlich vernichtet. Er beklagt sich darüber bitter bei einer Tischgesellschaft; seine Verehrung für Goethe hat aber unter dieser persönlichen Erfahrung nicht gelitten. Ich suche nun die zeitlichen Verhältnisse, die mir unwahrscheinlich vorkommen, ein wenig aufzuklären. Goethe ist 1832 gestorben. Da sein Angriff auf Herrn M. natürlich früher erfolgt sein muß, so war Herr M. damals ein ganz junger Mann. Es kommt mir plausibel vor, daß er 18 Jahre alt war. Ich weiß aber nicht sicher, welches Jahr wir gegenwärtig schreiben, und so versinkt die ganze Berechnung im Dunkel. Der Angriff ist übrigens in dem bekannten Aufsatz von Goethe ‚Natur‘ enthalten.“

Der Unsinn dieses Traumes tritt noch greller hervor, wenn ich mitteile, daß Herr M. ein jugendlicher Geschäftsmann ist, dem alle poetischen und literarischen Interessen ferne liegen. Wenn ich aber in die Analyse dieses Traumes eingehe, wird es mir wohl gelingen, zu zeigen, wieviel „Methode“ hinter diesem Unsinn steckt. Der Traum bezieht sein Material aus drei Quellen:

1) Herr M., den ich bei einer Tischgesellschaft kennen lernte, bat mich eines Tages, seinen älteren Bruder zu untersuchen, der Anzeichen von gestörter geistiger Tätigkeit erkennen lasse. Bei der Unterhaltung mit dem Kranken ereignete sich das Peinliche, daß dieser ohne jeden Anlaß den Bruder durch eine Anspielung auf dessen Jugendstreiche bloßstellte. Ich hatte den Kranken um sein Geburtsjahr gefragt (Sterbejahr im Traum) und ihn zu verschiedenen Berechnungen veranlaßt, durch welche seine Gedächtnisschwäche erwiesen werden sollte.

2) Eine medizinische Zeitschrift, die sich auch meines Namens auf ihrem Titel rühmte, hatte von einem recht jugendlichen Referenten eine geradezu „vernichtende“ Kritik über ein Buch meines Freundes F. in Berlin aufgenommen. Ich stellte den Redakteur darob zur Rede, der mir zwar sein Bedauern ausdrückte, aber eine Remedur nicht versprechen wollte. Daraufhin brach ich meine Beziehungen zur Zeitung ab und hob in meinem Absagebrief die Erwartung hervor, daß unsere persönlichen Beziehungen unter diesem Vorfall nicht leiden würden. Dies ist die eigentliche Quelle des Traumes. Die ablehnende Aufnahme der Schrift meines Freundes hatte mir einen tiefen Eindruck gemacht. Sie enthielt eine nach meiner Schätzung fundamentale biologische Entdeckung, die erst jetzt — nach vielen Jahren — den Fachgenossen zu gefallen beginnt.

3) Eine Patientin hatte mir kurz zuvor die Krankengeschichte ihres Bruders erzählt, der mit dem Ausrufe „Natur, Natur“ in Tobsucht verfallen war. Die Ärzte hatten gemeint, der Ausruf stamme aus der Lektüre jenes schönen

Aufsatzes von Goethe und deute auf die Überarbeitung des Erkrankten bei seinen Studien hin. Ich hatte geäußert, es komme mir plausibler vor, daß der Ausruf „Natur“ in jenem sexuellen Sinn zu nehmen sei, den bei uns auch die Mindergebildeten kennen. Daß der Unglückliche sich später an den Genitalien verstümmelte, schien mir wenigstens nicht unrecht zu geben. 18 Jahre war das Alter dieses Kranken, als jener Anfall sich einstellte. Im Trauminhalt verbirgt sich hinter dem Ich zunächst mein von der Kritik so übel behandelter Freund. „Ich suche mir die zeitlichen Verhältnisse ein wenig aufzuklären.“ Das Buch meines Freundes beschäftigt sich nämlich mit den zeitlichen Verhältnissen des Lebens und führt unter anderem auch Goethes Lebensdauer auf ein Vielfaches einer für die Biologie bedeutsamen Zahl von Tagen zurück. Dieses Ich wird aber einem Paralytiker gleichgestellt („Ich weiß nicht sicher, welches Jahr wir gegenwärtig schreiben“). Der Traum stellt also dar, daß mein Freund sich als Paralytiker benimmt, und schwelgt dabei in Absurdität. Die Traumgedanken aber lauten ironisch: „Natürlich, er ist ein Verrückter, ein Narr, und ihr seid die Genies, die es besser verstehen. Sollte es nicht doch umgekehrt sein?“ — Diese Umkehrung ist nun ausgiebig im Trauminhalt vertreten, indem Goethe den jungen Mann angegriffen hat, was absurd ist, während leicht ein ganz junger Mensch noch heute den großen Goethe angreifen könnte.

Ich möchte behaupten, daß kein Traum von anderen als egoistischen Regungen eingegeben wird. Das Ich im Traum steht wirklich nicht bloß für meinen Freund, sondern auch für mich selbst. Ich identifiziere mich mit ihm, weil das Schicksal seiner Entdeckung mir vorbildlich für die Aufnahme meiner eigenen Funde erscheint. Wenn ich mit meiner Theorie hervortreten werde, welche in der Ätiologie psychoneurotischer Störungen die Sexualität hervorhebt (siehe die Anspielung auf den achtzehnjährigen Kranken „Natur, Natur“), werde ich die nämliche Kritik wiederfinden und bringe ihr schon jetzt den gleichen Spott entgegen.

Wenn ich die Traumgedanken weiter verfolge, finde ich immer nur Spott und Hohn als das Korrelat der Absurditäten des Traumes. Der Fund eines geborstenen Schafschädels auf dem Lido zu Venedig hat Goethe bekanntlich die Idee zur sog. Wirbeltheorie des Schädels eingegeben. — Mein Freund rühmt sich, als Student einen Sturm zur Beseitigung eines alten Professors entfesselt zu haben, der einst, wohlverdient (unter anderem auch um diesen Teil der vergleichenden Anatomie), nun durch Altersschwachsinn zum Lehren unfähig geworden war. Die von ihm veranstaltete Agitation half so dem Übelstande ab, daß an den deutschen Universitäten dem akademischen Wirken eine Altersgrenze nicht gezogen ist. — Alter schützt nämlich vor Torheit nicht. — Im hiesigen Krankenhause hatte ich die Ehre, Jahre hindurch unter einem Primarius zu dienen, der längst fossil, seit Dezennien notorisch schwachsinnig, sein verantwortungsvolles Amt weiterführen durfte. Eine Charakteristik nach dem Funde am Lido drängt sich mir hier auf. — Auf diesen Mann bezüglich fertigten einst junge Kollegen im Spital eine Übertragung des damals beliebten Gassenhauers: Das hat kein Goethe g'schrieben, das hat kein Schiller g'dicht usw.

VII

Wir sind mit der Würdigung der Traumarbeit noch nicht zu Ende gekommen. Wir sehen uns genötigt, ihr außer der Verdichtung, Verschiebung und anschaulichen Zurichtung des psychischen Materials noch eine andere Tätigkeit zuzuschreiben, deren Beitrag allerdings nicht an allen Träumen zu erkennen ist. Ich werde von diesem Stück der Traumarbeit nicht ausführlich handeln, will also nur anführen, daß man sich von seinem Wesen am ehesten eine Vorstellung verschafft, wenn man sich zu der — wahrscheinlich unzutreffenden — Annahme entschließt, daß es auf den bereits vorgebildeten Trauminhalt erst nachträglich einwirke. Seine Leistung besteht dann darin, die Traumbestandteile so anzuordnen, daß sie sich ungefähr zu einem Zusammenhang, zu einer Traumkomposition zusammenfügen. Der Traum erhält so eine Art Fassade, die seinen Inhalt freilich nicht an allen Stellen deckt; er erfährt dabei eine erste vorläufige Deutung, die durch Einschiebsel und leise Abänderungen unterstützt wird. Allerdings macht sich diese Bearbeitung des Trauminhaltes nur möglich, indem sie alle fünf gerade sein läßt, sie liefert auch weiter nichts als ein eklatantes Mißverständnis der Traumgedanken, und wenn wir die Analyse des Traumes in Angriff nehmen, müssen wir uns zuerst von diesem Deutungsversuche frei machen.

An diesem Stücke der Traumarbeit ist die Motivierung ganz besonders durchsichtig. Es ist die Rücksicht auf Verständlichkeit, welche diese letzte Überarbeitung des Traumes veranlaßt; hiedurch ist aber auch die Herkunft dieser Tätigkeit verraten. Sie benimmt sich gegen den ihr vorliegenden Trauminhalt, wie unsere normale psychische Tätigkeit überhaupt gegen einen beliebigen ihr dargebotenen Wahrnehmungsinhalt. Sie erfaßt ihn unter Verwendung gewisser Erwartungsvorstellungen, ordnet ihn schon bei der Wahrnehmung unter der Voraussetzung seiner Verständlichkeit, läuft dabei Gefahr, ihn zu fälschen, und verfällt in der Tat, wenn er sich an nichts Bekanntes anreihen läßt, zunächst in die seltsamsten Mißverständnisse. Es ist bekannt, daß wir nicht imstande sind, eine Reihe von fremdartigen Zeichen anzusehen oder ein Gefolge von unbekannten Worten anzuhören, ohne zunächst deren Wahrnehmung nach der Rücksicht auf Verständlichkeit, nach der Anlehnung an etwas uns Bekanntes zu verfälschen.

Träume, welche diese Bearbeitung von seiten einer dem wachen Denken völlig analogen psychischen Tätigkeit erfahren haben, kann man gut komponierte heißen. Bei anderen Träumen hat diese Tätigkeit völlig versagt; es ist nicht einmal der Versuch gemacht worden, Ordnung und Deutung herzustellen, und indem wir uns nach dem Erwachen mit diesem letzten Stück der Traumarbeit identisch fühlen, urteilen wir, der Traum sei „ganz verworren". Für unsere Analyse aber hat der Traum, der einem ordnungslosen Haufen unzusammenhängender Bruchstücke gleicht, ebensoviel Wert wie der schön geglättete und mit einer Oberfläche versehene. Wir ersparen uns im ersteren Falle etwa die Mühe, die Überarbeitung des Trauminhaltes wieder zu zerstören.

Man würde aber irre gehen, wenn man in diesen Traumfassaden nichts anderes sehen wollte, als solche eigentlich mißverständliche und ziemlich willkürliche Bearbeitungen des Trauminhaltes durch die bewußte Instanz unseres Seelenlebens. Zur Herstellung der Traumfassade werden nicht selten Wunschphantasien verwendet, die sich in den Traumgedanken vorgebildet finden, und die von derselben Art sind wie die uns aus dem wachen Leben bekannten, mit Recht so genannten „Tagträume". Die Wunschphantasien, welche die Analyse in den nächtlichen Träumen aufdeckt, erweisen sich oft als Wiederholungen und Umarbeitungen infantiler Szenen; die Traumfassade zeigt uns so in manchen Träumen unmittelbar den durch Vermengung mit anderem Material entstellten eigentlichen Kern des Traumes.

Andere als die vier erwähnten Tätigkeiten sind bei der Traumarbeit nicht zu entdecken. Halten wir an der Begriffsbestimmung fest, daß „Traumarbeit" die Überführung der Traumgedanken in den Trauminhalt bezeichnet, so müssen wir uns sagen, die Traumarbeit sei nicht schöpferisch, sie entwickle keine ihr eigentümliche Phantasie, sie urteilt nicht, schließt nicht, sie leistet überhaupt nichts anderes als das Material zu verdichten, verschieben und auf Anschaulichkeit umzuarbeiten, wozu noch das inkonstante letzte Stückchen deutender Bearbeitung hinzukommt. Man findet zwar mancherlei im Trauminhalt, was man als das Ergebnis einer anderen und höheren intellektuellen Leistung auffassen möchte, aber die Analyse weist jedesmal überzeugend nach, daß diese intellektuellen Operationen bereits in den Traumgedanken vorgefallen und vom Trauminhalt nur übernommen worden sind. Eine Schlußfolgerung im Traum ist nichts anderes als die Wiederholung eines Schlusses in den Traumgedanken; sie erscheint unanstößig, wenn sie ohne Veränderung in den Traum übergegangen ist; sie wird unsinnig, wenn sie durch die Traumarbeit etwa auf ein anderes Material verschoben wurde. Eine Rechnung im Trauminhalt bedeutet nichts anderes, als daß sich unter den Traumgedanken eine Berechnung findet; während diese jedesmal richtig ist, kann die Traumrechnung durch Verdichtung ihrer Faktoren und durch Verschiebung der nämlichen Operationsweise auf anderes Material das tollste Ergebnis liefern. Nicht einmal die Reden, die sich im Trauminhalt vorfinden, sind neu komponiert; sie erweisen sich als zusammengestückelt aus Reden, die als gehaltene oder als gehörte und gelesene in den Traumgedanken erneuert wurden, deren Wortlaut sie aufs getreueste kopieren, während sie deren Veranlassung ganz beiseite lassen und ihren Sinn aufs gewaltsamste verändern.

Es ist vielleicht nicht überflüssig, die letzten Behauptungen durch Beispiele zu unterstützen.

I) Ein harmlos klingender, gut komponierter Traum einer Patientin:

Sie geht auf den Markt mit ihrer Köchin, die den Korb trägt. Der Fleischhauer sagt ihr, nachdem sie etwas verlangt hat: Das ist nicht mehr zu haben, und will ihr etwas anderes geben mit der Bemerkung: Das ist auch gut. Sie lehnt ab und geht zur Gemüsefrau. Die will ihr ein eigentümliches Gemüse verkaufen, was in Bündeln zusammengebunden ist, aber schwarz von Farbe. Sie sagt: Das kenne ich nicht, das nehme ich nicht.

Die Rede: das ist nicht mehr zu haben — stammt aus der Behandlung. Ich selbst hatte der Patientin einige Tage vorher wörtlich erklärt, daß die ältesten Kindererinnerungen nicht mehr als solche zu haben sind, sondern sich durch Übertragungen und Träume ersetzen. Ich bin also der Fleischhauer.

Die zweite Rede: Das kenne ich nicht — ist in einem ganz anderen Zusammenhange vorgefallen. Tags vorher hatte sie selbst ihrer Köchin, die übrigens auch im Traume erscheint, tadelnd zugerufen: Benehmen Sie sich anständig; das kenne ich nicht, d. h. wohl, ein solches Benehmen anerkenne ich nicht, lasse ich nicht zu. Der harmlosere Teil dieser Rede gelangte durch eine Verschiebung in den Trauminhalt; in den Traumgedanken spielte nur der andere Teil der Rede eine Rolle, denn hier hat die Traumarbeit bis zur vollen Unkenntlichkeit und bis zur äußersten Harmlosigkeit eine Phantasiesituation verändert, in welcher ich mich gegen die Dame in einer gewissen Weise unanständig benehme. Diese in der Phantasie erwartete Situation ist aber selbst nur die Neuauflage einer einmal wirklich erlebten.

II) Ein scheinbar ganz bedeutungsloser Traum, in dem Zahlen vorkommen. *Sie will irgend etwas bezahlen; ihre Tochter nimmt 3 fl. 65 kr. aus der Geldtasche; sie sagt aber: Was tust du? Es kostet ja nur 21 Kreuzer.*

Die Träumerin war eine Fremde, die ihr Kind in einem Wiener Erziehungsinstitute untergebracht hatte, und die meine Behandlung fortsetzen konnte, so lange ihre Tochter in Wien blieb. Am Tage vor dem Traume hatte ihr die Institutsvorsteherin nahegelegt, ihr das Kind noch ein weiteres Jahr zu überlassen. In diesem Falle hätte sie auch die Behandlung um ein Jahr verlängert. Die Zahlen im Traum kommen zur Bedeutung, wenn man sich erinnert, daß Zeit Geld ist. *Time is money.* Ein Jahr ist gleich 365 Tagen, in Kreuzern ausgedrückt 365 Kreuzer oder 3 fl. 65 kr. Die 21 Kreuzer entsprechen den drei Wochen, die damals vom Traumtage bis zum Schulschluß und damit bis zum Ende der Kur ausständig waren. Es waren offenbar Geldrücksichten, welche die Dame bewogen hatten, den Vorschlag der Vorsteherin abzulehnen, und welche für die Kleinheit der Summe im Traum verantwortlich sind.

III. Eine junge, aber schon seit Jahren verheiratete Dame erfährt, daß eine ihr fast gleichalterige Bekannte, Frl. Elise L., sich verlobt hat. Dieser Anlaß erregt nachstehenden Traum:

Sie sitzt mit ihrem Manne im Theater, eine Seite des Parketts ist ganz unbesetzt. Ihr Mann erzählt ihr, Elise L. und ihr Bräutigam hätten auch gehen wollen, hätten aber nur schlechte Sitze bekommen, drei für 1 fl. 50 kr., und die konnten sie ja nicht nehmen. Sie meint, es wäre auch kein Unglück gewesen.

Hier wird uns die Herkunft der Zahlen aus dem Material der Traumgedanken und die Verwandlungen, die sie erfahren haben, interessieren. Woher rühren die *1 fl. 50 kr.?* Aus einem indifferenten Anlaß des Vortages. Ihre Schwägerin hatte von ihrem Manne die Summe von 150 fl. zum Geschenke bekommen und sich beeilt, sie los zu werden, indem sie sich einen Schmuck dafür kaufte. Wir wollen anmerken, daß 150 fl. hundertmal mehr sind als 1 fl. 50 kr. Für die drei, die bei den Theaterbillets steht, findet sich nur die eine Anknüpfung, daß die Braut Elise L. genau drei Monate jünger ist als die Träumerin. Die Situation im Traume ist die Wiedergabe einer kleinen Begebenheit, mit der sie von ihrem Manne oft geneckt worden ist. Sie hatte sich einmal so sehr beeilt, vorzeitig Karten zu einer Theatervorstellung zu nehmen, und als sie dann ins Theater kam, war eine Seite des Parketts fast unbesetzt. Sie hätte es also nicht nötig gehabt, sich so sehr zu beeilen. — Übersehen wir endlich nicht die Absurdität des Traumes, daß zwei Personen drei Karten fürs Theater nehmen sollen!

Nun die Traumgedanken: Ein Unsinn war es doch, so früh zu heiraten; ich hätte es nicht nötig gehabt, mich so zu beeilen. An dem Beispiel der Elise L. sehe ich, daß ich immer noch einen Mann bekommen hätte, und zwar einen hundertmal besseren (Mann, Schatz), wenn ich nur gewartet hätte. Drei solche Männer hätte ich mir für das Geld (die Mitgift) kaufen können!

VIII

Nachdem wir in den vorstehenden Darlegungen die Traumarbeit kennen gelernt haben, werden wir wohl geneigt sein, sie für einen ganz besonderen psychischen Vorgang zu erklären, dessengleichen es nach unserer Kenntnis sonst nicht gibt. Es ist gleichsam auf die Traumarbeit das Befremden übergegangen, welches sonst ihr Produkt, der Traum, bei uns zu erwecken pflegte. In Wirklichkeit ist die Traumarbeit nur der zuerst erkannte unter einer ganzen Reihe von psychischen Prozessen, auf welche die Entstehung der hysterischen Symptome, der Angst-, Zwangs- und Wahnideen zurückzuführen ist. Verdichtung und vor allem Verschiebung sind niemals fehlende Charaktere auch dieser anderen Prozesse. Die Umarbeitung aufs Anschauliche bleibt hingegen der Traumarbeit eigentümlich. Wenn diese Aufklärung den Traum in eine Reihe mit den Bildungen psychischer Erkrankung bringt, so wird es uns um so wichtiger werden, die wesentlichen Bedingungen solcher Vorgänge wie der Traumbildung zu erfahren. Wir werden wahrscheinlich verwundert sein zu hören, daß weder Schlafzustand noch Krankheit zu diesen unentbehrlichen Bedingungen gehören. Eine ganze Anzahl von Phänomenen des Alltagslebens Gesunder, das Vergessen, Versprechen, Vergreifen, und eine gewisse Klasse von Irrtümern danken einem analogen psychischen Mechanismus wie der Traum und die anderen Glieder der Reihe ihre Entstehung.

Der Kern des Problems liegt in der Verschiebung, der weitaus auffälligsten unter den Einzelleistungen der Traumarbeit. Die wesentliche Bedingung der Verschiebung lernt man bei eingehender Vertiefung in den Gegenstand als eine rein psychologische kennen; sie ist von der Art einer Motivierung. Man gerät auf ihre Spur, wenn man Erfahrungen würdigt, denen man bei der Analyse von Träumen nicht entgehen kann. Ich habe bei der Analyse des Traumbeispiels auf Seite 198 in der Mitteilung der Traumgedanken abbrechen müssen, weil sich unter ihnen, wie ich eingestand, solche fanden, die ich gerne vor Fremden geheim halte und ohne schwere Verletzung wichtiger Rücksichten nicht mitteilen kann. Ich fügte hinzu, es brächte gar keinen Nutzen, wenn ich anstatt dieses Traumes einen anderen zur Mitteilung seiner Analyse auswählte; bei jedem Traum, dessen Inhalt dunkel oder verworren ist, würde ich auf Traumgedanken stoßen, die Geheimhaltung erfordern. Wenn ich aber für mich selbst die Analyse fortsetze, ohne Rücksicht auf die anderen, für die ja ein so persönliches Erlebnis wie mein Traum gar nicht bestimmt sein kann, so lange ich endlich bei Gedanken an, die mich überraschen, die ich in mir nicht gekannt habe, die mir aber nicht nur fremdartig, sondern auch unangenehm sind, und die ich darum energisch bestreiten möchte, während die durch die Analyse laufende Gedankenverkettung sie mir unerbittlich aufdrängt. Ich kann diesem ganz allgemeinen Sachverhalt gar nicht anders Rechnung tragen, als durch die Annahme, diese Gedanken seien wirklich in meinem Seelenleben vorhanden und im Besitz einer gewissen psychischen Intensität oder Energie gewesen, hätten sich aber in einer eigentümlichen psychologischen Situation befunden, der zufolge sie mir nicht bewußt werden konnten. Ich heiße diesen besonderen Zustand den der Verdrängung. Ich kann dann nicht umhin, zwischen der Dunkelheit des Trauminhaltes und dem Verdrängungszustand, der Bewußtseinsunfähigkeit, einiger der Traumgedanken eine kausale Beziehung gelten zu lassen und zu schließen, daß der Traum dunkel sein müsse, damit er die verpönten Traumgedanken nicht verrate. Ich komme so zum Begriffe der Traumentstellung, welche das Werk der Traumarbeit ist, und der Verstellung, der Absicht zu verbergen, dient.

Ich will an dem zur Analyse ausgesuchten Traumbeispiel die Probe machen und mich fragen, welches denn der Gedanke ist, der sich in diesem Traum entstellt zur Geltung bringt, während er unentstellt meinen schärfsten Widerspruch herausfordern würde. Ich erinnere mich, daß die kostenlose Wagenfahrt mich an die letzten kostspieligen Wagenfahrten mit einer Person meiner Familie gemahnt hat, daß sich als die Deutung des Traumes ergab: Ich möchte einmal Liebe kennen lernen, die mich nichts kostet, und daß ich kurze Zeit vor dem Traum eine größere Geldausgabe für eben diese Person zu leisten hatte. In diesem Zusammenhang kann ich mich des Gedankens nicht erwehren, daß es mir um diese Ausgabe leid tut. Erst wenn ich diese Regung anerkenne, bekommt es einen Sinn, daß ich mir im Traum Liebe wünsche, die mir keine Ausgabe nötig macht. Und doch kann ich mir ehrlich sagen, daß ich bei der Entschließung, jene Summe aufzuwenden, nicht einen Augenblick geschwankt habe. Das Bedauern darüber, die Gegenströmung, ist mir nicht bewußt worden. Aus welchen Gründen nicht, dies ist allerdings eine andere, weitab führende Frage, deren mir bekannte Beantwortung in einen anderen Zusammenhang gehört.

Wenn ich nicht einen eigenen Traum, sondern den einer fremden Person der Analyse unterziehe, so ist das Ergebnis das nämliche; die Motive zur Überzeugung werden aber geändert. Ist es der Traum eines Gesunden, so bleibt mir kein anderes Mittel, ihn zur Anerkennung der gefundenen verdrängten Ideen zu nötigen, als der Zusammenhang der Traumgedanken, und er mag sich immerhin gegen diese Anerkennung sträuben. Handelt es sich aber um einen neurotisch Leidenden, etwa um einen Hysteriker, so wird die Annahme des verdrängten Gedankens für ihn zwingend durch den Zusammenhang dieses letzteren mit seinen Krankheitssymptomen und durch die Besserung, die er bei dem Eintausch von Symptomen gegen verdrängte Ideen erfährt. Bei der Patientin z. B., von welcher der letzte Traum mit den drei Karten für 1 fl. 50 kr. herrührt, muß die Analyse annehmen, daß sie ihren Mann geringschätzt, daß sie bedauert, ihn geheiratet zu haben, daß sie ihn gerne gegen einen anderen vertauschen möchte. Sie behauptet freilich, daß sie ihren Mann liebt, daß ihr Empfindungsleben von dieser Geringschätzung (einen hundertmal besseren!) nichts weiß, aber all ihre Symptome führen zu derselben Auflösung wie dieser Traum, und nachdem die von ihr verdrängten Erinnerungen an eine gewisse Zeit wieder geweckt worden sind, in welcher sie ihren Mann auch bewußt nicht geliebt hat, sind diese Symptome gelöst, und ihr Widerstand gegen die Deutung des Traumes ist geschwunden.

IX

Nachdem wir uns den Begriff der Verdrängung fixiert und die Traumentstellung in Beziehung zu verdrängtem psychischen Material gesetzt haben, können wir das Hauptergebnis, welches die Analyse der Träume liefert, ganz allgemein aussprechen. Von den verständlichen und sinnvollen Träumen haben wir erfahren, daß sie unverhüllte Wunscherfüllungen sind, d. h. daß die Traumsituation in ihnen einen dem Bewußtsein bekannten, vom Tagesleben erübrigten, des Interesses wohl würdigen Wunsch als erfüllt darstellt. Über die dunkeln und verworrenen Träume lehrt nun die Analyse etwas ganz Analoges: die Traumsituation stellt wiederum einen Wunsch als erfüllt dar, der sich regelmäßig aus den Traumgedanken erhebt, aber die Darstellung ist eine unkenntliche, erst durch Zurückführung in der Analyse aufzuklärende, und der Wunsch ist entweder selbst ein verdrängter, dem Bewußtsein fremder, oder er hängt doch innigst mit verdrängten Gedanken zusammen, wird von solchen getragen. Die Formel für diese Träume lautet also: *Sie sind verhüllte Erfüllungen von verdrängten Wünschen.* Es ist dabei interessant zu bemerken, daß die Volksmeinung recht behält, welche den Traum durchaus die Zukunft verkünden läßt. In Wahrheit ist die Zukunft, die uns der Traum zeigt, nicht die, die eintreffen wird, sondern von der wir möchten, daß sie so einträfe. Die Volksseele verfährt hier, wie sie es auch sonst gewohnt ist: sie glaubt, was sie wünscht.

Nach ihrem Verhalten gegen die Wunscherfüllung teilen sich die Träume in drei Klassen. Erstens solche, die einen unverdrängten Wunsch unverhüllt darstellen; dies sind die Träume von infantilem Typus, die beim Erwachsenen immer seltener werden. Zweitens die Träume, die einen verdrängten Wunsch verhüllt zum Ausdruck bringen; wohl die übergroße Mehrzahl aller unserer Träume, die zum Verständnis dann der Analyse bedürfen. Drittens die Träume, die zwar einen verdrängten Wunsch darstellen, aber ohne oder in ungenügender Verhüllung. Diese letzten Träume sind regelmäßig von Angst begleitet, welche den Traum unterbricht. Die Angst ist hier der Ersatz für die Traumentstellung; sie ist mir in den Träumen der zweiten Klasse durch die Traumarbeit erspart worden. Es läßt sich ohne allzugroße Schwierigkeit nachweisen, daß derjenige Vorstellungsinhalt, der uns jetzt im Traume Angst bereitet, einstmals ein Wunsch war und seither der Verdrängung unterlegen ist.

Es gibt auch klare Träume von peinlichem Inhalt, der aber im Traum nicht peinlich empfunden wird. Man kann diese darum nicht zu den Angstträumen rechnen; sie haben aber immer dazu gedient, die Bedeutungslosigkeit und den psychischen Unwert der Träume zu erweisen. Eine Analyse eines solchen Beispieles wird zeigen, daß es sich hier um gut verhüllte Erfüllungen verdrängter Wünsche, also um Träume der zweiten Klasse, handelt und wird gleichzeitig die ausgezeichnete Eignung der Verschiebungsarbeit zur Verhüllung des Wunsches dartun.

Ein Mädchen träumt, daß sie das jetzt einzige Kind ihrer Schwester tot vor sich sieht in der nämlichen Umgebung, in der sie vor einigen Jahren das erste Kind als Leiche sah. Sie empfindet dabei keinen Schmerz, sträubt sich aber natürlich gegen die Auffassung, diese Situation entspreche einem Wunsche von ihr. Dies wird auch nicht erfordert; aber an der Bahre jenes Kindes hat sie vor Jahren den von ihr geliebten Mann zuletzt gesehen und gesprochen; stürbe das zweite Kind, so würde sie diesen Mann gewiß wieder im Hause der Schwester treffen. Sie sehnt sich nun nach dieser Begegnung, sträubt sich aber gegen dieses ihr Gefühl. Sie hat am Traumtage selbst eine Eintrittskarte zu einem Vortrage genommen, den der immer noch Geliebte angekündigt hat. Ihr Traum ist ein einfacher Ungeduldstraum, wie er sich gewöhnlich vor Reisen, Theaterbesuchen und ähnlichen erwarteten Genüssen einstellt. Um ihr aber diese Sehnsucht zu verbergen, ist die Situation auf die für eine freudige Empfindung unpassendste Gelegenheit verschoben worden, die sich doch einmal in der Wirklichkeit bewährt hat. Man beachte noch, daß das Affektverhalten im Traume nicht dem vorgeschobenen, sondern dem wirklichen, aber zurückgehaltenen Trauminhalt angepaßt ist. Die Traumsituation greift dem lange ersehnten Wiedersehen vor; sie bietet keine Anknüpfung für eine schmerzliche Empfindung.

Die Philosophen haben bisher keinen Anlaß gehabt, sich mit einer Psychologie der Verdrängung zu beschäftigen. Es ist also gestattet, daß wir uns in erster Annäherung an den noch unbekannten Sachverhalt eine anschauliche Vorstellung vom Hergang der Traumbildung schaffen. Das Schema, zu welchem wir nicht allein vom Studium des Traumes her gelangen, ist zwar bereits ziemlich kompliziert; wir können aber mit einem einfacheren unser Ausreichen nicht finden. Wir nehmen an, daß es in unserem seelischen Apparat zwei gedankenbildende Instanzen gibt, deren zweite das Vorrecht besitzt, daß ihre Erzeugnisse den Zugang zum Bewußtsein offen finden, während die Tätigkeit der ersten Instanz an sich unbewußt ist und nur über die zweite zum Bewußtsein gelangen kann. An der Grenze der beiden Instanzen, am Übergang von der ersten zur zweiten, befinde sich eine Zensur, welche nur durchläßt, was ihr angenehm ist, anderes aber zurückhält. Dann befindet sich das von der Zensur Abgewiesene, nach unserer Definition, im Zustande der Verdrängung. Unter gewissen Bedingungen, deren eine der Schlafzustand ist, ändere sich das Kräfteverhältnis zwischen beiden Instanzen in solcher Weise, daß das Verdrängte nicht mehr ganz zurückgehalten werden kann. Im Schlafzustand geschehe dies etwa durch den Nachlaß der Zensur; dann wird es dem bisher Verdrängten gelingen, sich den Weg zum Bewußtsein zu bahnen. Da die Zensur aber niemals aufgehoben, sondern bloß herabgesetzt ist, so wird es sich dabei Veränderungen gefallen lassen müssen, welche seine Anstößigkeiten mildern. Was in solchem Falle bewußt wird, ist ein Kompromiß zwischen dem von der einen Instanz Beabsichtigten und dem von der anderen Geforderten. Verdrängung — Nachlaß der Zensur — Kompromißbildung, dies ist aber das Grundschema für die Entstehung sehr vieler anderer psychopathischer Bildungen in gleicher Weise wie für den Traum, und bei der Kompromißbildung werden hier wie dort die Vorgänge der Verdichtung und Verschiebung und die Inanspruchnahme oberflächlicher Assoziationen beobachtet, welche wir bei der Traumarbeit kennen gelernt haben.

Wir haben keinen Grund, uns das Element von Dämonismus zu verhehlen, welches bei der Aufstellung unserer Erklärung der Traumarbeit mitgespielt hat. Wir haben den Eindruck empfangen, daß die Bildung der dunklen Träume so vor sich geht, als ob eine Person, die von einer zweiten abhängig ist, etwas zu äußern hätte, was dieser letzteren anzuhören unangenehm sein muß, und von diesem Gleichnis her haben wir den Begriff der Traumentstellung und den der Zensur erfaßt und uns bemüht, unseren Eindruck in eine gewiß rohe, aber wenigstens anschauliche psychologische Theorie zu übersetzen. Mit was immer bei weiterer Klärung des Gegenstandes sich unsere erste und zweite Instanz wird identifizieren lassen, wir werden erwarten, daß sich ein Korrelat unserer Annahme bestätige, daß die zweite Instanz den Zugang zum Bewußtsein beherrscht und die erste vom Bewußtsein absperren kann.

Wenn der Schlafzustand überwunden ist, stellt sich die Zensur rasch zur vollen Höhe wieder her und kann jetzt wieder vernichten, was ihr während der Zeit ihrer Schwäche abgerungen worden ist. Daß das Vergessen des Traumes wenigstens zum Teil diese Erklärung fordert, geht aus einer ungezählte Male bestätigten Erfahrung hervor. Während der Erzählung eines Traumes oder während der Analyse desselben geschieht es nicht selten, daß plötzlich ein vergessen geglaubtes Bruchstück des Trauminhaltes wieder auftaucht. Dies dem Vergessen entrissene Stück enthält regelmäßig den besten und nächsten Zugang zur Bedeutung des Traumes. Es sollte wahrscheinlich nur darum dem Vergessen, d. i. der neuerlichen Unterdrückung, verfallen.

Wenn wir den Trauminhalt als Darstellung eines erfüllten Wunsches auffassen und seine Dunkelheit auf die Abänderungen der Zensur an verdrängtem Material zurückführen, fällt es uns auch nicht mehr schwer, die Funktion des Traumes zu erschließen. In seltsamem Gegensatz zu Redewendungen, welche den Schlaf durch Träume stören lassen, müssen wir den Traum als den Hüter des Schlafes anerkennen. Für den Kindertraum dürfte unsere Behauptung leicht Glauben finden.

Der Schlafzustand oder die psychische Schlafveränderung, worin immer sie bestehen mag, wird herbeigeführt durch den dem Kind aufgenötigten oder auf Grund von Müdigkeitssensationen gefaßten Entschluß zu schlafen, und einzig ermöglicht durch die Abhaltung von Reizen, welche dem psychischen Apparat andere Ziele setzen könnten als das des Schlafens. Die Mittel, welche dazu dienen, äußere Reize ferne zu halten, sind bekannt; aber welche Mittel stehen uns zur Verfügung, um die inneren seelischen Reize niederzuhalten, die sich dem Einschlafen widersetzen? Man beobachte eine Mutter, die ihr Kind einschläfert. Es äußert unausgesetzt Bedürfnisse, es will noch einen Kuß, es möchte noch spielen. Diese Bedürfnisse werden zum Teil befriedigt, zum anderen mit Autorität auf den nächsten Tag verschoben. Es ist klar, daß Wünsche und Bedürfnisse, die sich regen, die Hemmnisse des Einschlafens sind. Wer kennt nicht die heitere Geschichte von dem schlimmen Buben (Balduin Grollers), der, bei Nacht erwachend, durch den Schlafraum brüllt: Das Nashorn will er? Ein braveres Kind würde, anstatt zu brüllen, träumen, daß es mit dem Nashorn spiele. Da der Traum, welcher den Wunsch erfüllt zeigt, während des Schlafens Glauben findet, hebt er den Wunsch auf und ermöglicht den Schlaf. Es ist nicht abzuweisen, daß dieser Glaube dem Traumbilde zufällt, weil dieses sich in die psychische Erscheinung der Wahrnehmung kleidet, während dem Kinde die später zu erwerbende Fähigkeit noch fehlt, Halluzination oder Phantasie von Realität zu unterscheiden.

Der Erwachsene hat diese Unterscheidung gelernt, er hat auch die Nutzlosigkeit des Wünschens begriffen und durch fortgesetzte Übung erreicht, seine Strebungen aufzuschieben, bis sie auf langen Umwegen über die Veränderung der Außenwelt ihre Erledigung finden können. Dem entsprechend sind auch die Wunscherfüllungen auf kurzem psychischen Weg bei ihm im Schlafe selten; ja, es ist selbst möglich, daß sie überhaupt nicht vorkommen, und daß alles, was uns nach der Art eines Kindertraumes gebildet zu sein scheint, eine viel kompliziertere Auflösung erfordert. Dafür aber hat sich beim Erwachsenen — und wohl bei jedem Vollsinnigen ohne Ausnahme — eine Differenzierung des psychischen Materiales herausgebildet, die dem Kinde fehlte. Es ist eine psychische Instanz zustande gekommen, welche, durch die Lebenserfahrung belehrt, einen beherrschenden und hemmenden Einfluß auf die seelischen Regungen mit eifersüchtiger Strenge festhält, und die durch ihre Stellung zum Bewußtsein und zur willkürlichen Motilität mit den größten Mitteln psychischer Macht ausgestattet ist. Ein Keil der kindlichen Regungen aber ist als lebensunnütz von dieser Instanz unterdrückt worden, und alles Gedankenmaterial, was von diesen abstammt, befindet sich im Zustande der Verdrängung.

Während sich nun die Instanz, in welcher wir unser normales Ich erkennen, auf den Wunsch zu schlafen, einstellt, scheint sie durch die psychophysiologischen Bedingungen des Schlafes genötigt, an der Energie nachzulassen, mit welcher sie bei Tag das Verdrängte niederzuhalten pflegte. Dieser Nachlaß selbst ist zwar harmlos; die Erregungen der unterdrückten Kinderseele mögen sich immerhin tummeln; infolge des nämlichen Schlafzustandes finden sie doch den Zugang zum Bewußtsein erschwert und den zur Motilität versperrt. Die Gefahr, daß der Schlaf durch sie gestört werde, muß aber abgewehrt werden. Nun müssen wir ja ohnehin die Annahme zulassen, daß selbst im tiefen Schlaf ein Betrag von freier Aufmerksamkeit als Wächter gegen Sinnesreize aufgeboten wird, welche etwa das Erwachen rätlicher erscheinen lassen als die Fortsetzung des Schlafes. Es wäre sonst nicht zu erklären, daß wir jederzeit durch Sinnesreize von gewisser Qualität aufzuwecken sind, wie bereits der alte Physiologe Burdach betonte, die Mutter z. B. durch das Wimmern ihres Kindes, der Müller durch das Stehenbleiben seiner Mühle, die meisten Menschen durch den leisen Anruf bei ihrem Namen. Diese Wache haltende Aufmerksamkeit wendet sich nun auch den inneren Wunschreizen aus dem Verdrängten zu und bildet mit ihnen den Traum, der als Kompromiß gleichzeitig beide Instanzen befriedigt. Der Traum schafft eine Art von psychischer Erledigung für den unterdrückten oder mit Hilfe des Verdrängten geformten Wunsch, indem er ihn als erfüllt hinstellt; er genügt aber auch der anderen Instanz, indem er die Fortsetzung des Schlafes gestattet. Unser Ich benimmt sich dabei gerne wie ein Kind, es schenkt den Traumbildern Glauben, als ob es sagen wollte: Ja, ja, du hast recht, aber laß mich schlafen. Die Geringschätzung, die wir, erwacht, dem Traume entgegenbringen, und die sich auf die Verworrenheit und scheinbare Unlogik des Traumes beruft, ist wahrscheinlich nichts anderes als das Urteil unseres schlafenden Ichs über die Regungen aus dem Verdrängten, das sich mit besserem Rechte auf die motorische Ohnmacht dieser Schlafstörer stützt. Dies geringschätzige Urteil wird uns mitunter selbst im Schlafe bewußt; wenn der Trauminhalt allzusehr über die Zensur hinausgeht, denken wir: Es ist ja nur ein Traum — und schlafen weiter.

Es ist kein Einwand gegen diese Auffassung, wenn es auch für den Traum Grenzfälle gibt, in denen er seine Funktion, den Schlaf vor Unterbrechung zu bewahren, nicht mehr festhalten kann — wie beim Angsttraum — und sie gegen die andere, ihn rechtzeitig aufzuheben, vertauscht. Er verfährt dabei auch nur wie der gewissenhafte Nachtwächter, der zunächst seine Pflicht tut, indem er Störungen zur Ruhe bringt, um die Bürgerschaft nicht zu wecken, dann aber seine Pflicht damit fortsetzt, die Bürgerschaft selbst zu wecken, wenn ihm die Ursachen der Störung bedenklich scheinen und er mit ihnen allein nicht fertig wird.

Besonders deutlich wird eine solche Funktion des Traumes, wenn an den Schlafenden ein Anreiz zu Sinnesempfindungen herantritt. Daß Sinnesreize, während des Schlafzustandes angebracht, den Inhalt der Träume beeinflussen, ist allgemein bekannt, läßt sich experimentell nachweisen und gehört zu den wenigen sicheren, aber arg überschätzten, Ergebnissen der ärztlichen Forschung über den Traum. Es hat sich aber an diese Ermittlung ein bisher unlösbares Rätsel geknüpft. Der Sinnesreiz, den der Experimentator auf den Schlafenden einwirken läßt, erscheint im Traume nämlich nicht richtig erkannt, sondern unterliegt irgend einer von unbestimmt vielen Deutungen, deren Determinierung der psychischen Willkür überlassen schien. Psychische Willkür gibt es natürlich nicht. Der Schlafende kann gegen einen Sinnenreiz von außen auf mehrfache Weise reagieren. Entweder er erwacht oder es gelingt ihm, den Schlaf trotzdem fortzusetzen. Im letzteren Falle kann er sich des Traumes bedienen, um den äußeren Reiz fortzuschaffen, und zwar wiederum auf mehr als eine Weise. Er kann z. B. den Reiz aufheben, indem er eine Situation träumt, die mit ihm ganz und gar unverträglich ist. So benahm sich z. B. ein Schläfer, den ein schmerzhafter Abszeß am Perineum stören wollte. Er träumte, daß er auf einem Pferd reite, benutzte dabei den Breiumschlag, der ihm den Schmerz lindern sollte, als Sattel und kam so über die Störung hinweg. Oder aber, was der häufigere Fall ist, der äußere Reiz erfährt eine Umdeutung, die ihn in den Zusammenhang eines eben auf seine Erfüllung lauernden verdrängten Wunsches einfügt, ihn so seiner Realität beraubt und wie ein Stück des psychischen Materials behandelt. So träumt jemand, er habe ein Lustspiel geschrieben, das eine bestimmte Grundidee verkörpert, es werde im Theater aufgeführt, der erste Akt sei vorüber und finde rasenden Beifall. Es wird fürchterlich geklatscht . Es muß hier dem Träumer gelungen sein, seinen Schlaf über die Störung hinaus zu verlängern, denn als er erwachte, hörte er das Geräusch nicht mehr, urteilte aber mit gutem Recht, es müßte ein Teppich oder Betten geklopft worden sein. — Die Träume, die sich unmittelbar vor dem Wecken durch ein lautes Geräusch einstellen, haben alle noch den Versuch gemacht, den erwarteten Weckreiz durch eine andere Erklärung abzuleugnen und den Schlaf noch um ein Weilchen zu verlängern.

Wer an dem Gesichtspunkte der Zensur als dem Hauptmotiv der Traumentstellung festhält, der wird nicht befremdet sein, aus den Ergebnissen der Traumdeutung zu erfahren, daß die meisten Träume der Erwachsenen durch die Analyse auf erotische Wünsche zurückgeführt werden. Diese Behauptung zielt nicht auf die Träume von unverhüllt sexuellem Inhalt, die wohl allen Träumern aus eigenem Erleben bekannt sind und gewöhnlich allein als „sexuelle Träume“ beschrieben werden. Solche Träume bieten noch immer des Befremdenden genug durch die Auswahl der Personen, die sie zu Sexualobjekten machen, durch die Wegräumung aller Schranken, an denen der Träumer im wachen Leben seine geschlechtlichen Bedürfnisse haltmachen läßt, durch viele sonderbare an das sogenannt Perverse mahnende Einzelheiten. Die Analyse zeigt aber, daß sehr viele andere Träume, die in ihrem manifesten Inhalt nichts Erotisches erkennen lassen, durch die Deutungsarbeit als sexuelle Wunscherfüllungen entlarvt werden, und daß anderseits sehr viele von der Denkarbeit des Wachens als „Tagesreste“ erübrigte Gedanken zu ihrer Darstellung im Traum nur durch die Zuhilfenahme verdrängter erotischer Wünsche gelangen.

Zur Aufklärung dieses theoretisch nicht postulierten Sachverhaltes sei darauf hingewiesen, daß keine andere Gruppe von Trieben eine so weitgehende Unterdrückung durch die Anforderung der Erziehung zur Kultur erfahren hat wie gerade die sexuellen, daß aber auch die sexuellen Triebe sich bei den meisten Menschen der Beherrschung durch die höchsten Seeleninstanzen am ehesten zu entziehen verstehen. Seitdem wir die in ihren Äußerungen oft so unscheinbare, regelmäßig übersehene und mißverstandene infantile Sexualität kennen gelernt haben, sind wir berechtigt zu sagen, daß fast jeder Kulturmensch die infantile Gestaltung des Sexuallebens in irgend einem Punkte festgehalten hat, und begreifen so, daß die verdrängten infantilen Sexualwünsche die häufigsten und stärksten Triebkräfte für die Bildung der Träume ergeben.[1]

Wenn es dem Traume, welcher erotische Wünsche zum Ausdrucke bringt, gelingen kann, in seinem manifesten Inhalt harmlos asexuell zu erscheinen, so kann dies nur auf eine Weise möglich werden. Das Material von sexuellen Vorstellungen darf nicht als solches dargestellt werden, sondern muß im Trauminhalt durch Andeutungen, Anspielungen und ähnliche Arten der indirekten Darstellung ersetzt werden, aber zum Unterschied von anderen Fällen indirekter Darstellung muß die im Traum verwendete der unmittelbaren Verständlichkeit entzogen sein. Man hat sich gewöhnt, die Darstellungsmittel, welche diesen Bedingungen entsprechen, als Symbole des durch sie Dargestellten zu bezeichnen. Ein besonderes Interesse hat sich ihnen zugewendet, seitdem man bemerkt hat, daß die Träumer derselben Sprache sich der nämlichen Symbole bedienen, ja, daß in einzelnen Fällen die Symbolgemeinschaft über die Sprachgemeinschaft hinausreicht. Da die Träumer die Bedeutung der von ihnen verwendeten Symbole selbst nicht kennen, bleibt es zunächst rätselhaft, woher deren Beziehung zu dem durch sie Ersetzten und Bezeichneten rührt. Die Tatsache selbst ist aber unzweifelhaft und wird für die Technik der Traumdeutung bedeutsam, denn mit Hilfe einer Kenntnis der Traumsymbolik ist es möglich,

1) Vergl. hiezu des Verfassers „Drei Abhandlungen zur Sexualtheorie" 1905, fünfte Auflage 1922. (Ges. Schriften, Bd. V.)

den Sinn einzelner Elemente des Trauminhaltes, oder einzelner Stücke des Traumes, oder mitunter selbst ganzer Träume, zu verstehen, ohne den Träumer nach seinen Einfällen befragen zu müssen. Wir nähern uns so dem populären Ideal einer Traumübersetzung und greifen anderseits auf die Deutungstechnik der alten Völker zurück, denen Traumdeutung mit Deutung durch Symbolik identisch war.

Wiewohl die Studien über die Traumsymbole von einem Abschluß noch weit entfernt sind, können wir doch eine Reihe von allgemeinen Behauptungen und von speziellen Angaben über dieselben mit Sicherheit vertreten. Es gibt Symbole, die fast allgemein eindeutig zu übersetzen sind, so bedeuten Kaiser und Kaiserin (König und Königin) die Eltern, Zimmer stellen Frauen(zimmer) dar, die Ein- und Ausgänge derselben die Körperöffnungen. Die größte Zahl der Traumsymbole dient zur Darstellung von Personen, Körperteilen und Verrichtungen, die mit erotischem Interesse betont sind, insbesondere können die Genitalien durch eine Anzahl von oft sehr überraschenden Symbolen dargestellt werden und finden sich die mannigfaltigsten Gegenstände zur symbolischen Bezeichnung der Genitalien verwendet. Wenn scharfe Waffen, lange und starre Objekte wie Baumstämme und Stöcke, das männliche Genitale; Schränke, Schachteln, Wagen, Öfen den Frauenleib im Traume vertreten, so ist uns das Tertium comparationis, das Gemeinsame dieser Ersetzungen, ohne weiteres verständlich, aber nicht bei allen Symbolen wird uns das Erfassen der verbindenden Beziehungen so leicht gemacht. Symbole wie das der Stiege und des Steigens für den Sexualverkehr, der Krawatte für das männliche Glied, des Holzes für den Frauenleib fordern unseren Unglauben heraus, so lange wir nicht die Einsicht in die Symbolbeziehung auf anderen Wegen gewonnen haben. Eine ganze Anzahl der Traumsymbole ist übrigens bisexuell, kann je nach dem Zusammenhange auf das männliche oder auf das weibliche Genitale bezogen werden.

Es gibt Symbole von universeller Verbreitung, die man bei allen Träumern eines Sprach- und Bildungskreises antrifft, und andere von höchst eingeschränktem, individuellem Vorkommen, die sich ein Einzelner aus seinem Vorstellungsmaterial gebildet hat. Unter den ersteren unterscheidet man solche, deren Anspruch auf Vertretung des Sexuellen durch den Sprachgebrauch ohne weiteres gerechtfertigt wird (wie z. B. die aus dem Ackerbau stammenden, vgl. Fortpflanzung, Samen), von anderen, deren Beziehung zum Sexuellen in die ältesten Zeiten und dunkelsten Tiefen unserer Begriffsbildung hinabzureichen scheint. Die symbolbildende Kraft ist für beide oben gesonderten Arten von Symbolen in der Gegenwart nicht erloschen. Man kann beobachten, daß neu erfundene Gegenstände (wie das Luftschiff) sofort zu universell gebräuchlichen Sexualsymbolen erhoben werden.

Es wäre übrigens irrtümlich zu erwarten, eine noch gründlichere Kenntnis der Traumsymbolik (der „Sprache des Traumes") könnte uns von der Befragung des Träumers nach seinen Einfällen zum Traume unabhängig machen und uns gänzlich zur Technik der antiken Traumdeutung zurückführen. Abgesehen von den individuellen Symbolen und den Schwankungen im Gebrauch der universellen, weiß man nie, ob ein Element des Trauminhaltes symbolisch oder im eigentlichen Sinne zu deuten ist, und weiß man mit Sicherheit, daß nicht aller Inhalt des Traumes symbolisch zu deuten ist. Die Kenntnis der Traumsymbolik wird uns immer nur die Übersetzung einzelner Bestandteile des Trauminhaltes vermitteln und wird die Anwendung der früher gegebenen technischen Regeln nicht überflüssig machen. Sie wird aber als das wertvollste Hilfsmittel zur Deutung gerade dort eintreten, wo die Einfälle des Träumers versagen oder ungenügend werden.

Die Traumsymbolik erweist sich als unentbehrlich auch für das Verständnis der sogenannten „typischen" Träume der

Menschen und der „wiederkehrenden" Träume des Einzelnen. Wenn die Würdigung der symbolischen Ausdrucksweise des Traumes in dieser kurzen Darstellung so unvollständig aufgefallen ist, so rechtfertigt sich diese Vernachlässigung durch den Hinweis auf eine Einsicht, die zu dem Wichtigsten gehört, was wir über diesen Gegenstand aussagen können. Die Traumsymbolik führt weit über den Traum hinaus; sie gehört nicht dem Traume zu eigen an, sondern beherrscht in gleicher Weise die Darstellung in den Märchen, Mythen und Sagen, in den Witzen und im Folklore. Sie gestattet uns, die innigen Beziehungen des Traumes zu diesen Produktionen zu verfolgen; wir müssen uns aber sagen, daß sie nicht von der Traumarbeit hergestellt wird, sondern eine Eigentümlichkeit — wahrscheinlich unseres unbewußten Denkens ist, welches der Traumarbeit das Material zur Verdichtung, Verschiebung und Dramatisierung liefert.[1]

1) Weiteres über die Traumsymbolik findet man außer in den alten Schriften zur Traumdeutung (Artemidorus von Daldis, Scherner, Das Leben des Traumes 1861) in der „Traumdeutung" des Verfassers, in den mythologischen Arbeiten der psychoanalytischen Schule und auch in den Arbeiten von W. Stekel („Die Sprache des Traumes" 1911).

Ich erhebe weder den Anspruch, hier auf alle Traumprobleme Licht geworfen, noch die hier erörterten überzeugend erledigt zu haben. Wer sich für den ganzen Umfang der Traumliteratur interessiert, der sei auf das Buch von Sante de Sanctis: I sogni, Torino 1899, verwiesen; wer die eingehendere Begründung der von mir vorgetragenen Auffassung des Traumes sucht, der wende sich an meine Schrift: Die Traumdeutung, Leipzig und Wien 1900.[1] Ich werde nur noch darauf hinweisen, in welcher Richtung die Fortsetzung meiner Darlegungen über die Traumarbeit zu verfolgen ist.

Wenn ich als die Aufgabe einer Traumdeutung die Ersetzung des Traumes durch die latenten Traumgedanken, also die Auflösung dessen, was die Traumarbeit gesponnen hat, hinstelle, so werfe ich einerseits eine Reihe von neuen psychologischen Problemen auf, die sich auf den Mechanismus dieser Traumarbeit selbst wie auf die Natur und die Bedingungen der sogenannten Verdrängung beziehen; anderseits behaupte ich die Existenz der Traumgedanken, als eines sehr reichhaltigen Materiales psychischer Bildungen von höchster Ordnung und mit allen Kennzeichen normaler intellektueller Leistung versehen, welches Material sich doch dem Bewußtsein entzieht, bis es ihm durch den Trauminhalt entstellte Kunde gegeben hat. Solche Gedanken bin ich

1) 1922 in siebenter Auflage erschienen. (Ges. Schriften, Bd. II und III.)

genötigt, bei jedermann als vorhanden anzunehmen, da ja fast alle Menschen, auch die normalsten, des Träumens fähig sind. An das Unbewußte der Traumgedanken, an dessen Verhältnis zum Bewußtsein und zur Verdrängung knüpfen die weiteren, für die Psychologie bedeutsamen Fragen an, deren Erledigung wohl aufzuschieben ist, bis die Analyse die Entstehung anderer psychopathischer Bildungen, wie der hysterischen Symptome und der Zwangsideen, klargelegt hat.

BEITRÄGE ZUR TRAUMLEHRE

MÄRCHENSTOFFE IN TRÄUMEN

Erschien zuerst in der „Internationalen Zeitschrift für Psychoanalyse", Bd. I (1913), dann in der Vierten Folge der „Sammlung kleiner Schriften zur Neurosenlehre". (Englische Übersetzung in „Collected Papers", Vol. IV.)

Es ist keine Überraschung, auch aus der Psychoanalyse zu erfahren, welche Bedeutung unsere Volksmärchen für das Seelenleben unserer Kinder gewonnen haben. Bei einigen Menschen hat sich die Erinnerung an ihre Lieblingsmärchen an die Stelle eigener Kindheitserinnerungen gesetzt; sie haben die Märchen zu Deckerinnerungen erhoben.

Elemente und Situationen, die aus diesen Märchen kommen, finden sich nun auch häufig in Träumen. Zur Deutung der betreffenden Stellen fällt den Analysierten das für sie bedeutungsvolle Märchen ein. Von diesem sehr gewöhnlichen Vorkommnis will ich hier zwei Beispiele anführen. Die Beziehungen der Märchen zur Kindheitsgeschichte und zur Neurose der Träumer werden aber nur angedeutet werden können, auf die Gefahr hin, die dem Analytiker wertvollsten Zusammenhänge zu zerreißen.

I

Traum einer jungen Frau, die vor wenigen Tagen den Besuch ihres Mannes empfangen hat: *Sie ist in einem ganz braunen Zimmer. Durch eine kleine Tür kommt man auf eine steile Stiege, und über diese kommt ein sonderbares Männlein ins Zimmer, klein, mit weißen Haaren, Glatze und roter Nase, das im Zimmer vor ihr herumtanzt, sich sehr komisch gebärdet und dann wieder zur Stiege herabgeht. Es ist in ein graues Gewand gekleidet, welches alle Formen erkennen läßt.* (Korrektur: *Es trägt einen langen schwarzen Rock und eine graue Hose.*)

Analyse: Die Personsbeschreibung des Männleins paßt ohne weitere Veränderung[1] auf ihren Schwiegervater. Dann fällt ihr aber sofort das Märchen von Rumpelstilzchen ein, der so komisch wie der Mann im Traume herumtanzt und dabei der Königin seinen Namen verrät. Dadurch hat er aber seinen Anspruch auf das erste Kind der Königin verloren und reißt sich in der Wut selbst mitten entzwei.

Am Traumtag war sie selbst so wütend auf ihren Mann und äußerte: Ich könnte ihn mitten entzweireißen.

Das braune Zimmer macht zunächst Schwierigkeiten. Es fällt ihr nur das Speisezimmer ihrer Eltern ein, das so — holzbraun — getäfelt ist, und dann erzählt sie Geschichten von Betten, in denen man zu zweien so unbequem schläft. Vor einigen Tagen hat sie, als von Betten in anderen Ländern die Rede war, etwas sehr Ungeschicktes gesagt, — in harmloser Absicht, meint sie, — worüber ihre Gesellschaft fürchterlich lachen mußte.

Der Traum ist nun bereits verständlich. Das holzbraune Zimmer[2] ist zunächst das Bett, durch die Beziehung auf das Speisezimmer ein Ehebett.[3] Sie befindet sich also im Ehebett. Der Besucher sollte ihr junger Mann sein, der nach mehrmonatiger Abwesenheit zu ihr gekommen war, um seine Rolle im Ehebett zu spielen. Es ist aber zunächst der Vater des Mannes, der Schwiegervater.

Hinter dieser ersten Deutung blickt man auf eine tiefer liegende rein sexuellen Inhalts. Das Zimmer ist jetzt die Vagina. (Das

1) Bis auf das Detail kurzgeschnittener Haare, während der Schwiegervater das Haar lang trägt.

2) Holz wie bekannt häufig weibliches, mütterliches Symbol (*materia*, Madeira usw.).

3) Tisch und Bett repräsentieren ja die Ehe.

Zimmer ist in ihr, im Traume umgekehrt.) Der kleine Mann, der seine Grimassen macht und sich so komisch benimmt, ist der Penis; die enge Tür und die steile Treppe bestätigen die Auffassung der Situation als einer Koitusdarstellung. Wir sind sonst gewöhnt, daß das Kind den Penis symbolisiert, werden aber verstehen, daß es einen guten Sinn hat, wenn hier der Vater zur Vertretung des Penis herangezogen wird.

Die Auflösung des noch zurückgehaltenen Restes vom Traume wird uns in der Deutung ganz sicher machen. Das durchscheinende graue Gewand erklärt sie selbst als Kondom. Wir dürfen erfahren, daß Interessen der Kinderverhütung, Besorgnisse, ob nicht dieser Besuch des Mannes den Keim zu einem zweiten Kind gelegt, zu den Anregern dieses Traumes gehören.

Der schwarze Rock: Ein solcher steht ihrem Manne ausgezeichnet. Sie will ihn beeinflussen, daß er ihn immer trage anstatt seiner gewöhnlichen Kleidung. Im schwarzen Rock ist ihr Mann also so, wie sie ihn gern sieht. Schwarzer Rock und graue Hose: das heißt aus zwei verschiedenen, einander überdeckenden Schichten: So gekleidet will ich dich haben. So gefällst du mir.

Rumpelstilzchen verknüpft sich mit den aktuellen Gedanken des Traumes — den Tagesresten — durch eine schöne Gegensatzbeziehung. Er kommt im Märchen, um der Königin das erste Kind zu nehmen; der kleine Mann im Traum kommt als Vater, weil er wahrscheinlich ein zweites Kind gebracht hat. Aber Rumpelstilzchen vermittelt auch den Zugang zur tieferen, infantilen Schicht der Traumgedanken. Der possierliche kleine Kerl, dessen Namen man nicht einmal weiß, dessen Geheimnis man kennen möchte, der so außerordentliche Kunststücke kann (im Märchen Stroh in Gold verwandeln) — die Wut, die man gegen ihn hat, eigentlich gegen seinen Besitzer, den man um diesen Besitz beneidet, der Penisneid der Mädchen, — das sind Elemente, deren Beziehung zu den Grundlagen der Neurose, wie gesagt, hier nur gestreift werden soll. Zum Kastrationsthema gehören wohl auch die geschnittenen Haare des Männchens im Traume.

Wenn man in durchsichtigen Beispielen darauf achten wird, was der Träumer mit dem Märchen macht, und an welche Stelle er es setzt, so wird man dadurch vielleicht auch Winke für die noch ausstehende Deutung dieser Märchen selbst gewinnen.

II

Ein junger Mann, der einen Anhalt für seine Kindheitserinnerungen in dem Umstande findet, daß seine Eltern ihr bisheriges Landgut gegen ein anderes vertauschten, als er noch nicht fünf Jahre war, erzählt als seinen frühesten Traum, der noch auf dem ersten Gut vorgefallen, folgendes:

„*Ich habe geträumt, daß es Nacht ist und ich in meinem Bett liege (mein Bett stand mit dem Fußende gegen das Fenster, vor dem Fenster befand sich eine Reihe alter Nußbäume; ich weiß, es war Winter, als ich träumte, und Nachtzeit). Plötzlich geht das Fenster von selbst auf, und ich sehe mit großem Schrecken, daß auf dem großen Nußbaum vor dem Fenster ein paar weiße Wölfe sitzen. Es waren sechs oder sieben Stück. Die Wölfe waren ganz weiß und sahen eher aus wie Füchse oder Schäferhunde, denn sie hatten große Schwänze wie Füchse und ihre Ohren waren aufgestellt wie bei den Hunden, wenn sie auf etwas passen. Unter großer Angst, offenbar von den Wölfen aufgefressen zu werden, schrie ich auf* und erwachte. Meine Kinderfrau eilte zu meinem Bett, um nachzusehen, was mit mir geschehen war. Es dauerte eine ganze Weile, bis ich überzeugt war, es sei nur ein Traum gewesen, so natürlich und deutlich war mir das Bild vorgekommen, wie das Fenster aufgeht und die Wölfe auf dem Baume sitzen. Endlich beruhigte ich mich, fühlte mich wie von einer Gefahr befreit und schlief wieder ein."

„Die einzige Aktion im Traume war das Aufgehen des Fensters, denn die Wölfe saßen ganz ruhig ohne jede Bewegung auf den

Ästen des Baumes, rechts und links vom Stamm und schauten mich an. Es sah so aus, als ob sie ihre ganze Aufmerksamkeit auf mich gerichtet hätten. — Ich glaube, dies war mein erster Angsttraum. Ich war damals drei, vier, höchstens fünf Jahre alt. Bis in mein elftes oder zwölftes Jahr hatte ich von da an immer Angst, etwas Schreckliches im Traum zu sehen."

Er gibt dann noch eine Zeichnung des Baumes mit den Wölfen, die seine Beschreibung bestätigt. Die Analyse des Traumes fördert nachstehendes Material zutage.

Er hat diesen Traum immer in Beziehung zu der Erinnerung gebracht, daß er in diesen Jahren der Kindheit eine ganz ungeheuerliche Angst vor dem Bilde eines Wolfes in einem Märchenbuche zeigte. Die ältere, ihm recht überlegene Schwester pflegte ihn zu necken, indem sie ihm unter irgend einem Vorwand gerade dieses Bild vorhielt, worauf er entsetzt zu schreien begann. Auf diesem Bilde stand der Wolf aufrecht, mit einem Fuß ausschreitend, die Tatzen ausgestreckt und die Ohren aufgestellt. Er meint, dieses Bild habe als Illustration zum Märchen von Rotkäppchen gehört.

Warum sind die Wölfe weiß? Das läßt ihn an die Schafe denken, von denen große Herden in der Nähe des Gutes gehalten wurden. Der Vater nahm ihn gelegentlich mit, diese Herden zu besuchen, und er war dann jedesmal sehr stolz und selig. Später — nach eingezogenen Erkundigungen kann es leicht kurz vor der Zeit dieses Traumes gewesen sein, — brach unter diesen Schafen eine Seuche aus. Der Vater ließ einen Pasteurschüler kommen, der die Tiere impfte, aber sie starben nach der Impfung noch zahlreicher als vorhin.

Wie kommen die Wölfe auf den Baum? Dazu fällt ihm eine Geschichte ein, die er den Großvater erzählen gehört. Er kann sich nicht erinnern, ob vor oder nach dem Traume, aber ihr Inhalt spricht entschieden für das erstere. Die Geschichte lautet: Ein Schneider sitzt in seinem Zimmer bei der Arbeit, da öffnet sich das Fenster und ein Wolf springt herein. Der Schneider schlägt mit der Elle nach ihm — nein, verbessert er sich, packt ihn beim Schwanz und reißt ihm diesen aus, so daß der Wolf erschreckt davonrennt. Eine Weile später geht der Schneider in den Wald und sieht plötzlich ein Rudel Wölfe herankommen, vor denen er sich auf einen Baum flüchtet. Die Wölfe sind zunächst ratlos, aber der verstümmelte, der unter ihnen ist und sich am Schneider rächen will, macht den Vorschlag, daß einer auf den anderen steigen soll, bis der letzte den Schneider erreicht hat. Er selbst — er ist ein kräftiger Alter — will die Basis dieser Pyramide machen. Die Wölfe tun so, aber der Schneider hat den gezüchtigten Besucher erkannt und ruft plötzlich wie damals: Packt den Grauen beim Schwanz. Der schwanzlose Wolf erschrickt bei dieser Erinnerung, läuft davon und die anderen purzeln alle herab.

In dieser Erzählung findet sich der Baum vor, auf dem im Traume die Wölfe sitzen. Sie enthält aber auch eine unzweideutige Anknüpfung an den Kastrationskomplex. Der alte Wolf ist vom Schneider um den Schwanz gebracht worden. Die Fuchsschwänze der Wölfe im Traume sind wohl Kompensationen dieser Schwanzlosigkeit.

Warum sind es sechs oder sieben Wölfe? Diese Frage schien nicht zu beantworten, bis ich den Zweifel aufwarf, ob sich sein Angstbild auf das Rotkäppchenmärchen bezogen haben könne. Dies Märchen gibt nur Anlaß zu zwei Illustrationen, zur Begegnung des Rotkäppchens mit dem Wolf im Walde und zur Szene, wo der Wolf mit der Haube der Großmutter im Bette liegt. Es müsse sich also ein anderes Märchen hinter der Erinnerung an das Bild verbergen. Er fand dann bald, daß es nur die Geschichte vom Wolf und den sieben Geißlein sein könne. Hier findet sich die Siebenzahl, aber auch die sechs, denn der Wolf frißt nur sechs Geißlein auf, das siebente versteckt sich im Uhrkasten. Auch das Weiß kommt in dieser Geschichte vor, denn der

Wolf läßt sich beim Bäcker die Pfote weiß machen, nachdem ihn die Geißlein bei seinem ersten Besuch an der grauen Pfote erkannt haben. Beide Märchen haben übrigens viel Gemeinsames. In beiden findet sich das Auffressen, das Bauchaufschneiden, die Herausbeförderung der gefressenen Personen, deren Ersatz durch schwere Steine, und endlich kommt in beiden der böse Wolf um. Im Märchen von den Geißlein kommt auch noch der Baum vor. Der Wolf legt sich nach der Mahlzeit unter einen Baum und schnarcht.

Ich werde mich mit diesem Traum wegen eines besonderen Umstandes noch an anderer Stelle beschäftigen müssen und ihn dann eingehender deuten und würdigen.[1] Es ist ja ein erster aus der Kindheit erinnerter Angsttraum, dessen Inhalt im Zusammenhang mit anderen Träumen, die bald nachher erfolgten, und mit gewissen Begebenheiten in der Kinderzeit des Träumers ein Interesse von ganz besonderer Art wachruft. Hier beschränken wir uns auf die Beziehung des Traumes zu zwei Märchen, die viel Gemeinsames haben, zum „Rotkäppchen" und zum „Wolf und die sieben Geißlein". Der Eindruck dieser Märchen äußerte sich bei dem kindlichen Träumer in einer richtigen Tierphobie, die sich von anderen ähnlichen Fällen nur dadurch auszeichnete, daß das Angsttier nicht ein der Wahrnehmung leicht zugängliches Objekt war (wie etwa Pferd und Hund), sondern nur aus Erzählung und Bilderbuch gekannt war.

Ich werde ein andermal auseinandersetzen, welche Erklärung diese Tierphobien haben und welche Bedeutung ihnen zukommt. Vorgreifend bemerke ich nur, daß diese Erklärung sehr zu dem Hauptcharakter stimmt, welchen die Neurose des Träumers in späteren Lebenszeiten erkennen ließ. Die Angst vor dem Vater war das stärkste Motiv seiner Erkrankung gewesen, und die ambivalente Einstellung zu jedem Vaterersatz beherrschte sein Leben wie sein Verhalten in der Behandlung.

1) S. „Aus der Geschichte einer infantilen Neurose" in Band VIII d. Ges. Schriften.

Wenn der Wolf bei meinem Patienten nur der erste Vaterersatz war, so fragt es sich, ob die Märchen vom Wolf, der die Geißlein auffrißt, und vom Rotkäppchen etwas anderes als die infantile Angst vor dem Vater zum geheimen Inhalt haben.[1] Der Vater meines Patienten hatte übrigens die Eigentümlichkeit des „zärtlichen Schimpfens“, die so viele Personen im Umgang mit ihren Kindern zeigen, und die scherzhafte Drohung: „Ich fress' dich auf“ mag in den ersten Jahren, als der später strenge Vater mit dem Söhnlein zu spielen und zu kosen pflegte, mehr als einmal geäußert worden sein. Eine meiner Patientinnen erzählte mir, daß ihre beiden Kinder den Großvater nie lieb gewinnen konnten, weil er sie in seinem zärtlichen Spiel zu schrecken pflegte, er werde ihnen den Bauch aufschneiden.

---

1) Vgl. die von O. Rank hervorgehobene Ähnlichkeit dieser beiden Märchen mit dem Mythus von Kronos. (Völkerpsychologische Parallelen zu den infantilen Sexualtheorien; Zentralblatt für Psychoanalyse, II, 1912.)

EIN TRAUM ALS BEWEISMITTEL

Erschien zuerst in der „Internationalen Zeitschrift für Psychoanalyse“, Bd. I (1913), dann in der Vierten Folge der „Sammlung kleiner Schriften zur Neurosenlehre“. (Englische Übersetzung in „Collected Papers“, Vol. II.)

Eine Dame, die an Zweifelsucht und Zwangszeremoniell leidet, stellt an ihre Pflegerinnen die Anforderung, von ihnen keinen Moment aus den Augen gelassen zu werden, weil sie sonst zu grübeln beginnen würde, was sie in dem unbewachten Zeitraum Unerlaubtes getan haben mag. Wie sie nun eines Abends auf dem Diwan ausruht, glaubt sie zu bemerken, daß die diensthabende Pflegerin eingeschlafen ist. Sie fragt: Haben Sie mich gesehen?; die Pflegerin fährt auf und antwortet: Ja, gewiß. Die Kranke hat nun Grund zu einem neuen Zweifel und wiederholt nach einer Weile dieselbe Frage. Die Pflegerin beteuert es von neuem; in diesem Augenblicke bringt eine andere Dienerin das Abendessen.

Dies ereignete sich eines Freitag abends. Am nächsten Morgen erzählt die Pflegerin einen Traum, der die Zweifel der Patientin zerstreut.

Traum: *Man hat ihr ein Kind gegeben, die Mutter ist abgereist, und sie hat das Kind verloren. Sie fragt unterwegs die Leute auf der Straße, ob sie das Kind gesehen haben. Dann kommt sie an ein großes Wasser, geht über einen schmalen Steg.* (Dazu später ein Nachtrag: *Auf diesem Steg ist plötzlich die Person einer anderen Pflegerin wie eine Fata Morgana vor ihr aufgetaucht.) Dann ist sie in einer ihr bekannten Gegend und trifft dort eine Frau, die sie als Mädchen gekannt hat, die damals Verkäuferin in einem Eßwarengeschäft war, später aber geheiratet hat. Sie fragt die vor ihrer Tür stehende Frau: Haben Sie das Kind gesehen? Die Frau interessiert sich aber nicht für diese Frage, sondern erzählt ihr, daß sie jetzt von ihrem Manne geschieden ist, wobei sie hinzufügt, daß es auch in der Ehe nicht immer glücklich geht. Dann wacht sie beruhigt auf und denkt sich, das Kind wird sich schon bei einer Nachbarin finden.*

Analyse: Von diesem Traum nahm die Patientin an, daß er sich auf das von der Pflegerin abgeleugnete Einschlafen beziehe. Was ihr die Pflegerin, ohne ausgefragt zu werden, im Anschluß an den Traum erzählte, setzte sie in den Stand, eine praktisch zureichende, wenn auch an manchen Stellen unvollständige Deutung des Traumes vorzunehmen. Ich selbst habe nur den Bericht der Dame gehört, nicht die Pflegerin gesprochen; ich werde, nachdem die Patientin ihre Deutung vorgetragen hat, hinzufügen, was sich aus unserer allgemeinen Einsichtnahme in die Gesetze der Traumbildung ergänzen läßt.

„Die Pflegerin sagt, bei dem Kind im Traume denke sie an eine Pflege, von welcher sie sich außerordentlich befriedigt gefühlt habe. Es handelte sich um ein an blennorrhoischer Augenentzündung erkranktes Kind, das nicht sehen konnte. Aber die Mutter dieses Kindes reiste nicht ab, sie nahm an der Pflege teil. Dagegen weiß ich, daß mein Mann, der viel auf diese Pflegerin hält, mich ihr beim Abschied zur Behütung übergeben hat, und daß sie ihm damals versprach, auf mich achtzugeben — wie auf ein Kind!"

Wir erraten anderseits aus der Analyse der Patientin, daß sie sich mit ihrer Forderung, nicht aus den Augen gelassen zu werden, selbst in die Kindheit zurückversetzt hat.

„Sie hat das Kind verloren," fährt die Patientin fort, „heißt, sie hat mich nicht gesehen, hat mich aus den Augen verloren.

Das ist ihr Geständnis, daß sie wirklich eine Weile geschlafen und mir dann nicht die Wahrheit gesagt hat."

Das Stückchen des Traumes, in dem die Pflegerin bei den Leuten auf der Straße nach dem Kinde fragt, blieb der Dame dunkel, dagegen weiß sie über die weiteren Elemente des manifesten Traumes gute Auskunft zu geben.

„Bei dem großen Wasser denkt sie an den Rhein, aber sie setzt hinzu, es war doch weit größer als der Rhein. Sie erinnert sich dann, daß ich ihr am Abend vorher die Geschichte von Jonas und dem Walfisch vorgelesen und erzählt habe, daß ich selbst einmal im Ärmelkanal einen Walfisch gesehen. Ich meine, das große Wasser ist das Meer, also eine Anspielung auf die Geschichte von Jonas."

„Ich glaube auch, daß der schmale Steg aus der nämlichen, in Mundart geschriebenen lustigen Geschichte herrührt. In ihr wird erzählt, daß der Religionslehrer den Schulkindern das wunderbare Abenteuer des Jonas vorträgt, worauf ein Knabe den Einwand macht, das könne doch nicht sein, denn der Herr Lehrer habe ein anderes Mal gesagt, der Walfisch habe einen so engen Schlund, daß er nur ganz kleine Tiere schlucken könne. Der Lehrer hilft sich mit der Erklärung, Jonas sei eben ein Jude gewesen, und der drücke sich überall durch. Meine Pflegerin ist sehr religiös, aber zu religiösen Zweifeln geneigt, und ich habe mir darum Vorwürfe gemacht, daß ich durch meine Vorlesung vielleicht ihre Zweifel angeregt habe."

„Auf diesem schmalen Steg sah sie nun die Erscheinung einer anderen ihr bekannten Pflegerin. Sie hat mir deren Geschichte erzählt, diese ist in den Rhein gegangen, weil man sie aus der Pflege, in der sie sich etwas hatte zu Schulden kommen lassen, weggeschickt hatte.[1] Sie fürchtet also auch wegen jenes Ein-

1) Ich habe mir an dieser Stelle eine Verdichtung des Materials zu Schulden kommen lassen, die ich bei einer Revision der Niederschrift vor der referierenden Dame korrigieren konnte. Die als Erscheinung auf dem Steg auftretende Pflegerin

schlafens weggeschickt zu werden. Übrigens hat sie am Tage nach dem Vorfall und der Traumerzählung heftig geweint und mir, auf meine Frage nach ihren Gründen, recht barsch geantwortet: ‚Das wissen Sie so gut wie ich, und jetzt werden Sie kein Vertrauen mehr zu mir haben.'"

Da die Erscheinung der ertränkten Pflegerin ein Nachtrag, und zwar von besonderer Deutlichkeit war, hätten wir der Dame raten müssen, die Traumdeutung an diesem Punkte zu beginnen. Diese erste Hälfte des Traumes war nach dem Berichte der Träumerin auch von heftigster Angst erfüllt, im zweiten Teil bereitet sich die Beruhigung vor, mit welcher sie erwacht.

„Im nächsten Stück des Traumes," setzt die analysierende Dame fort, „finde ich wieder einen sicheren Beweis für meine Auffassung, daß es sich darin um den Vorfall am Freitag abends handelt, denn mit der Frau, die früher Verkäuferin in einem Eßwarengeschäfte war, kann nur das Mädchen gemeint sein, welches damals das Nachtmahl brachte. Ich bemerke, daß die Pflegerin den ganzen Tag über Üblichkeiten geklagt hatte. Die Frage, die sie an die Frau richtet: ‚Haben Sie das Kind gesehen?', ist ja offenbar abgeleitet von meiner Frage: ‚Haben Sie mich gesehen?', wie meine Formel lautet, die ich eben zum zweitenmal stellte, als das Mädchen mit den Schüsseln eintrat."

Auch im Traume wird in zwei Stellen nach dem Kinde gefragt. — Daß die Frau keine Antwort gibt, sich nicht interessiert, möchten wir als eine Herabsetzung der anderen Dienerin

---

hatte sich in der Pflege nichts zu Schulden kommen lassen. Sie wurde weggeschickt, weil die Mutter des Kindes, die zur Abreise genötigt war, erklärte, sie wolle in ihrer Abwesenheit eine ältere — also doch verläßlichere — Warteperson bei dem Kinde haben. Daran reihte sich eine zweite Erzählung von einer anderen Pflegerin, die wirklich wegen einer Nachlässigkeit entlassen worden war, sich darum aber nicht ertränkt hatte. Das für die Deutung des Traumelements nötige Material ist hier, wie sonst nicht selten, auf zwei Quellen verteilt. Mein Gedächtnis vollzog die zur Deutung führende Synthese. — Übrigens findet sich in der Geschichte der ertränkten Pflegerin das Moment des Abreisens der Mutter, welches von der Dame auf die Abreise ihres Mannes bezogen wird. Wie man sieht, eine Überdeterminierung, welche die Eleganz der Deutung beeinträchtigt.

zugunsten der Träumerin deuten, die sich im Traume über die andere erhebt, gerade weil sie gegen Vorwürfe wegen ihrer Unachtsamkeit anzukämpfen hat.

„Die im Traume erscheinende Frau ist nicht wirklich von ihrem Manne geschieden. Die ganze Stelle stammt aus der Lebensgeschichte des anderen Mädchens, welches durch das Machtwort ihrer Eltern von einem Manne fern gehalten — geschieden — wird, der sie heiraten will. Der Satz, daß es in der Ehe auch nicht immer gut abgeht, ist wahrscheinlich ein Trost, der in Gesprächen der beiden zur Verwendung kam. Dieser Trost wird ihr zum Vorbild für einen anderen, mit dem der Traum schließt: Das Kind wird sich schon finden."

„Ich habe aber aus diesem Traume entnommen, daß die Pflegerin an jenem Abend wirklich eingeschlafen war und darum weggeschickt zu werden fürchtet. Ich habe darum den Zweifel an meiner eigenen Wahrnehmung aufgegeben. Übrigens hat sie nach der Erzählung des Traumes hinzugefügt, sie bedauere es sehr, daß sie kein Traumbuch mitgebracht habe. Als ich bemerkte, in solchen Büchern stehe doch nur der schlimmste Aberglaube, entgegnete sie, sie sei gar nicht abergläubisch, aber das müsse sie sagen: alle Unannehmlichkeiten ihres Lebens seien ihr immer an Freitagen passiert. Außerdem behandelt sie mich jetzt schlecht, zeigt sich empfindlich, reizbar und macht mir Szenen."

Ich glaube, wir werden der Dame zugestehen müssen, daß sie den Traum ihrer Pflegerin richtig gedeutet und verwertet hat. Wie so oft bei der Traumdeutung in der Psychoanalyse, kommen für die Übersetzung des Traumes nicht allein die Ergebnisse der Assoziation in Betracht, sondern auch die Begleitumstände der Traumerzählung, das Benehmen des Träumers vor und nach der Traumanalyse sowie alles, was er ungefähr gleichzeitig mit dem Traume — in derselben Stunde der Behandlung — äußert und verrät. Nehmen wir die Reizbarkeit der Pflegerin, ihre Beziehung auf den unglückbringenden Freitag u. a. hinzu, so werden wir das Urteil bestätigen, der Traum enthalte das Geständnis, daß sie damals, als sie es ableugnete, wirklich eingenickt sei und darum fürchte, von ihrem Pflegekind weggeschickt zu werden.[1]

Aber der Traum, welcher für die Dame eine praktische Bedeutung hatte, regt bei uns das theoretische Interesse nach zwei Richtungen an. Der Traum läuft zwar in eine Tröstung aus, aber im wesentlichen bringt er ein für die Beziehung zu ihrer Dame wichtiges Geständnis. Wie kommt der Traum, der doch der Wunscherfüllung dienen soll, dazu, ein Geständnis zu ersetzen, welches der Träumerin nicht einmal vorteilhaft wird? Sollen wir uns wirklich veranlaßt finden, außer den Wunsch- (und Angst-) Träumen auch Geständnisträume zuzugeben sowie Warnungsträume, Reflexionsträume, Anpassungsträume u. dgl.?

Ich bekenne nun, daß ich noch nicht ganz verstehe, warum der Standpunkt, den meine Traumdeutung gegen solche Versuchungen einnimmt, bei so vielen und darunter namhaften Psychoanalytikern Bedenken findet. Die Unterscheidung von Wunsch-, Geständnis-, Warnungs- und Anpassungsträumen u. dgl. scheint mir nicht viel sinnreicher, als die notgedrungen zugelassene Differenzierung ärztlicher Spezialisten in Frauen-, Kinder- und Zahnärzte. Ich nehme mir die Freiheit, die Erörterungen der Traumdeutung über diesen Punkt hier in äußerster Kürze zu wiederholen.[2]

Als Schlafstörer und Traumbildner können die sogenannten „Tagesreste" fungieren, affektbesetzte Denkvorgänge des Traumtages, welche der allgemeinen Schlaferniedrigung einigermaßen widerstanden haben. Diese Tagesreste deckt man auf, indem man den manifesten Traum auf die latenten Traumgedanken zurückführt; sie sind Stücke dieser letzteren, gehören also den — bewußt oder unbewußt gebliebenen — Tätigkeiten des Wachens an, die

1) Die Pflegerin gestand übrigens einige Tage später einer dritten Person ihr Einschlafen an jenem Abend zu und rechtfertigte so die Deutung der Dame.

2) Ges. Schriften, Bd. II, S. 474 ff.

sich in die Zeit des Schlafens fortsetzen mögen. Entsprechend der Mannigfaltigkeit der Denkvorgänge im Bewußten und Vorbewußten haben diese Tagesreste die vielfachsten und verschiedenartigsten Bedeutungen, es können unerledigte Wünsche oder Befürchtungen sein, ebenso Vorsätze, Überlegungen, Warnungen, Anpassungsversuche an bevorstehende Aufgaben usw. Insofern muß ja die in Rede stehende Charakteristik der Träume nach ihrem durch Deutung erkannten Inhalt gerechtfertigt erscheinen. Aber diese Tagesreste sind noch nicht der Traum, vielmehr fehlt ihnen das Wesentliche, was den Traum ausmacht. Sie sind für sich allein nicht imstande, einen Traum zu bilden. Streng genommen sind sie nur psychisches Material für die Traumarbeit, wie die zufällig vorhandenen Sinnes- und Leibreize oder eingeführte experimentelle Bedingungen deren somatisches Material bilden. Ihnen die Hauptrolle bei der Traumbildung zuschreiben, heißt nichts anderes als den voranalytischen Irrtum an neuer Stelle wiederholen, Träume erklärten sich durch den Nachweis eines verdorbenen Magens oder einer gedrückten Hautstelle. So zählebig sind wissenschaftliche Irrtümer und so gern bereit, sich, wenn abgewiesen, unter neuen Masken wieder einzuschleichen.

Soweit wir den Sachverhalt durchschaut haben, müssen wir sagen, der wesentliche Faktor der Traumbildung ist ein unbewußter Wunsch, in der Regel ein infantiler, jetzt verdrängter, welcher sich in jenem somatischen oder psychischen Material (also auch in den Tagesresten) zum Ausdruck bringen kann und ihnen darum eine Kraft leiht, so daß sie auch während der nächtlichen Denkpause zum Bewußtsein durchdringen können. *Dieses* unbewußten Wunsches Erfüllung ist jedesmal der Traum, mag er sonst was immer enthalten, Warnung, Überlegung, Geständnis und was sonst aus dem reichen Inhalt des vorbewußten Wachlebens unerledigt in die Nacht hineinragt. *Dieser* unbewußte Wunsch ist es, welcher der Traumarbeit ihren eigentümlichen Charakter gibt als einer unbewußten Bearbeitung eines vorbewußten Materials. Der Psychoanalytiker kann den Traum nur charakterisieren als Ergebnis der Traumarbeit; die latenten Traumgedanken kann er nicht dem Traume zurechnen, sondern dem vorbewußten Nachdenken, wenngleich er diese Gedanken erst aus der Deutung des Traumes erfahren hat. (Die sekundäre Bearbeitung durch die bewußte Instanz ist hiebei der Traumarbeit zugezählt; es wird an dieser Auffassung nichts geändert, wenn man sie absondert. Man müßte dann sagen: der Traum im psychoanalytischen Sinne umfaßt die eigentliche Traumarbeit und die sekundäre Bearbeitung ihres Ergebnisses.) Der Schluß aus diesen Erwägungen lautet, daß man den Wunscherfüllungscharakter des Traumes nicht in einen Rang mit dessen Charakter als Warnung, Geständnis, Lösungsversuch usw. versetzen darf, ohne den Gesichtspunkt der psychischen Tiefendimension, also den Standpunkt der Psychoanalyse, zu verleugnen.

Kehren wir nun zum Traume der Pflegerin zurück, um an ihm den Tiefencharakter der Wunscherfüllung nachzuweisen. Wir sind darauf vorbereitet, daß seine Deutung durch die Dame keine vollständige ist. Es erübrigen die Partien des Trauminhaltes, denen sie nicht gerecht werden konnte. Sie leidet überdies an einer Zwangsneurose, welche nach meinen Eindrücken das Verständnis der Traumsymbole erheblich erschwert, ähnlich wie die Dementia praecox es erleichtert.

Unsere Kenntnis der Traumsymbolik gestattet uns aber, ungedeutete Stellen dieses Traumes zu verstehen und hinter den bereits gedeuteten einen tieferen Sinn zu erraten. Es muß uns auffallen, daß einiges Material, welches die Pflegerin verwendet, aus dem Komplex des Gebärens, Kinderhabens kommt. Das große Wasser (der Rhein, der Kanal, in dem der Walfisch gesehen wurde) ist wohl das Wasser, aus dem die Kinder kommen. Sie kommt ja auch dahin „auf der Suche nach dem Kinde". Die Jonasmythe hinter der Determinierung dieses Wassers, die Frage, wie Jonas (das Kind) durch die enge Spalte kommt, gehören demselben

Zusammenhang an. Die Pflegerin, die sich aus Kränkung in den Rhein gestürzt hat, ins Wasser gegangen ist, hat ja auch in ihrer Verzweiflung am Leben eine sexualsymbolische Tröstung an der Todesart gefunden. Der enge Steg, auf dem ihr die Erscheinung entgegentritt, ist sehr wahrscheinlich gleichfalls als ein Genitalsymbol zu deuten, wenngleich ich gestehen muß, daß dessen genauere Erkenntnis noch aussteht.

Der Wunsch: ich will ein Kind haben, scheint also der Traumbildner aus dem Unbewußten zu sein, und kein anderer scheint besser geeignet, die Pflegerin über die peinliche Situation der Realität zu trösten. „Man wird mich wegschicken, ich werde mein Pflegekind verlieren. Was liegt daran? Ich werde mir dafür ein eigenes, leibliches verschaffen.“ Vielleicht gehört die ungedeutete Stelle, daß sie alle Leute auf der Straße nach dem Kinde fragt, in diesen Zusammenhang; sie wäre dann zu übersetzen: und müßte ich mich auf der Straße ausbieten, ich werde mir das Kind zu schaffen wissen. Ein bisher verdeckter Trotz der Träumerin wird hier plötzlich laut, und zu diesem paßt erst das Geständnis: „Also gut, ich habe die Augen zugemacht und meine Verläßlichkeit als Pflegerin kompromittiert, ich werde jetzt die Stelle verlieren. Werde ich so dumm sein, ins Wasser zu gehen wie die X? Nein, ich bleibe überhaupt nicht Pflegerin, ich will heiraten, Weib sein, ein leibliches Kind haben, daran lasse ich mich nicht hindern.“ Diese Übersetzung rechtfertigt sich durch die Erwägung, daß „Kinderhaben“ wohl der infantile Ausdruck des Wunsches nach dem Sexualverkehr ist, wie es auch vor dem Bewußtsein zum euphemistischen Ausdruck dieses anstößigen Wunsches gewählt werden kann.

Das für die Träumerin nachteilige Geständnis, zu dem wohl im Wachleben eine gewisse Neigung vorhanden war, ist also im Traume ermöglicht worden, indem ein latenter Charakterzug der Pflegerin sich desselben zur Herstellung einer infantilen Wunscherfüllung bediente. Wir dürfen vermuten, daß dieser Charakter in innigem Zusammenhang — zeitlichem wie inhaltlichem — mit dem Wunsche nach Kind und Sexualgenuß steht.

Eine weitere Erkundigung bei der Dame, der ich das erste Stück dieser Traumdeutung danke, förderte folgende unerwartete Aufschlüsse über die Lebensschicksale der Pflegerin zutage. Sie wollte, ehe sie Pflegerin wurde, einen Mann heiraten, der sich eifrig um sie bemühte, verzichtete aber darauf infolge des Einspruches einer Tante, zu welcher sie in einem merkwürdigen, aus Abhängigkeit und Trotz gemischten Verhältnis steht. Diese Tante, die ihr das Heiraten versagte, ist selbst Oberin eines Krankenpflegerordens; die Träumerin sah in ihr immer ihr Vorbild, sie ist durch Erbrücksichten an sie gebunden, widersetzte sich ihr aber, indem sie nicht in den Orden eintrat, den ihr die Tante bestimmt hatte. Der Trotz, der sich im Traume verraten, gilt also der Tante. Wir haben diesem Charakterzug analerotische Herkunft zugesprochen und nehmen hinzu, daß es Geldinteressen sind, welche sie von der Tante abhängig machen, denken auch daran, daß das Kind die anale Geburtstheorie bevorzugt.

Das Moment dieses Kindertrotzes wird uns vielleicht einen innigeren Zusammenhang zwischen den ersten und der letzten Szene des Traumes annehmen lassen. Die ehemalige Verkäuferin von Eßwaren im Traume ist zunächst die andere Dienerin der Dame, die im Moment der Frage: „Haben Sie mich gesehen?“ mit dem Nachtmahl ins Zimmer trat. Aber es scheint, daß sie überhaupt die Stelle der feindlichen Konkurrentin zu übernehmen bestimmt ist. Sie wird als Pflegeperson herabgesetzt, indem sie sich für das verlorene Kind gar nicht interessiert, sondern von ihren eigenen Angelegenheiten Antwort gibt. Auf sie wird also die Gleichgültigkeit gegen das Pflegekind verschoben, zu der sich die Träumerin gewendet hat. Ihr wird die unglückliche Ehe und Scheidung angedichtet, welche die Träumerin in ihren geheimsten Wünschen selbst fürchten müßte. Wir wissen aber, daß es die Tante ist, welche die Träumerin von ihrem Verlobten geschieden hat. So mag die „Verkäuferin von Eßwaren“ (was einer infantilen symbolischen Bedeutung nicht zu entbehren braucht) zur Repräsentantin der, übrigens nicht viel älteren, Tante-Oberin werden, welche bei unserer Träumerin die hergebrachte Rolle der Mutter-Konkurrentin eingenommen hat. Eine gute Bestätigung dieser Deutung liegt in dem Umstand, daß der im Traume „bekannte“ Ort, an dem sie die in Rede stehende Person vor ihrer Tür findet, der Ort ist, wo eben diese Tante als Oberin lebt.

Infolge der Distanz, welche den Analysierenden vom Objekt der Analyse trennt, muß es ratsam werden, nicht weiter in das Gewebe dieses Traumes einzudringen. Man darf vielleicht sagen, auch soweit er der Deutung zugänglich wurde, zeigte er sich reich an Bestätigungen wie an neuen Problemen.

TRAUM UND TELEPATHIE

Vortrag in der Wiener Psychoanalytischen Vereinigung. Zuerst erschienen in „Imago“, Bd. VIII, 1922. (Englisch in „Collected Papers“, Vol. IV.)

Eine Ankündigung wie die meinige muß in diesen Zeiten, die so voll sind von Interesse für die sogenannt okkulten Phänomene, ganz bestimmte Erwartungen erwecken. Ich beeile mich also, diesen zu widersprechen. Sie werden aus meinem Vortrag nichts über das Rätsel der Telepathie erfahren, nicht einmal Aufschluß darüber erhalten, ob ich an die Existenz einer „Telepathie“ glaube oder nicht. Ich habe mir hier die sehr bescheidene Aufgabe gestellt, das Verhältnis der telepathischen Vorkommnisse, welcher Herkunft immer sie sein mögen, zum Traum, genauer: zu unserer Theorie des Traumes, zu untersuchen. Es ist Ihnen bekannt, daß man die Beziehung zwischen Traum und Telepathie gemeinhin für eine sehr innige hält; ich werde vor Ihnen die Ansicht vertreten, daß die beiden wenig miteinander zu tun haben, und daß, wenn die Existenz telepathischer Träume sichergestellt würde, dies an unserer Auffassung des Traumes nichts zu ändern brauchte.

Das Material, das dieser Mitteilung zugrunde liegt, ist sehr klein. Ich muß vor allem meinem Bedauern Ausdruck geben, daß ich nicht wie damals, als ich die „Traumdeutung“ (1900) schrieb, an eigenen Träumen arbeiten konnte. Aber ich habe nie einen „telepathischen“ Traum gehabt. Nicht etwa, daß es mir an Träumen gefehlt hätte, welche die Mitteilung enthielten, an einem gewissen entfernten Ort spiele sich ein bestimmtes Ereignis ab, wobei es der Auffassung des Träumers überlassen ist, zu entscheiden, ob das Ereignis eben jetzt eintrete oder zu irgendeiner späteren Zeit; auch Ahnungen entfernter Vorgänge mitten im Wachleben habe ich oft verspürt, aber alle diese Anzeigen, Vorhersagen und Ahnungen sind, wie wir uns ausdrücken: nicht eingetroffen; es zeigte sich, daß ihnen keine äußere Realität entsprach, und sie mußten darum als rein subjektive Erwartungen aufgefaßt werden.

Ich habe z. B. einmal während des Krieges geträumt, daß einer meiner an der Front befindlichen Söhne gefallen sei. Der Traum sagte dies nicht direkt, aber doch unverkennbar, er drückte es mit den Mitteln der bekannten, zuerst von W. Stekel angegebenen Todessymbolik aus. (Versäumen wir nicht, hier die oft unbequeme Pflicht literarischer Gewissenhaftigkeit zu erfüllen!) Ich sah den jungen Krieger an einem Landungssteg stehen, an der Grenze von Land und Wasser; er kam mir sehr bleich vor, ich sprach ihn an, er aber antwortete nicht. Dazu kamen andere nicht mißverständliche Anspielungen. Er trug nicht militärische Uniform, sondern ein Skifahrerkostüm, wie er es bei seinem schweren Skiunfall mehrere Jahre vor dem Kriege getragen hatte. Er stand auf einer schemelartigen Erhöhung vor einem Kasten, welche Situation mir die Deutung des „Fallens" mit Hinsicht auf eine eigene Kindheitserinnerung nahe legen mußte, denn ich selbst war als Kind von wenig mehr als zwei Jahren auf einen solchen Schemel gestiegen, um etwas von einem Kasten herunterzuholen, — wahrscheinlich etwas Gutes, — bin dabei umgefallen und habe mir eine Wunde geschlagen, deren Spur ich noch heute zeigen kann. Mein Sohn aber, den jener Traum totsagte, ist heil aus den Gefahren des Krieges zurückgekehrt.

Vor kurzem erst habe ich einen anderen Unheil verkündenden Traum gehabt, ich glaube, es war, unmittelbar ehe ich mich zur Abfassung dieser kleinen Mitteilung entschloß; diesmal war nicht viel Verhüllung aufgewendet worden; ich sah meine beiden in

England lebenden Nichten, sie waren schwarz gekleidet und sagten mir: am Donnerstag haben wir sie begraben. Ich wußte, daß es sich um den Tod ihrer jetzt siebenundachtzigjährigen Mutter, der Frau meines verstorbenen ältesten Bruders, handle.

Es gab natürlich eine Zeit peinlicher Erwartung bei mir; das plötzliche Ableben einer so alten Frau wäre ja nichts Überraschendes und es wäre doch so unerwünscht, wenn mein Traum gerade mit diesem Ereignis zusammenträfe. Aber der nächste Brief aus England zerstreute diese Befürchtung. Für alle diejenigen, welche um die Wunschtheorie des Traumes besorgt sind, will ich die beruhigende Versicherung einschalten, daß es der Analyse nicht schwer geworden ist, auch für diese Todesträume die zu vermutenden unbewußten Motive aufzudecken.

Unterbrechen Sie mich jetzt nicht mit dem Einwand, daß solche Mitteilungen wertlos sind, weil negative Erfahrungen hier so wenig wie auf anderen minder okkulten Gebieten irgend etwas beweisen können. Ich weiß das auch selbst und habe diese Beispiele auch gar nicht in der Absicht angeführt, um einen Beweis zu geben oder eine bestimmte Einstellung bei Ihnen zu erschleichen. Ich wollte nur die Einschränkung meines Materials rechtfertigen.

Bedeutsamer erscheint mir allerdings eine andere Tatsache, daß ich nämlich während meiner ungefähr siebenundzwanzigjährigen Tätigkeit als Analytiker niemals in die Lage gekommen bin, bei einem meiner Patienten einen richtigen telepathischen Traum mitzuerleben. Die Menschen, an denen ich arbeitete, waren doch eine gute Sammlung von schwer neuropathischen und „hochsensitiven" Naturen; viele unter ihnen haben mir die merkwürdigsten Vorkommnisse aus ihrem früheren Leben erzählt, auf die sie ihren Glauben an geheimnisvolle okkulte Einflüsse stützten. Ereignisse, wie Unfälle, Erkrankungen naher Angehöriger, insbesondere Todesfälle eines Elternteiles, haben sich während der Kur oft genug zugetragen und dieselbe unterbrochen, aber nicht ein einziges Mal verschafften mir diese ihrem Wesen nach so geeigneten Zufälle die Gelegenheit, eines telepathischen Traumes habhaft zu werden, obwohl die Kur sich über halbe, ganze Jahre und eine Mehrzahl von Jahren ausdehnte. Um die Erklärung dieser Tatsache, die wiederum eine Einschränkung meines Materials mit sich bringt, möge sich bemühen, wer immer will. Sie werden sehen, daß sie selbst für den Inhalt meiner Mitteilung nicht in Betracht kommt.

Ebensowenig kann mich die Frage in Verlegenheit bringen, warum ich nicht aus der reichen Fülle der in der Literatur niedergelegten telepathischen Träume geschöpft habe. Ich hätte nicht lange zu suchen gehabt, da mir die Veröffentlichungen der englischen wie der amerikanischen Society for Psychical Research als deren Mitglied zu Gebote stehen. In all diesen Mitteilungen wird eine analytische Würdigung der Träume, wie sie uns in erster Linie interessieren muß, niemals versucht.[1] Anderseits werden Sie bald einsehen, daß den Absichten dieser Mitteilung auch durch ein einziges Traumbeispiel Genüge geleistet wird.

Mein Material besteht also einzig und allein aus zwei Berichten, die ich von Korrespondenten aus Deutschland erhalten habe. Die Betreffenden sind mir persönlich nicht bekannt, sie geben aber Namen und Wohnort an; ich habe nicht den mindesten Grund an eine irreführende Absicht der Schreiber zu glauben.

I. Mit dem einen der beiden stand ich schon früher in Briefverkehr; er war so liebenswürdig, mir, wie es auch viele andere Leser tun, Beobachtungen aus dem Alltagsleben und ähnliches mitzuteilen. Diesmal stellt der offenbar gebildete und intelligente Mann mir sein Material ausdrücklich zur Verfügung, wenn ich es „literarisch verwerten“ wollte.

---

1) In zwei Schriften des oben genannten Autors W. Stekel („Der telepathische Traum,“ Berlin, ohne Jahreszahl und „Die Sprache des Traumes“, zweite Auflage 1922) finden sich wenigstens Ansätze zur Anwendung der analytischen Technik auf angeblich telepathische Träume. Der Autor bekennt sich zum Glauben an die Realität der Telepathie.

Sein Brief lautet:

„Nachstehenden Traum halte ich für interessant genug, um ihn Ihnen als Material für Ihre Studien zu liefern.

Vorausschicken muß ich: Meine Tochter, die in Berlin verheiratet ist, erwartet Mitte Dezember d. J. ihre erste Niederkunft. Ich beabsichtige, mit meiner (zweiten) Frau, der Stiefmutter meiner Tochter, um diese Zeit nach Berlin zu fahren. In der Nacht vom 16. auf den 17. November träume ich, und zwar so lebhaft und anschaulich wie sonst nie, daß *meine Frau Zwillinge geboren hat. Ich sehe die beiden prächtig ausschauenden Kinder mit ihren roten Pausbacken deutlich nebeneinander in ihrem Bettchen liegen, das Geschlecht stelle ich nicht fest, das eine mit semmelblondem Haar trägt deutlich meine Züge, gemischt mit Zügen meiner Frau, das andere mit kastanienbraunem Haar trägt deutlich die Züge meiner Frau, gemischt mit Zügen von mir. Ich sage zu meiner Frau, die rotblondes Haar hat, wahrscheinlich wird das kastanienbraune Haar ‚deines' Kindes später auch rot werden. Meine Frau gibt den Kindern die Brust. Sie hatte in einer Waschschüssel Marmelade gekocht (auch Traum) und beide Kinder klettern auf allen vieren in der Schüssel herum und lecken sie aus.*

Dies ist der Traum. Vier- oder fünfmal bin ich dabei halb erwacht, frage mich, ob es wahr ist, daß wir Zwillinge bekommen haben, komme aber doch nicht mit voller Sicherheit zu dem Ergebnis, daß ich nur geträumt habe. Der Traum dauert bis zum Erwachen und auch danach dauert es eine Weile, bis ich mir über die Wahrheit klar geworden bin. Beim Kaffee erzähle ich meiner Frau den Traum, der sie sehr belustigt. Sie meint: Ilse (meine Tochter) wird doch nicht etwa Zwillinge bekommen? Ich erwidere: Das kann ich mir kaum denken, denn weder in meiner noch in Gs. (ihres Mannes) Familie sind Zwillinge heimisch. Am 18. November früh zehn Uhr erhalte ich ein nachmittags vorher aufgegebenes Telegramm meines Schwiegersohnes, in dem er mir die Geburt von Zwillingen, eines Knaben und eines Mädchens, anzeigt. Die Geburt ist also in der Zeit vor sich gegangen, wo ich träumte, daß meine Frau Zwillinge bekommen habe. Die Niederkunft ist vier Wochen früher erfolgt, als wir alle auf Grund der Vermutungen meiner Tochter und ihres Mannes annahmen.

Und nun weiter: In der nächsten Nacht träume ich, *meine verstorbene Frau, die Mutter meiner Tochter, habe achtundvierzig neugeborene Kinder in Pflege genommen. Als das erste Dutzend eingeliefert wird, protestiere ich.* Damit endet der Traum.

Meine verstorbene Frau war sehr kinderlieb. Oft sprach sie davon, daß sie eine ganze Schar um sich haben möchte, je mehr desto lieber, daß sie sich als Kindergärtnerin ganz besonders eignen und wohlfühlen würde. Kinderlärm und Geschrei war ihr Musik. Gelegentlich lud sie auch einmal eine ganze Schar Kinder aus der Straße und traktierte sie auf dem Hof unserer Villa mit Schokolade und Kuchen. Meine Tochter hat nach der Entbindung und besonders nach der Überraschung durch das vorzeitige Eintreten, durch die Zwillinge und die Verschiedenheit des Geschlechtes gewiß gleich an die Mutter gedacht, von der sie wußte, daß sie das Ereignis mit lebhafter Freude und Anteilnahme aufnehmen werde. „Was würde erst Mutti sagen, wenn sie jetzt an meinem Wochenbett stände?" Dieser Gedanke ist ihr zweifellos durch den Kopf gegangen. Und ich träume nun diesen Traum von meiner verstorbenen ersten Frau, von der ich sehr selten träume, nach dem ersten Traum aber auch nicht gesprochen und mit keinem Gedanken an sie gedacht habe.

Halten Sie das Zusammentreffen von Traum und Ereignis in beiden Fällen für Zufall? Meine Tochter, die sehr an mir hängt, hat in ihrer schweren Stunde sicher besonders an mich gedacht, wohl auch, weil ich oft mit ihr über Verhalten in der Schwangerschaft korrespondiert und ihr immer wieder Ratschläge gegeben habe."

Es ist leicht zu erraten, was ich auf diesen Brief antwortete. Es tat mir leid, daß auch bei meinem Korrespondenten das analytische Interesse vom telepathischen so völlig erschlagen worden war; ich lenkte also von seiner direkten Frage ab, bemerkte, daß der Traum auch sonst noch allerlei enthielt, außer seiner Beziehung zur Zwillingsgeburt, und bat, mir jene Auskünfte und Einfälle mitzuteilen, die mir eine Deutung des Traumes ermöglichen könnten.

Daraufhin erhielt ich den nachstehenden zweiten Brief, der meine Wünsche freilich nicht ganz befriedigte:

„Erst heute komme ich dazu, Ihren freundlichen Brief vom 24. d. M. zu beantworten. Ich will Ihnen gern ‚lückenlos und rückhaltlos' alle Assoziationen, auf die ich komme, mitteilen. Leider ist es nicht viel geworden, bei einer mündlichen Aussprache käme mehr heraus.

Also! Meine Frau und ich wünschen uns keine Kinder mehr. Wir verkehren auch so gut wie gar nicht geschlechtlich miteinander, wenigstens lag zur Zeit des Traumes keinerlei ‚Gefahr' vor. Die Niederkunft meiner Tochter, die Mitte Dezember erwartet wurde, war natürlich öfter Gegenstand unserer Unterhaltung. Meine Tochter war im Sommer untersucht und geröntgt worden, dabei stellte der Untersuchende fest, daß es ein Junge werde. Meine Frau äußerte gelegentlich: ‚Ich würde lachen, wenn es nun doch ein Mädchen würde.' Sie meinte auch gelegentlich, es wäre besser, wenn es ein H. als ein G. (Name meines Schwiegersohnes) würde, meine Tochter ist hübscher und stattlicher in der Figur als mein Schwiegersohn, obgleich er Marineoffizier war. Ich beschäftigte mich mit Vererbungsfragen und habe die Gewohnheit, mir kleine Kinder darauf anzusehen, wem sie gleichen. Noch eins! Wir haben ein kleines Hündchen, das abends mit am Tisch sitzt, sein Futter bekommt und Teller und Schüsseln ausleckt. All dieses Material kehrt im Traum wieder.

Ich habe kleine Kinder gern und schon oft gesagt, ich möchte noch einmal so ein Wesen aufziehen, jetzt, wo man es mit sehr viel mehr Verständnis, Interesse und Ruhe vermag, aber mit meiner Frau, die nicht die Fähigkeiten zur vernünftigen Erziehung eines Kindes besitzt, möchte ich keins zusammen haben. Nun beschert mir der Traum zwei — das Geschlecht habe ich nicht festgestellt. Ich sehe sie noch heute im Bett liegen und erkenne scharf die Züge, das eine mehr ‚Ich', das andere mehr meine Frau, jedes aber kleine Züge vom anderen Teil. Meine Frau hat rotblondes Haar, eines der Kinder aber kastanien(rotes)braunes. Ich sage: ‚Na, das wird später auch noch rot werden.' Die beiden Kinder kriechen in einer großen Waschschüssel, in der meine Frau Marmelade gerührt hat, herum und lecken den Boden und die Ränder ab (Traum). Die Herkunft dieses Details ist leicht erklärlich, wie der Traum überhaupt nicht schwer verständlich und deutbar ist, wenn er nicht mit dem wider Erwarten frühen Eintreten der Geburt meiner Enkel (drei Wochen zu früh) zeitlich fast auf die Stunde (genau kann ich nicht sagen, wann der Traum begann, um neun und viertel zehn wurden meine Enkel geboren, um elf etwa ging ich zu Bett und nachts träumte ich) zusammengetroffen wäre und wir nicht schon vorher gewußt hätten, daß es ein Junge werden würde. Freilich kann wohl der Zweifel, ob die Feststellung richtig gewesen sei, — Junge oder Mädchen — im Traume Zwillinge auftreten lassen, es bleibt aber immer noch das zeitliche Zusammentreffen des Traumes von den Zwillingen mit dem unerwarteten und drei Wochen zu frühen Eintreffen von Zwillingen bei meiner Tochter.

Es ist nicht das erstemal, daß Ereignisse in der Ferne sich mir bewußt machen, ehe ich die Nachricht erhalte. Eines unter zahlreichen! Im Oktober besuchten mich meine drei Brüder. Wir haben uns seit dreißig Jahren nicht wieder zusammen (der eine den anderen natürlich öfter) gesehen, nur einmal ganz kurz beim Begräbnis meines Vaters und dem meiner Mutter. Beider Tod war zu erwarten, in keinem Falle habe ich ‚vorgefühlt'. Aber als vor zirka fünfundzwanzig Jahren mein jüngster Bruder im zehnten Lebensjahr plötzlich und unerwartet starb, kam mir, als mir der Briefbote die Postkarte mit der Nachricht von seinem Tode übergab, ohne daß ich einen Blick darauf geworfen hatte, sofort der Gedanke: Da steht darauf, daß dein Bruder gestorben ist. Er war doch allein im Elternhaus, ein kräftiger gesunder Bub, während wir vier älteren Brüder alle vom Elternhaus schon flügge geworden und abwesend waren. Zufällig kam das Gespräch beim Besuch meiner Brüder jetzt auf dieses mein Erlebnis damals, und alle drei Brüder kamen nun wie auf Kommando mit der Erklärung heraus, daß ihnen damals genau dasselbe passiert sei wie mir. Ob auf dieselbe Weise, kann ich nicht mehr sagen, jedenfalls erklärte jeder, den Tod vorher als Gewißheit im Gefühl gehabt zu haben, ehe die bald darauf eintreffende und gar nicht zu erwartende Nachricht ihn angezeigt hatte. Wir sind alle vier von Mutters Seite her sensible Naturen, große, kräftige Menschen dabei, aber keiner etwa spiritistisch oder okkultistisch angehaucht, im Gegenteil, wir lehnen beides entschieden ab. Meine Brüder sind alle drei Akademiker, zwei Gymnasiallehrer, einer Oberlandmesser, eher Pedanten als Phantasten. — Das ist alles, was ich Ihnen zum Traum zu sagen weiß. Wenn Sie ihn etwa literarisch verwerten wollen, stelle ich ihn gern zur Verfügung."

Ich muß befürchten, daß Sie sich ähnlich verhalten werden wie der Schreiber der beiden Briefe. Auch Sie werden sich vor allem dafür interessieren, ob man diesen Traum wirklich als eine telepathische Anzeige der unerwarteten Zwillingsgeburt auffassen darf, und gar nicht dazu geneigt sein, ihn wie einen anderen der Analyse zu unterziehen. Ich sehe voraus, daß es immer so sein wird, wenn Psychoanalyse und Okkultismus zusammenstoßen. Die erstere hat sozusagen alle seelischen Instinkte gegen sich, dem letzteren kommen starke, dunkle Sympathien entgegen. Ich werde aber nicht den Standpunkt einnehmen, ich sei nichts als ein Psychoanalytiker, die Fragen des Okkultismus gehen mich nichts an; das würden Sie doch nur als Problemflüchtigkeit beurteilen. Sondern, ich behaupte, daß es mir ein großes Vergnügen wäre, wenn ich mich und andere durch untadelige Beobachtungen von der Existenz telepathischer Vorgänge überzeugen könnte, daß aber die Mitteilungen zu diesem Traum viel zu unzulänglich sind, um eine solche Entscheidung zu rechtfertigen. Sehen Sie, dieser intelligente und an den Problemen seines Traumes interessierte Mann denkt nicht einmal daran, uns anzugeben, wann er die ein Kind erwartende Tochter zuletzt gesehen oder welche Nachrichten er kürzlich von ihr erhalten; er schreibt im ersten Brief, daß die Geburt um einen Monat verfrüht kam, im zweiten sind es aber nur drei Wochen und in keinem erhalten wir Auskunft darüber, ob die Geburt wirklich vorzeitig erfolgte, oder ob sich die Beteiligten, wie es so häufig vorkommt, verrechnet hatten. Von diesen und anderen Details der Begebenheit würden wir aber abhängen, wenn wir die Wahrscheinlichkeit eines dem Träumer unbewußten Abschätzens und Erratens zu erwägen hätten. Ich sagte mir auch, es würde nichts nützen, wenn ich auf einige solcher Anfragen Antwort bekäme. Im Laufe des angestrebten Beweisverfahrens würden doch immer neue Zweifel auftauchen, die nur beseitigt werden könnten, wenn man den Mann vor sich hätte und alle die dazugehörigen Erinnerungen bei ihm auffrischen würde, die er vielleicht als unwesentlich beiseite geschoben hat. Er hat gewiß recht, wenn er zu Anfang seines zweiten Briefes sagt, bei einer mündlichen Aussprache wäre mehr herausgekommen.

Denken Sie an einen anderen, ähnlichen Fall, an dem das störende okkultistische Interesse gar keinen Anteil hat. Wie oft sind Sie in die Lage gekommen, die Anamnese und den Krankheitsbericht, den Ihnen ein beliebiger Neurotiker in der ersten Besprechung gab, mit dem zu vergleichen, was Sie nach einigen Monaten Psychoanalyse von ihm erfahren haben. Von der begreiflichen Verkürzung abgesehen, wieviel wesentliche Mitteilungen hat er ausgelassen oder unterdrückt, wieviel Beziehungen verschoben, im Grunde: wieviel Unrichtiges und Unwahres hat er Ihnen das erstemal erzählt! Ich glaube, Sie werden mich nicht für überbedenklich erklären, wenn ich unter den uns vorliegenden Verhältnissen es ablehne, darüber zu urteilen, ob der uns mitgeteilte Traum einer telepathischen Tatsache entspricht oder einer besonders feinen unbewußten Leistung des Träumers oder einfach als ein zufälliges Zusammentreffen hingenommen werden muß. Unsere Wißbegierde werden wir auf eine spätere Gelegenheit vertrösten, in der uns eine eingehende, mündliche Ausforschung des Träumers vergönnt sein mag. Sie können aber nicht sagen, daß dieser Ausgang unserer Untersuchung Sie enttäuscht hat, denn ich hatte Sie darauf vorbereitet, Sie würden nichts erfahren, was auf das Problem der Telepathie Licht wirft.

Wenn wir jetzt zur analytischen Behandlung dieses Traumes übergehen, so müssen wir von neuem unser Mißvergnügen bekennen. Das Material von Gedanken, die der Träumer an den manifesten Trauminhalt anknüpft, ist wiederum ungenügend; damit können wir keine Traumanalyse machen. Der Traum verweilt z. B. ausführlich bei der Ähnlichkeit der Kinder mit den Eltern, erörtert deren Haarfarbe und die voraussichtliche Wandlung derselben in späteren Zeiten, und zur Aufklärung dieser breit ausgesponnenen Details haben wir nur die dürftige Auskunft des Träumers, er habe sich immer für Fragen der Ähnlichkeit und Vererbung interessiert; da sind wir doch gewohnt, weitergehende Ansprüche zu stellen! Aber an e i n e r Stelle gestattet der Traum eine analytische Deutung, gerade hier kommt die Analyse, die sonst nichts mit dem Okkultismus zu tun hat, der Telepathie in merkwürdiger Weise zur Hilfe. Dieser einen Stelle wegen nehme ich überhaupt Ihre Aufmerksamkeit für diesen Traum in Anspruch.

Wenn Sie es recht ansehen, so hat ja dieser Traum auf den Namen eines „telepathischen“ gar kein Anrecht. Er teilt dem Träumer nichts mit, was sich — seinem sonstigen Wissen entzogen — gleichzeitig an einem anderen Orte vollzieht, sondern was der Traum erzählt, ist etwas ganz anderes als das Ereignis, von dem ein Telegramm am zweiten Tag nach der Traumnacht berichtet. Traum und Ereignis weichen in einem ganz besonders wichtigen Punkt voneinander ab, nur stimmen sie, von der Gleichzeitigkeit abgesehen, in einem anderen, sehr interessanten Element zusammen. Im Traum hat die Frau des Träumers Zwillinge bekommen. Das Ergebnis besteht aber darin, daß seine entfernt lebende Tochter Zwillinge geboren hat. Der Träumer übersieht diesen Unterschied nicht, er scheint keinen Weg zu kennen, über ihn hinwegzukommen, und da er nach seiner eigenen Angabe keine okkultistische Vorliebe hat, fragt er nur ganz schüchtern an, ob das Zusammentreffen von Traum und Ereignis im Punkte der Zwillingsgeburt mehr als ein Zufall sein kann. Die psychoanalytische Traumdeutung hebt aber diesen Unterschied zwischen Traum und Ereignis auf und gibt beiden den nämlichen Inhalt. Ziehen wir das Assoziationsmaterial zu diesem Traum zu Rate, so zeigt es uns trotz seiner Spärlichkeit, daß hier eine innige Gefühlsbindung zwischen Vater und Tochter besteht, eine Gefühlsbindung, die so gewöhnlich und natürlich ist, daß man aufhören sollte, sich ihrer zu schämen, die im Leben gewiß nur als zärtliches Interesse zum Ausdruck kommt und ihre letzten Konsequenzen erst im Traume zieht. Der Vater weiß, daß die Tochter sehr an ihm hängt, er ist überzeugt, daß sie in ihrer schweren Stunde viel an ihn gedacht hat; ich meine, im Grunde gönnt er sie dem Schwiegersohn nicht, den er im Briefe mit einigen abschätzigen Bemerkungen streift. Beim Anlaß ihrer (erwarteten oder telepathisch vernommenen) Niederkunft wird im Verdrängten der unbewußte Wunsch rege: Sie sollte lieber meine (zweite) Frau sein, und dieser Wunsch ist es, der den Traumgedanken entstellt und den Unterschied zwischen dem manifesten Trauminhalt und dem Ereignis verschuldet. Wir haben das Recht, für die zweite Frau im Traume die Tochter einzusetzen. Besäßen wir mehr

Material zum Traum, so würden wir diese Deutung gewiß versichern und vertiefen können.

Und nun bin ich bei dem, was ich Ihnen zeigen wollte. Wir haben uns der strengsten Unparteilichkeit bemüht und zwei Auffassungen des Traumes als gleich möglich und gleich unbewiesen gelten gelassen. Nach der ersten ist der Traum die Reaktion auf eine telepathische Botschaft: Deine Tochter bringt eben jetzt Zwillinge zur Welt. Nach der zweiten liegt ihm eine unbewußte Gedankenarbeit zugrunde, die sich etwa derart übersetzen ließe: Heute ist ja der Tag, an dem die Entbindung eintreten müßte, wenn sich die jungen Leute in Berlin wirklich um einen Monat verrechnet haben, wie ich eigentlich glaube. Und wenn meine (erste) Frau noch leben würde, die wäre doch mit einem Enkelkind nicht zufrieden! Für sie müßten es mindestens Zwillinge sein. Hat diese zweite Auffassung recht, so entstehen keine neuen Probleme für uns. Es ist eben ein Traum wie ein anderer. Zu den erwähnten (vorbewußten) Traumgedanken ist der (unbewußte) Wunsch hinzugetreten, daß keine andere als die Tochter die zweite Frau des Träumers hätte werden sollen, und so ist der uns mitgeteilte manifeste Traum entstanden.

Wollen Sie aber lieber annehmen, daß die telepathische Botschaft von der Entbindung der Tochter an den Schlafenden herangetreten ist, so erheben sich neue Fragen nach der Beziehung einer solchen Botschaft zum Traum und nach ihrem Einfluß auf die Traumbildung. Die Antwort liegt dann sehr nahe und ist ganz eindeutig zu geben. Die telepathische Botschaft wird behandelt wie ein Stück des Materials zur Traumbildung, wie ein anderer Reiz von außen oder innen, wie ein störendes Geräusch von der Straße, wie eine aufdringliche Sensation von einem Organ des Schlafenden. In unserem Beispiel ist es ersichtlich, wie sie mit Hilfe eines lauernden, verdrängten Wunsches zur Wunscherfüllung umgearbeitet wird, und leider weniger deutlich zu zeigen, daß sie mit anderem gleichzeitig rege gewordenem Material zu einem

Traum verschmilzt. Die telepathische Botschaft — wenn eine solche wirklich anzuerkennen ist — kann also an der Traumbildung nichts ändern, die Telepathie hat mit dem Wesen des Traumes nichts zu tun. Und um den Eindruck zu vermeiden, daß ich hinter einem abstrakten und vornehm klingenden Wort eine Unklarheit verbergen möchte, bin ich bereit zu wiederholen: Das Wesen des Traumes besteht in dem eigentümlichen Prozeß der Traumarbeit, welcher vorbewußte Gedanken (Tagesreste) mit Hilfe einer unbewußten Wunschregung in den manifesten Trauminhalt überführt. Das Problem der Telepathie geht aber den Traum so wenig an wie das Problem der Angst.

Ich hoffe, Sie werden das zugeben, mir aber bald einwenden, es gibt doch auch andere telepathische Träume, in denen kein Unterschied zwischen Ereignis und Traum besteht, und in denen nichts anderes zu finden ist als die unentstellte Wiedergabe des Ereignisses. Ich kenne solche telepathische Träume wieder nicht aus eigener Erfahrung, weiß aber, daß sie häufig berichtet worden sind. Nehmen wir an, wir hätten es mit einem solchen unentstellten und unvermischten telepathischen Traum zu tun, dann erhebt sich eine andere Frage: Soll man ein derartiges telepathisches Erlebnis überhaupt einen „Traum" nennen? Sie werden es ja gewiß tun, solange Sie mit dem populären Sprachgebrauch gehen, für den alles Träumen heißt, was sich während der Schlafzeit in Ihrem Seelenleben ereignet. Sie sagen vielleicht auch: Ich habe mich im Traum herumgewälzt, und finden erst recht keine Inkorrektheit darin, zu sagen: Ich habe im Traum geweint oder mich im Traum geängstigt. Aber Sie merken doch wohl, daß Sie in all diesen Fällen „Traum" und „Schlaf" oder „Schlafzustand" unterscheidungslos miteinander vertauschen. Ich meine, es wäre im Interesse wissenschaftlicher Genauigkeit, wenn wir „Traum" und „Schlafzustand" besser auseinanderhielten. Warum sollten wir ein Seitenstück zu der von Maeder heraufbeschworenen Konfusion schaffen, der für den Traum eine neue Funktion entdeckte, indem er die Traumarbeit durchaus nicht von den latenten Traumgedanken sondern wollte? Wenn wir also einen solchen reinen telepathischen „Traum" antreffen sollten, so wollen wir ihn doch lieber ein telepathisches Erlebnis im Schlafzustand heißen. Ein Traum ohne Verdichtung, Entstellung, Dramatisierung, vor allem ohne Wunscherfüllung, verdient ja doch nicht diesen Namen. Sie werden mich daran mahnen, daß es noch andere seelische Produktionen im Schlaf gibt, denen man dann das Recht auf den Namen „Traum" absprechen müßte. Es kommt vor, daß reale Erlebnisse des Tages im Schlaf einfach wiederholt werden, die Reproduktionen traumatischer Szenen im „Traume" haben uns erst kürzlich zu einer Revision der Traumtheorie herausgefordert; es gibt Träume, die sich durch ganz besondere Eigenschaften von der gewohnten Art unterscheiden, die eigentlich nichts anderes sind als unversehrte und unvermengte nächtliche Phantasien, den bekannten Tagesphantasien sonst durchaus ähnlich. Es wäre gewiß mißlich, diese Bildungen von der Bezeichnung „Träume" auszuschließen. Aber sie alle kommen doch von innen, sind Produkte unseres Seelenlebens, während der reine „telepathische Traum" seinem Begriff nach eine Wahrnehmung von außen wäre, gegen welche sich das Seelenleben rezeptiv und passiv verhielte.

II. Der zweite Fall, von dem ich Ihnen berichten will, liegt eigentlich auf einer anderen Linie. Er bringt uns keinen telepathischen Traum, sondern einen seit Kindheitsjahren rekurrierenden Traum bei einer Person, die viel telepathische Erlebnisse gehabt hat. Ihr Brief, den ich nachstehend wiedergebe, enthält manches Merkwürdige, worüber uns zu urteilen versagt ist. Einiges davon kann für das Verhältnis der Telepathie zum Traum verwertet werden.

1.

„. Mein Arzt, Herr Doktor N., riet mir, Ihnen einen Traum zu erzählen, der mich seit ungefähr dreißig bis zweiunddreißig Jahren verfolgt.

Ich folgte seinem Rate, vielleicht hat der Traum in wissenschaftlicher Beziehung für Sie Interesse. Da nach Ihrer Meinung solche Träume auf ein Erlebnis in sexueller Beziehung während der ersten Kinderjahre zurückzuführen sind, gebe ich Kindheitserinnerungen wieder, es sind Erlebnisse, die heute noch ihren Eindruck auf mich machen und so nachdrücklich gewesen sind, daß sie mir meine Religion bestimmt haben.

Darf ich Sie bitten, mir nach Kenntnisnahme vielleicht mitzuteilen, in welcher Weise Sie sich diesen Traum erklären, und ob es nicht möglich ist, ihn aus meinem Leben verschwinden zu lassen, da er mich wie ein Gespenst verfolgt und durch die Umstände, von denen er begleitet ist, — ich falle stets aus dem Bette und habe mir schon nicht unerhebliche Verletzungen zugezogen — sehr unangenehm und peinlich für mich ist.

2.

Ich bin siebenunddreißig Jahre alt, sehr kräftig und körperlich gesund, habe außer Masern und Scharlach in der Kindheit eine Nierenentzündung durchgemacht. Im fünften Jahre hatte ich eine sehr schwere Augenentzündung, nach der ein Doppeltsehen zurückblieb. Die Bilder stehen schräg zueinander, die Umrisse des Bildes sind verwischt, weil Narben von Geschwüren die Klarheit beeinträchtigen. Nach fachärztlichem Urteil ist am Auge aber nichts mehr zu ändern oder zu bessern. Durch das Zukneifen des linken Auges, um klarer zu sehen, hat sich die linke Gesichtshälfte nach oben verzerrt. Ich vermag durch Übung und Wille die feinsten Handarbeiten zu machen; ebenso habe ich mir als sechsjähriges Kind das schiefe Sehen vor dem Spiegel weggelernt, so daß heute von dem Augenfehler äußerlich nichts zu sehen ist.

In den frühesten Kinderjahren schon bin ich immer einsam gewesen, habe mich von allen Kindern zurückgezogen und habe schon Gesichte gehabt (hellhören und hellsehen), habe das aber von der Wirklichkeit nicht unterscheiden können und bin deshalb oft in Konflikte geraten, die aus mir einen sehr zurückhaltenden, scheuen Menschen gemacht haben. Da ich schon als kleinstes Kind viel mehr gewußt habe, als ich hatte lernen können, verstand ich einfach die Kinder meines Alters nicht mehr. Ich selbst bin die älteste von zwölf Geschwistern.

Von sechs bis zehn Jahren besuchte ich die Gemeindeschule und dann bis sechzehn Jahre die höhere Schule der Ursulinerinnen in B. Mit zehn Jahren habe ich innerhalb vier Wochen, es waren acht Nachhilfestunden, soviel Französisch nachgeholt, als andere Kinder in zwei Jahren lernen.

Ich hatte nur zu repetieren, es war, als ob ich es schon gelernt und nur vergessen hätte. Überhaupt habe ich auch später Französisch nie zu lernen brauchen, im Gegensatz zu Englisch, das mir zwar keine Mühe machte, das mir aber unbekannt war. Ähnlich wie mit Französisch ging es mir mit Latein, das ich eigentlich nie richtig gelernt habe, sondern nur vom Kirchenlatein her kenne, das mir aber vollkommen vertraut ist. Lese ich heute ein französisches Werk, dann denke ich auch sofort in Französisch, während mir das bei Englisch nie passiert, trotzdem ich Englisch besser beherrsche. — Meine Eltern sind Bauersleute, die durch Generationen nie andere Sprachen als Deutsch und Polnisch gesprochen haben.

Gesichte: Zuweilen verschwindet für Augenblicke die Wirklichkeit und ich sehe etwas ganz anderes. In meiner Wohnung sehe ich z. B. sehr oft ein altes Ehepaar und ein Kind, die Wohnung hat dann andere Einrichtung. — Noch in der Heilanstalt kam früh gegen vier Uhr meine Freundin in mein Zimmer, ich war wach, hatte die Lampe brennen und saß am Tische lesend, da ich sehr viel an Schlaflosigkeit leide. Stets bedeutet diese Erscheinung für mich Ärger, auch dieses Mal.

Im Jahre 1914 war mein Bruder im Felde, ich nicht bei den Eltern in B., sondern in Ch. Es war vormittags 10 Uhr, 22. August, da hörte ich „Mutter, Mutter" von der Stimme meines Bruders rufen. Nach zehn Minuten nochmals, habe aber nichts gesehen. Am 24. August kam ich heim, fand Mutter bedrückt und auf Befragen erklärte sie, der Junge hätte sich am 22. August angemeldet. Sie sei vormittags im Garten gewesen, da hätte sie den Jungen ‚Mutter, Mutter' rufen hören. Ich tröstete sie und sagte ihr nichts von mir. Drei Wochen darauf kam eine Karte meines Bruders an, die er am 22. August zwischen 9 und 10 Uhr vormittags geschrieben hatte, kurz darauf starb er.

Am 27. September 1921 meldete sich mir etwas in der Heilanstalt an. Es wurde zwei- bis dreimal an das Bett meiner Zimmerkollegin heftig geklopft. Wir waren beide wach, ich fragte, ob sie geklopft hätte, sie hatte nicht einmal etwas gehört. Nach acht Wochen hörte ich, daß eine meiner Freundinnen in der Nacht vom 26. auf 27. gestorben wäre.

Nun etwas, was Sinnestäuschung sein soll, Ansichtssache! Ich habe eine Freundin, die sich einen Witwer mit fünf Kindern geheiratet hat, den Mann lernte ich erst durch meine Freundin kennen. In deren Wohnung sehe ich fast jedesmal, wenn ich bei ihr bin, eine Dame aus- und eingehen. Die Annahme lag nahe, daß das die erste Frau des Mannes sei. Ich fragte gelegentlich nach einem Bilde, konnte aber nach der Photographie die Erscheinung nicht identifizieren. Nach sieben Jahren sehe ich bei einem der Kinder ein Bild mit den Zügen der Dame. Es war doch die erste Frau. Auf dem Bilde sah sie bedeutend besser aus, sie hatte gerade eine Mastkur durchgemacht und daher das für eine Lungenkranke veränderte Aussehen. — Das sind nur Beispiele von vielen.

Der Traum: *Ich sehe eine Landzunge, von Wasser umgeben. Die Wellen werden von der Brandung herangetrieben und wieder zurückgerissen. Auf der Landzunge steht eine Palme, die etwas zum Wasser gebogen ist. Um den Stamm der Palme schlingt eine Frau ihren Arm und beugt sich ganz tief ins Wasser, wo ein Mann versucht, an Land zu kommen. Zuletzt legt sie sich auf die Erde, hält sich mit der Linken an der Palme fest und reicht, so weit wie möglich, ihre Rechte dem Manne ins Wasser, ohne ihn zu erreichen.* Dabei falle ich aus dem Bette und wache auf. — Ich war ungefähr fünfzehn bis sechzehn Jahre, als ich wahrnahm, daß ich ja selbst diese Frau sei, und nun erlebte ich nicht nur die Angst der Frau um den Mann, sondern stand manchmal auch als unbeteiligte Dritte dabei und sah zu. Auch in Etappen träumte ich dieses Erlebnis. Wie das Interesse am Manne wach wurde (achtzehn bis zwanzig Jahre), versuchte ich das Gesicht des Mannes zu erkennen, es war mir nie möglich. Die Gischt ließ nur Nacken und Hinterkopf frei. Ich bin zweimal verlobt gewesen, aber dem Kopf und Körperbau nach war es keiner dieser beiden Männer. — Als ich in der Heilanstalt einmal im Paraldehydrausche lag, sah ich das Gesicht des Mannes, das ich nunmehr in jedem Traume sehe. Es ist das des mich in der Anstalt behandelnden Arztes, der mir wohl als Arzt sympathisch ist, mit dem mich aber nichts verbindet.

Erinnerungen: $^1/_2$ bis $^3/_4$ Jahr alt. Ich im Kinderwagen, rechts mir zur Seite zwei Pferde, das eine, ein Brauner, sieht mich groß und eindrucksvoll an. Das ist das stärkste Erlebnis, ich hatte das Gefühl, es sei ein Mensch.

Ein Jahr alt. Vater und ich im Stadtpark, wo mir ein Parkwärter ein Vögelchen in die Hand gibt. Seine Augen sehen mich wieder an, ich fühle, das ist ein Wesen wie du.

Hausschlachtungen. Beim Quieken der Schweine habe ich stets um Hilfe geschrien und immer gerufen: Ihr schlagt ja einen Menschen tot (vier Jahre alt). Ich habe Fleisch als Nahrungsmittel stets abgelehnt. Schweinefleisch hat mir stets Erbrechen verursacht. Erst im Kriege habe ich Fleisch essen gelernt, aber nur mit Widerwillen, jetzt entwöhne ich mich dessen wieder.

Fünf Jahre alt. Mutter kam nieder und ich hörte sie schreien. Ich hatte die Empfindung, dort ist ein Tier oder Mensch in höchster Not, ebenso wie ich es bei den Schlachtungen hatte.

In sexueller Beziehung bin ich als Kind ganz indifferent gewesen, mit zehn Jahren gingen Sünden wider die Keuschheit noch nicht in mein Begriffsvermögen. Mit zwölf Jahren wurde ich menstruiert. Mit sechsundzwanzig Jahren, nachdem ich einem Kinde das Leben gegeben hatte, erwachte erst das Weib in mir, bis dahin (ein halbes Jahr) hatte ich beim Koitus stets heftiges Erbrechen. Auch später trat Erbrechen ein, wenn die kleinste Verstimmung mich bedrückte.

Ich habe eine außerordentlich scharfe Beobachtungsgabe und ein ganz ausnahmsweise scharfes Gehör, Geruch ist ebenso ausgebildet. Bekannte Menschen kann ich mit verbundenen Augen unter einem Haufen anderer herausriechen.

Ich führe mein Mehrsehen und Hören nicht auf krankhaftes Wesen, sondern auf feineres Empfinden und schnelleres Kombinationsvermögen zurück, habe aber darüber nur mit meinem Religionslehrer und Herrn Dr. gesprochen, zu letzterem auch nur sehr widerwillig, weil ich mich davor scheute zu hören, daß ich Minuseigenschaften habe, die ich persönlich als Pluseigenschaften ansehe, und weil ich durch Mißverständnis in meiner Jugend sehr scheu geworden bin."

Der Traum, dessen Deutung uns die Schreiberin auferlegt, ist nicht schwer zu verstehen. Es ist ein Traum der Rettung aus dem Wasser, also ein typischer Geburtstraum. Die Sprache der Symbolik kennt, wie Sie wissen, keine Grammatik, sie ist das Extrem einer Infinitivsprache, auch das Aktivum und das Passivum werden durch dasselbe Bild dargestellt. Wenn im Traum eine Frau einen Mann aus dem Wasser zieht (oder ziehen will), so kann das heißen, sie will seine Mutter sein (anerkennt ihn als Sohn wie die Pharaotochter den Moses) oder auch: sie will durch ihn Mutter werden, einen Sohn von ihm haben, welcher als sein Ebenbild ihm gleichgesetzt wird. Der Baumstamm, an den die Frau sich hält, ist leicht als Phallussymbol zu erkennen, auch wenn er nicht gerade steht, sondern gegen den Wasserspiegel geneigt — im Traum heißt es: gebogen — ist. Das Andrängen und Zurückfluten der Brandung legte einmal einer anderen Träumerin, die einen ganz ähnlichen Traum produziert hatte, den Vergleich mit der intermittierenden Wehentätigkeit nahe, und als ich sie, die noch nie geboren hatte, fragte, woher sie diesen Charakter der Geburtsarbeit kenne, sagte sie, man stellt sich die Wehen wie eine Art Kolik vor, was physiologisch ganz untadelig ist. Sie assoziierte dazu: „Des Meeres und der Liebe Wellen." Woher unsere Träumerin die feinere Ausstattung des Symbols in so frühen Jahren genommen haben kann (Landzunge, Palme), weiß ich natürlich nicht zu sagen. Übrigens vergessen wir nicht daran: Wenn Personen behaupten, daß sie seit Jahren von demselben Traum verfolgt werden, so stellt sich oft heraus, daß es manifester Weise nicht ganz derselbe ist. Nur der Kern des Traumes ist jedesmal wiedergekehrt, Einzelheiten des Inhalts sind abgeändert worden oder neu hinzugekommen.

Am Ende dieses offenbar angstvollen Traumes fällt die Träumerin aus dem Bett. Das ist eine neuerliche Darstellung der Niederkunft. Die analytische Erforschung der Höhenphobien, der Angst vor dem Impuls, sich aus dem Fenster zu stürzen, hat Ihnen gewiß allen das nämliche Ergebnis geliefert.

Wer ist nun der Mann, von dem sich die Träumerin ein Kind wünscht oder zu dessen Ebenbild sie Mutter sein möchte? Sie hat sich oft bemüht, sein Gesicht zu sehen, aber der Traum ließ es nicht zu, der Mann sollte inkognito bleiben. Wir wissen aus ungezählten Analysen, was diese Verschleierung bedeutet, und unser Analogieschluß wird durch eine andere Angabe der Träumerin gesichert. In einem Paraldehydrausch erkannte sie einmal das Gesicht des Mannes im Traum als das des Anstaltsarztes, der sie behandelte und der ihrem bewußten Gefühlsleben nichts weiter bedeutete. Das Original hatte sich also nie gezeigt, aber dessen Abdruck in der „Übertragung" gestattet den Schluß, daß es immer früher der Vater hätte sein sollen. Wie recht hatte doch Ferenczi, als er auf die „Träume der Ahnungslosen" als wertvolle Urkunden zur Bestätigung unserer analytischen Vermutungen hinwies! Unsere Träumerin war die älteste von zwölf Kindern; wie oft mußte sie die Qualen der Eifersucht und Enttäuschung durchgemacht haben, wenn nicht sie, sondern die Mutter das ersehnte Kind vom Vater empfing!

Ganz richtig hat unsere Träumerin verstanden, daß ihre ersten Kindheitserinnerungen für die Deutung ihres frühen und seither wiederkehrenden Traumes wertvoll sein würden. In der ersten Szene vor einem Jahr sitzt sie im Kinderwagen, neben ihr zwei Pferde, von denen eines sie groß und eindrucksvoll ansieht. Sie bezeichnet das als ihr stärkstes Erlebnis, sie hatte das Gefühl, es sei ein Mensch. Wir aber können uns in diese Wertung nur einfühlen, wenn wir annehmen, zwei Pferde ständen hier, wie so oft, für ein Ehepaar, für Vater und Mutter. Es ist dann wie ein Aufblitzen des infantilen Totemismus. Könnten wir die Schreiberin sprechen, so würden wir die Frage an sie richten, ob nicht der Vater seiner Farbe nach in dem braunen Pferd, das sie so menschlich ansieht, erkannt werden darf. Die zweite Erinnerung ist mit der ersten durch das gleiche „verständnisvolle Ansehen" assoziativ verknüpft. Aber das In-die-Hand-Nehmen des Vögelchens mahnt den Analytiker, der nun einmal seine Vorurteile hat, an einen Zug des Traumes, der die Hand der Frau in Beziehung zu einem anderen Phallussymbol bringt.

Die nächsten beiden Erinnerungen gehören zusammen, sie bieten der Deutung noch geringere Schwierigkeiten. Das Schreien der Mutter bei ihrer Niederkunft erinnert sie direkt an das Quieken der Schweine bei einer Hausschlachtung und versetzt sie in dieselbe mitleidige Raserei. Wir vermuten aber auch, hier liegt eine heftige Reaktion gegen einen bösen Todeswunsch vor, welcher der Mutter galt.

Mit diesen Andeutungen der Zärtlichkeit für den Vater, der genitalen Berührungen mit ihm und der Todeswünsche gegen die Mutter ist der Umriß des weiblichen Ödipuskomplexes gezogen. Die lang bewahrte sexuelle Unwissenheit und spätere

Frigidität entsprechen diesen Voraussetzungen. Unsere Schreiberin ist virtuell — und zeitweise gewiß auch faktisch — eine hysterische Neurotika geworden. Die Mächte des Lebens haben sie zu ihrem Glück mit sich fortgerissen, ihr weibliches Sexualempfinden, Mutterglück und mannigfache Erwerbsleistung möglich gemacht, aber ein Anteil ihrer Libido haftet noch immer an den Fixierungsstellen ihrer Kindheit, sie träumt noch immer jenen Traum, der sie aus dem Bette wirft und für die inzestuöse Objektwahl mit „nicht unerheblichen Verletzungen" bestraft.

Was die stärksten Einflüsse späteren Erlebens nicht zustande brachten, soll jetzt die briefliche Aufklärung eines fremden Arztes leisten. Wahrscheinlich würde es einer regelrechten Analyse in längerer Zeit gelingen. Wie die Verhältnisse liegen, mußte ich mich damit begnügen, ihr zu schreiben, ich sei überzeugt, daß sie an der Nachwirkung einer starken Gefühlsbindung an den Vater und der entsprechenden Identifizierung mit der Mutter leide, hoffe aber selbst nicht, daß diese Aufklärung ihr nützen werde. Spontanheilungen von Neurosen hinterlassen in der Regel Narben und diese werden von Zeit zu Zeit wieder schmerzhaft. Wir sind sehr stolz auf unsere Kunst, wenn wir eine Heilung durch Psychoanalyse vollbracht haben, können aber einen solchen Ausgang in Bildung einer schmerzhaften Narbe auch nicht immer abwenden.

Die kleine Erinnerungsreihe soll unsere Aufmerksamkeit noch ein wenig festhalten. Ich habe einmal behauptet, daß solche Kindheitsszenen „Deckerinnerungen" sind, die zu einer späteren Zeit herausgesucht, zusammengestellt und dabei nicht selten verfälscht werden. Mitunter läßt sich erraten, welcher Tendenz diese späte Umarbeitung dient. In unserem Falle hört man geradezu das Ich der Schreiberin sich mittels dieser Erinnerungsreihe rühmen oder beschwichtigen: Ich war von klein auf ein besonders edles und mitleidiges Menschenkind. Ich habe frühzeitig erkannt, daß die Tiere ebenso eine Seele haben wie wir, und habe Grausamkeit gegen Tiere nicht vertragen. Die Sünden des Fleisches sind mir fern geblieben und meine Keuschheit habe ich bis in späte Jahre bewahrt. Mit solcher Erklärung widerspricht sie laut den Annahmen, die wir auf Grund unserer analytischen Erfahrung über ihre frühe Kindheit machen müssen, daß sie voll war von vorzeitigen Sexualregungen und heftigen Haßregungen gegen die Mutter und die jüngeren Geschwister. (Das kleine Vögelchen kann, außer der ihm zugewiesenen genitalen Bedeutung, auch die eines Symbols für ein kleines Kind haben, wie alle kleinen Tiere, und die Erinnerung betont so sehr aufdringlich die Gleichberechtigung dieses kleinen Wesens mit ihr selbst.) Die kurze Erinnerungsreihe gibt so ein hübsches Beispiel für eine psychische Bildung mit zweifachem Aspekt. Oberflächlich betrachtet, gibt sie einem abstrakten Gedanken Ausdruck, der hier, wie meistens, sich auf Ethisches bezieht, sie hat nach V. Silberers Bezeichnung anagogischen Inhalt; bei tiefer eindringender Untersuchung erweist sie sich als eine Kette von Tatsachen aus dem Gebiet des verdrängten Trieblebens, sie offenbart ihren psychoanalytischen Gehalt. Wie Sie wissen, hat Silberer, der als einer der ersten die Warnung an uns ergehen ließ, ja nicht an den edleren Anteil der menschlichen Seele zu vergessen, die Behauptung aufgestellt, daß alle oder die meisten Träume eine solche doppelte Deutung, eine reinere, anagogische, über der gemeinen, psychoanalytischen, zulassen. Dies ist nun leider nicht der Fall; im Gegenteil, eine solche Überdeutung gelingt recht selten; es ist auch meines Wissens bisher nicht ein brauchbares Beispiel einer solchen doppeldeutigen Traumanalyse veröffentlicht worden. Aber an den Assoziationsreihen, welche unsere Patienten in der analytischen Kur vorbringen, können Sie solche Beobachtungen relativ häufig machen. Die aufeinander folgenden Einfälle verknüpfen sich einerseits durch eine klar zutage liegende, durchlaufende Assoziation, andererseits werden Sie auf ein tiefer liegendes, geheim gehaltenes Thema aufmerksam, welches gleichzeitig an all diesen Einfällen beteiligt ist. Der Gegensatz zwischen beiden in derselben Einfallsreihe dominierenden Themen ist nicht immer der von hoch-anagogisch und gemein-analytisch, eher der von anstößig und anständig oder indifferent, was Sie dann das Motiv für die Entstehung einer solchen Assoziationskette mit doppelter Determinierung leicht verstehen läßt. In unserem Beispiel ist es natürlich kein Zufall, daß Anagogie und psychoanalytische Deutung in so scharfem Gegensatze stehen; beide beziehen sich auf das nämliche Material und die spätere Tendenz ist gerade die der Reaktionsbildungen, die sich gegen die verleugneten Triebregungen erhoben hatten.

Warum wir aber überhaupt nach einer psychoanalytischen Deutung suchen und uns nicht mit der näher liegenden anagogischen begnügen? Das hängt mit vielerlei zusammen, mit der Existenz der Neurose überhaupt, mit den Erklärungen, die sie notwendig fordert, mit der Tatsache, daß die Tugend die Menschen nicht so froh und lebensstark macht, wie man erwarten sollte, als ob sie noch zuviel von ihrer Herkunft an sich trüge, — auch unsere Träumerin ist für ihre Tugend nicht recht belohnt worden — und mit manchem anderen, was ich gerade vor Ihnen nicht zu erörtern brauche.

Wir haben aber bisher die Telepathie, die andere Determinante unseres Interesses an diesem Fall, ganz beiseite gelassen. Es ist Zeit, zu ihr zurückzukehren. Wir haben es hier in gewissem Sinne leichter als im Falle des Herrn G. Bei einer Person, der so leicht und schon in früher Jugend die Wirklichkeit entschwindet, um einer Phantasiewelt Platz zu machen, wird die Versuchung überstark, ihre telepathischen Erlebnisse und „Gesichte" mit ihrer Neurose zusammenzubringen und aus dieser abzuleiten, wenngleich wir uns auch hier über die zwingende Kraft unserer Aufstellungen nicht täuschen dürfen. Wir setzen nur verständliche Möglichkeiten an die Stelle des Unbekannten und Unverständlichen.

Am 22. August 1914, vormittags zehn Uhr, unterliegt die

Schreiberin der telepathischen Wahrnehmung, daß ihr im Feld befindlicher Bruder „Mutter, Mutter" ausruft. Das Phänomen ist ein rein akustisches, wiederholt sich kurz nachher, sie sieht aber nichts dabei. Zwei Tage später sieht sie ihre Mutter und findet sie schwer bedrückt, da sich der Junge bei ihr mit dem wiederholten Ausruf „Mutter, Mutter" angemeldet. Sie erinnert sich sofort an die nämliche telepathische Botschaft, die ihr zur gleichen Zeit zuteil geworden, und wirklich läßt sich nach Wochen feststellen, daß der junge Krieger an jenem Tage zur bezeichneten Stunde gestorben ist.

Es ist nicht zu beweisen, aber auch nicht abzuweisen, daß der Vorgang vielmehr der folgende war: Die Mutter macht ihr eines Tages die Mitteilung, daß sich der Sohn telepathisch bei ihr angezeigt. Sofort entsteht bei ihr die Überzeugung, sie habe um dieselbe Zeit das gleiche Erlebnis gehabt. Solche Erinnerungstäuschungen treten mit zwanghafter Stärke auf, die sie aus realer Quelle beziehen; sie setzen aber psychische Realität in materielle um. Das Starke an der Erinnerungstäuschung ist, daß sie ein guter Ausdruck für die in der Schwester vorhandene Tendenz zur Identifizierung mit der Mutter werden kann. „Du sorgst dich um den Jungen, aber ich bin ja eigentlich seine Mutter. Also hat sein Ausruf mich gemeint, ich habe jene telepathische Botschaft empfangen." Die Schwester würde natürlich unseren Erklärungsversuch entschieden ablehnen und ihren Glauben an das eigene Erlebnis festhalten. Allein sie kann gar nicht anders; sie muß an die Realität des pathologischen Erfolges glauben, solange ihr die Realität der unbewußten Voraussetzung unbekannt ist. Die Stärke und Unangreifbarkeit eines jeden Wahns führt sich ja auf seine Abstammung von einer unbewußten psychischen Realität zurück. Ich bemerke noch, das Erlebnis der Mutter haben wir hier nicht zu erklären und dessen Tatsächlichkeit nicht zu untersuchen.

Der verstorbene Bruder ist aber nicht nur das imaginäre Kind unserer Schreiberin, sondern er steht auch für einen schon bei der Geburt mit Haß empfangenen Rivalen. Weitaus die zahlreichsten telepathischen Ahnungen beziehen sich auf Tod und Todesmöglichkeit; den analytischen Patienten, die uns von der Häufigkeit und Untrüglichkeit ihrer düsteren Vorahnungen berichten, können wir mit ebensolcher Regelmäßigkeit nachweisen, daß sie besonders starke unbewußte Todeswünsche gegen ihre Nächsten im Unbewußten hegen und darum seit langem unterdrücken. Der Patient, dessen Geschichte ich 1909 in den „Bemerkungen über einen Fall von Zwangsneurose" erzählt, war ein Beispiel hiefür; er hieß bei seinen Angehörigen auch der „Leichenvogel"; aber als der liebenswürdige und geistreiche Mann — der seither selbst im Kriege untergegangen ist — auf den Weg der Besserung kam, verhalf er mir selbst dazu, seine psychologischen Taschenspielereien aufzuhellen. Auch die im Brief unseres ersten Korrespondenten enthaltene Mitteilung, wie er und seine drei Brüder die Nachricht vom Tod ihres jüngsten Bruders als etwas innerlich längst Gewußtes aufgenommen, scheint keiner anderen Aufklärung zu bedürfen. Die älteren Brüder werden alle die gleiche Überzeugung von der Überflüssigkeit dieses jüngsten Ankömmlings bei sich entwickelt haben.

Ein anderes „Gesicht" unserer Träumerin, dessen Verständnis vielleicht durch analytische Einsicht erleichtert wird! Freundinnen haben offenbar eine große Bedeutung für ihr Gefühlsleben. Der Tod einer derselben zeigte sich ihr kürzlich durch nächtliches Klopfen an das Bett einer Zimmerkollegin in der Heilanstalt an. Eine andere Freundin hatte vor vielen Jahren einen Witwer mit vielen (fünf) Kindern geheiratet. In deren Wohnung sah sie regelmäßig bei ihren Besuchen die Erscheinung einer Dame, in der sie die verstorbene erste Frau vermuten mußte, was sich zunächst nicht bestätigen ließ und ihr erst nach sieben Jahren durch die Auffindung einer neuen Photographie der Verstorbenen zur Gewißheit wurde. Diese visionäre Leistung steht in der nämlichen innigen Abhängigkeit von den uns bekannten Familienkomplexen der Schreiberin, wie ihre Ahnung vom Tode des Bruders. Wenn sie sich mit der Freundin identifizierte, konnte sie in deren Person ihre Wunscherfüllung finden, denn alle ältesten Töchter kinderreicher Familien schaffen im Unbewußten die Phantasie, durch den Tod der Mutter die zweite Frau des Vaters zu werden. Wenn die Mutter krank ist oder stirbt, rückt die älteste Tochter wie selbstverständlich an ihre Stelle im Verhältnis zu den Geschwistern und darf auch beim Vater einen Teil der Funktionen der Frau übernehmen. Der unbewußte Wunsch ergänzt hiezu den anderen Teil.

Das ist nun bald alles, was ich Ihnen erzählen wollte. Ich könnte noch die Bemerkung hinzufügen, daß die Fälle von telepathischer Botschaft oder Leistung, die wir hier besprochen haben, deutlich an Erregungen geknüpft sind, welche dem Bereich des Ödipuskomplexes angehören. Das mag frappant klingen, ich möchte es aber nicht für eine große Entdeckung ausgeben. Wir wollen lieber zu dem Ergebnis zurückkehren, welches wir aus der Untersuchung des Traumes in unserem ersten Fall gewonnen haben. Die Telepathie hat mit dem Wesen des Traumes nichts zu tun, sie kann auch unser analytisches Verständnis des Traumes nicht vertiefen. Im Gegenteil kann die Psychoanalyse das Studium der Telepathie fördern, indem sie mit Hilfe ihrer Deutungen manche Unbegreiflichkeiten der telepathischen Phänomene unserem Verständnis näher bringt, oder von anderen, noch zweifelhaften Phänomenen erst nachweist, daß sie telepathischer Natur sind.

Was von dem Anschein einer innigen Beziehung zwischen Telepathie und Traum übrig bleibt, ist die unbestrittene Begünstigung der Telepathie durch den Schlafzustand. Dieser ist zwar keine unumgängliche Bedingung für das Zustandekommen telepathischer Vorgänge, — beruhen sie nun auf Botschaften oder auf unbewußter Leistung. Wenn Sie dies noch nicht wissen sollten, so muß das Beispiel unseres zweiten Falles, in dem der

Junge sich zwischen neun und zehn Uhr vormittags anmeldet, es Sie lehren. Aber wir müssen doch sagen, man hat kein Recht, telepathische Beobachtungen darum zu beanständen, weil Ereignis und Ahnung (oder Botschaft) nicht zur gleichen astronomischen Zeit vorgefallen sind. Von der telepathischen Botschaft ist es sehr wohl denkbar, daß sie gleichzeitig mit dem Ereignis eintrifft und doch erst während des Schlafzustandes der nächsten Nacht — oder selbst im Wachleben erst nach einer Weile, während einer Pause der aktiven Geistestätigkeit — vom Bewußtsein wahrgenommen wird. Wir sind ja auch der Meinung, daß die Traumbildung nicht notwendigerweise erst mit dem Einsetzen des Schlafzustandes beginnt. Die latenten Traumgedanken mögen oft den ganzen Tag über vorbereitet worden sein, bis sie zur Nachtzeit den Anschluß an den unbewußten Wunsch finden, der sie zum Traum umbildet. Wenn das telepathische Phänomen aber nur eine Leistung des Unbewußten ist, dann liegt ja kein neues Problem vor. Die Anwendung der Gesetze des unbewußten Seelenlebens verstünde sich dann für die Telepathie von selbst.

Habe ich bei Ihnen den Eindruck erweckt, daß ich für die Realität der Telepathie im okkulten Sinne versteckt Partei nehmen will? Ich würde es sehr bedauern, daß es so schwer ist, solchen Eindruck zu vermeiden. Denn ich wollte wirklich voll unparteiisch sein. Ich habe auch allen Grund dazu, denn ich habe kein Urteil, ich weiß nichts darüber.

BEMERKUNGEN ZUR THEORIE UND PRAXIS DER TRAUMDEUTUNG

Erschien zuerst in der „Internationalen Zeitschrift für Psychoanalyse", Bd. IX (1923).

Der zufällige Umstand, daß die letzten Auflagen der „Traumdeutung" durch Plattendruck hergestellt wurden, veranlaßt mich, nachstehende Bemerkungen selbständig zu machen, die sonst als Abänderungen oder Einschaltungen im Text untergekommen wären.

I

Bei der Deutung eines Traumes in der Analyse hat man die Wahl zwischen verschiedenen technischen Verfahren.

Man kann *a)* chronologisch vorgehen und den Träumer seine Einfälle zu den Traumelementen in der Reihenfolge vorbringen lassen, welche diese Elemente in der Erzählung des Traumes einhalten. Dies ist das ursprüngliche, klassische Verhalten, welches ich noch immer für das beste halte, wenn man seine eigenen Träume analysiert.

Oder man kann *b)* die Deutungsarbeit an einem einzelnen ausgezeichneten Element des Traumes ansetzen lassen, das man mitten aus dem Traum herausgreift, z. B. an dem auffälligsten Stück desselben oder an dem, welches die größte Deutlichkeit oder sinnliche Intensität besitzt, oder etwa an eine im Traum enthaltene Rede anknüpfen, von der man erwartet, daß sie zur Erinnerung an eine Rede aus dem Wachleben führen wird.

Man kann *c)* überhaupt zunächst vom manifesten Inhalt absehen und dafür an den Träumer die Frage stellen, welche Ereignisse des letzten Tages sich in seiner Assoziation zum erzählten Traum gesellen.

Endlich kann man *d)*, wenn der Träumer bereits mit der Technik der Deutung vertraut ist, auf jede Vorschrift verzichten und es ihm anheimstellen, mit welchen Einfällen zum Traum er beginnen will. Ich kann nicht behaupten, daß die eine oder die andere dieser Techniken die vorzüglichere ist und allgemein bessere Ergebnisse liefert.

II

Ungleich bedeutsamer ist der Umstand, ob die Deutungsarbeit unter hohem oder niedrigem Widerstandsdruck vor sich geht, worüber der Analytiker ja niemals lange im Zweifel bleibt. Bei hohem Druck bringt man es vielleicht dazu, zu erfahren, von welchen Dingen der Traum handelt, aber man kann nicht erraten, was er über diese Dinge aussagt. Es ist, wie wenn man einem entfernten oder leise geführten Gespräch zuhören würde. Man sagt sich dann, daß von einem Zusammenarbeiten mit dem Träumer nicht gut die Rede sein kann, beschließt, sich nicht viel zu plagen und ihm nicht viel zu helfen, und begnügt sich damit, ihm einige Symbolübersetzungen, die man für wahrscheinlich hält, vorzuschlagen.

Die Mehrzahl der Träume in schwierigen Analysen ist von solcher Art, so daß man aus ihnen nicht viel über Natur und Mechanismus der Traumbildung lernen kann, am wenigsten aber Auskünfte zu der beliebten Frage erhalten wird, wo denn die Wunscherfüllung des Traumes steckt.

Bei ganz extrem hohem Widerstandsdruck ereignet sich das Phänomen, daß die Assoziation des Träumers in die Breite, anstatt in die Tiefe geht. An Stelle der gewünschten Assoziationen zu dem erzählten Traum kommen immer neue Traumstücke zum Vorschein, die selbst assoziationslos bleiben. Nur wenn sich der

Widerstand in mäßigen Grenzen hält, kommt das bekannte Bild der Deutungsarbeit zustande, daß die Assoziationen des Träumers von den manifesten Elementen aus zunächst weit divergieren, so daß eine große Anzahl von Themen und Vorstellungskreisen angerührt werden, bis dann eine zweite Reihe von Assoziationen von hier aus rasch zu den gesuchten Traumgedanken konvergiert.

Dann wird auch das Zusammenarbeiten des Analytikers mit dem Träumer möglich; bei hohem Widerstandsdruck wäre es nicht einmal zweckmäßig.

Eine Anzahl von Träumen, die während der Analysen vorfallen, sind unübersetzbar, wenngleich sie nicht gerade den Widerstand zur Schau tragen. Sie stellen freie Bearbeitungen der zugrunde liegenden latenten Traumgedanken vor und sind wohlgelungenen, künstlerisch überarbeiteten Dichtwerken vergleichbar, in denen man die Grundmotive zwar noch kenntlich, aber in beliebiger Durchrüttlung und Umwandlung verwendet findet. Solche Träume dienen in der Kur als Einleitung zu Gedanken und Erinnerungen des Träumers, ohne daß ihr Inhalt selbst in Betracht käme.

III

Man kann Träume von oben und Träume von unten unterscheiden, wenn man diesen Unterschied nicht zu scharf fassen will. Träume von unten sind solche, die durch die Stärke eines unbewußten (verdrängten) Wunsches angeregt werden, der sich eine Vertretung in irgendwelchen Tagesresten verschafft hat. Sie entsprechen Einbrüchen des Verdrängten in das Wachleben. Träume von oben sind Tagesgedanken oder Tagesabsichten gleichzustellen, denen es gelungen ist, sich nächtlicherweile eine Verstärkung aus dem vom Ich abgesprengten Verdrängten zu holen. Die Analyse sieht dann in der Regel von diesem unbewußten Helfer ab und vollzieht die Einreihung der latenten Traumgedanken in das Gefüge des Wachdenkens. Eine Abänderung der Theorie des Traumes wird durch diese Unterscheidung nicht erforderlich.

IV

In manchen Analysen oder während gewisser Strecken einer Analyse zeigt sich eine Sonderung des Traumlebens vom Wachleben, ähnlich wie die Absonderung der Phantasietätigkeit, die eine *continued story* (einen Tagtraumroman) unterhält, vom Wachdenken. Es knüpft dann ein Traum an den anderen an, nimmt ein Element zum Mittelpunkt, welches im vorhergehenden beiläufig gestreift wurde, u. dgl. Viel häufiger trifft aber der andere Fall zu, daß die Träume nicht aneinanderhängen, sondern sich in aufeinanderfolgende Stücke des Wachdenkens einschalten.

V

Die Deutung eines Traumes zerfällt in zwei Phasen, die Übersetzung und die Beurteilung oder Verwertung desselben. Während der ersten soll man sich durch keinerlei Rücksicht auf die zweite beeinflussen lassen. Es ist, wie wenn man ein Kapitel eines fremdsprachigen Autors vor sich hat, z. B. des Livius. Zuerst will man wissen, was Livius in diesem Kapitel erzählt, erst dann tritt die Diskussion ein, ob das Gelesene ein Geschichtsbericht ist oder eine Sage oder eine Abschweifung des Autors.

Welche Schlüsse darf man aber aus einem richtig übersetzten Traum ziehen? Ich habe den Eindruck, daß die analytische Praxis hierin Irrtümer und Überschätzungen nicht immer vermieden hat, und zwar zum Teil aus übergroßem Respekt vor dem „geheimnisvollen Unbewußten".

Man vergißt zu leicht daran, daß ein Traum zumeist nur ein Gedanke ist wie ein anderer, ermöglicht durch den Nachlaß der Zensur und die unbewußte Verstärkung und entstellt durch die Einwirkung der Zensur und die unbewußte Bearbeitung.

Greifen wir das Beispiel der sogenannten Genesungsträume heraus. Wenn ein Patient einen solchen Traum gehabt hat, in dem er sich den Einschränkungen der Neurose zu entziehen scheint, z. B. eine Phobie überwindet oder eine Gefühlsbindung aufgibt, so sind wir geneigt zu glauben, er habe einen großen Fortschritt gemacht, sei bereit, sich in eine neue Lebenslage zu fügen, beginne mit seiner Gesundheit zu rechnen usw. Das mag oftmals richtig sein, aber ebensooft haben solche Genesungsträume nur den Wert von Bequemlichkeitsträumen, sie bedeuten den Wunsch, endlich gesund zu sein, um sich ein weiteres Stück der analytischen Arbeit, das sie als bevorstehend fühlen, zu ersparen. In solchem Sinn ereignen sich Genesungsträume z. B. recht häufig, wenn der Patient in eine neue, ihm peinliche Phase der Übertragung eintreten soll. Er benimmt sich dann ganz ähnlich wie manche Neurotiker, die sich nach wenigen Stunden Analyse für geheilt erklären, weil sie allem Unangenehmen entgehen wollen, das in der Analyse noch zur Sprache kommen soll. Auch die Kriegsneurotiker, die auf ihre Symptome verzichteten, weil ihnen die Therapie der Militärärzte das Kranksein noch unbehaglicher zu machen verstand, als sie den Dienst an der Front gefunden hatten, sind denselben ökonomischen Bedingungen gefolgt, und die Heilungen haben sich in beiden Fällen nicht haltbar erwiesen.

VI

Es ist gar nicht so leicht, allgemeine Entscheidungen über den Wert richtig übersetzter Träume zu fällen. Wenn beim Patienten ein Ambivalenzkonflikt besteht, so bedeutet ein feindseliger Gedanke, der in ihm auftaucht, gewiß nicht eine dauernde Überwindung der zärtlichen Regung, also eine Entscheidung des Konflikts, und ebensowenig hat ein Traum vom gleichen feindseligen Inhalt diese Bedeutung. Während eines solchen Ambivalenzkonflikts bringt oft jede Nacht zwei Träume, von denen jeder eine andere Stellung nimmt. Der Fortschritt besteht dann darin, daß eine gründliche Isolierung der beiden kontrastierenden Regungen gelungen ist und jede von ihnen mit Hilfe der unbewußten Verstärkungen bis zu ihrem Extrem verfolgt und eingesehen werden kann. Mitunter ist der eine der beiden ambivalenten Träume vergessen worden, man darf sich dann nicht täuschen lassen und annehmen, daß nun die Entscheidung zugunsten der einen Seite gefallen ist. Das Vergessen des einen Traumes zeigt allerdings, daß für den Augenblick die eine Richtung die Oberhand hat, aber das gilt nur für den einen Tag und kann sich ändern. Die nächste Nacht bringt vielleicht die entgegengesetzte Äußerung in den Vordergrund. Wie der Konflikt wirklich steht, kann nur durch die Berücksichtigung aller anderen Kundgebungen auch des Wachlebens erraten werden.

VII

Mit der Frage nach der Wertung der Träume hängt die andere nach ihrer Beeinflußbarkeit durch ärztliche „Suggestion" innig zusammen. Der Analytiker wird vielleicht zuerst erschrecken, wenn er an diese Möglichkeit gemahnt wird; bei näherer Überlegung wird dieser Schreck gewiß der Einsicht weichen, die Beeinflussung der Träume des Patienten sei für den Analytiker nicht mehr Mißgeschick oder Schande als die Lenkung seiner bewußten Gedanken.

Daß der manifeste Inhalt der Träume durch die analytische Kur beeinflußt wird, braucht nicht erst bewiesen zu werden. Das folgt ja schon aus der Einsicht, daß der Traum ans Wachleben anknüpft und Anregungen desselben verarbeitet. Was in der analytischen Kur vorgeht, gehört natürlich auch zu den Eindrücken des Wachlebens und bald zu den stärksten desselben. Es ist also kein Wunder, daß der Patient von Dingen träumt, die der Arzt mit ihm besprochen und deren Erwartung er in ihm geweckt hat. Nicht mehr Wunder jedenfalls, als in der bekannten Tatsache der „experimentellen" Träume enthalten ist.

Das Interesse setzt sich nun dahin fort, ob auch die durch Deutung zu eruierenden latenten Traumgedanken vom Analytiker beeinflußt, suggeriert, werden können. Die Antwort darauf muß wiederum lauten: Selbstverständlich ja, denn ein Anteil dieser latenten Traumgedanken entspricht vorbewußten, durchaus bewußtseinsfähigen Gedankenbildungen, mit denen der Träumer eventuell auch im Wachen auf die Anregungen des Arztes hätte reagieren können, mögen die Erwiderungen des Analysierten nun diesen Anregungen gleichgerichtet sein oder ihnen widerstreben. Ersetzt man den Traum durch die in ihm enthaltenen Traumgedanken, so fällt eben die Frage, wieweit man Träume suggerieren kann, mit der allgemeineren, inwieweit der Patient in der Analyse der Suggestion zugänglich ist, zusammen.

Auf den Mechanismus der Traumbildung selbst, auf die eigentliche Traumarbeit gewinnt man nie Einfluß; daran darf man festhalten.

Außer dem besprochenen Anteil der vorbewußten Traumgedanken enthält jeder richtige Traum Hinweise auf die verdrängten Wunschregungen, denen er seine Bildungsmöglichkeit verdankt. Der Zweifler wird zu diesen sagen, sie erscheinen im Traume, weil der Träumer weiß, daß er sie bringen soll, daß sie vom Analytiker erwartet werden. Der Analytiker selbst wird mit gutem Recht anders denken.

Wenn der Traum Situationen bringt, die auf Szenen aus der Vergangenheit des Träumers gedeutet werden können, scheint die Frage besonders bedeutsam, ob auch an diesen Trauminhalten der ärztliche Einfluß beteiligt sein kann. Am dringendsten wird diese Frage bei den sogenannten b e s t ä t i g e n d e n, der Analyse nachhinkenden Träumen. Bei manchen Patienten bekommt man keine anderen. Sie reproduzieren die vergessenen Erlebnisse ihrer Kindheit erst, nachdem man dieselben aus Symptomen, Einfällen und Andeutungen konstruiert und ihnen dies mitgeteilt hat. Das gibt dann die bestätigenden Träume, gegen welche aber der Zweifel sagt, sie seien ganz ohne Beweiskraft, da sie auf die Anregung des Arztes hin phantasiert sein mögen, anstatt aus dem

Unbewußten des Träumers ans Licht gefördert zu sein. Ausweichen kann man in der Analyse dieser mehrdeutigen Situation nicht, denn wenn man bei diesen Patienten nicht deutet, konstruiert und mitteilt, findet man nie den Zugang zu dem bei ihnen Verdrängten.

Die Sachlage gestaltet sich günstig, wenn sich an die Analyse eines solchen nachhinkenden, bestätigenden Traumes unmittelbar Erinnerungsgefühle für das bisher Vergessene knüpfen.

Der Skeptiker hat dann den Ausweg, zu sagen, es seien Erinnerungstäuschungen. Meist sind auch solche Erinnerungsgefühle nicht vorhanden. Das Verdrängte wird nur stückweise durchgelassen und jede Unvollständigkeit hemmt oder verzögert die Bildung einer Überzeugung. Auch kann es sich um die Reproduktion nicht einer wirklichen, vergessenen Begebenheit, sondern um die Förderung einer unbewußten Phantasie handeln, für welche ein Erinnerungsgefühl niemals zu erwarten ist, aber irgend einmal ein Gefühl subjektiver Überzeugung möglich bleibt.

Können also die Bestätigungsträume wirklich Erfolge der Suggestion, also Gefälligkeitsträume sein? Die Patienten, welche nur Bestätigungsträume bringen, sind dieselben, bei denen der Zweifel die Rolle des hauptsächlichen Widerstandes spielt. Man macht nicht den Versuch, diesen Zweifel durch Autorität zu überschreien oder ihn mit Argumenten zu erschlagen. Er muß bestehen bleiben, bis er im weiteren Fortgang der Analyse zur Erledigung kommt. Auch der Analytiker darf im einzelnen Falle einen solchen Zweifel festhalten. Was ihn endlich sicher macht, ist gerade die Komplikation der ihm gestellten Aufgabe, die der Lösung eines der „Puzzles" genannten Kinderspiele vergleichbar ist. Dort ist eine farbige Zeichnung, die auf ein Holzbrettchen geklebt ist und genau in einen Holzrahmen paßt, in viele Stücke zerschnitten worden, die von den unregelmäßigsten krummen Linien begrenzt werden. Gelingt es, den unordentlichen Haufen von Holzplättchen, deren jedes ein unverständliches Stück Zeichnung trägt, so zu ordnen, daß die Zeichnung sinnvoll wird, daß nirgends eine Lücke zwischen den Fugen bleibt, und daß das Ganze den Rahmen ausfüllt, sind alle diese Bedingungen erfüllt, so weiß man, daß man die Lösung des Puzzle gefunden hat und daß es keine andere gibt.

Ein solcher Vergleich kann natürlich dem Analysierten während der unvollendeten analytischen Arbeit nichts bedeuten. Ich erinnere mich hier an eine Diskussion, die ich mit einem Patienten zu führen hatte, dessen außerordentliche Ambivalenzeinstellung sich im stärksten zwanghaften Zweifel äußerte. Er bestritt die Deutungen seiner Träume nicht und war von deren Übereinstimmung mit den von mir geäußerten Mutmaßungen sehr ergriffen. Aber er fragte, ob diese bestätigenden Träume nicht Ausdruck seiner Gefügigkeit gegen mich sein könnten. Als ich geltend machte, daß diese Träume auch eine Summe von Einzelheiten gebracht hätten, die ich nicht ahnen konnte, und daß sein sonstiges Benehmen in der Kur gerade nicht von Gefügigkeit zeugte, wandte er sich zu einer anderen Theorie und fragte, ob nicht sein narzißtischer Wunsch, gesund zu werden, ihn veranlaßt haben könne, solche Träume zu produzieren, da ich ihm doch die Genesung in Aussicht gestellt habe, wenn er meine Konstruktionen annehmen könne. Ich mußte antworten, mir sei von einem solchen Mechanismus der Traumbildung noch nichts bekannt worden, aber die Entscheidung kam auf anderem Wege. Er erinnerte sich an Träume, die er gehabt, ehe er in die Analyse eintrat, ja, ehe er etwas von ihr erfahren hatte, und die Analyse dieser vom Suggestionsverdacht freien Träume ergab dieselben Deutungen wie der späteren. Sein Zwang zum Widerspruch fand zwar noch den Ausweg, die früheren Träume seien minder deutlich gewesen als die während der Kur vorgefallenen, aber mir genügte die Übereinstimmung. Ich meine, es ist überhaupt gut, gelegentlich daran zu denken, daß die Menschen auch schon zu träumen pflegten, ehe es eine Psychoanalyse gab.

VIII

Es könnte wohl sein, daß es den Träumen in einer Psychoanalyse in ausgiebigerem Maße gelingt, das Verdrängte zum Vorschein zu bringen, als den Träumen außerhalb dieser Situation. Aber es ist nicht zu erweisen, denn die beiden Situationen sind nicht vergleichbar; die Verwertung in der Analyse ist eine Absicht, die dem Traume ursprünglich ganz ferne liegt. Dagegen kann es nicht zweifelhaft sein, daß innerhalb einer Analyse weit mehr des Verdrängten im Anschluß an Träume zutage gefördert wird als mit Hilfe der anderen Methoden; für solche Mehrleistung muß es einen Motor geben, eine unbewußte Macht, welche während des Schlafzustandes besser als sonst imstande ist, die Absichten der Analyse zu unterstützen. Nun kann man hiefür kaum einen anderen Faktor in Anspruch nehmen als die aus dem Elternkomplex stammende Gefügigkeit des Analysierten gegen den Analytiker, also den positiven Anteil der von uns so genannten Übertragung, und in der Tat läßt sich an vielen Träumen, die Vergessenes und Verdrängtes wiederbringen, kein anderer unbewußter Wunsch entdecken, dem man die Triebkraft für die Traumbildung zuschreiben könnte. Will also jemand behaupten, daß die meisten der in der Analyse verwertbaren Träume Gefälligkeitsträume sind und der Suggestion ihre Entstehung verdanken, so ist vom Standpunkt der analytischen Theorie nichts dagegen einzuwenden. Ich brauche dann nur noch auf die Erörterungen in meinen „Vorlesungen zur Einführung" zu verweisen, in denen das Verhältnis der Übertragung zur Suggestion behandelt und dargetan wird, wie wenig die Anerkennung der Suggestionswirkung in unserem Sinne die Zuverlässigkeit unserer Resultate schädigt.

Ich habe mich in der Schrift „Jenseits des Lustprinzips" mit dem ökonomischen Problem beschäftigt, wie es den in jeder Hinsicht peinlichen Erlebnissen der frühinfantilen Sexualperiode gelingen kann, sich zu irgendeiner Art von Reproduktion durchzuringen. Ich mußte ihnen im „Wiederholungszwang" einen außerordentlich starken Auftrieb zugestehen, der die im Dienst des Lustprinzips auf ihnen lastende Verdrängung bewältigt, aber doch nicht eher, „als bis die entgegenkommende Arbeit der Kur die Verdrängung gelockert hat".[1] Hier wäre einzuschalten, daß es die positive Übertragung ist, welche dem Wiederholungszwang diese Hilfe leistet. Es ist dabei zu einem Bündnis der Kur mit dem Wiederholungszwang gekommen, welches sich zunächst gegen das Lustprinzip richtet, aber in letzter Absicht die Herrschaft des Realitätsprinzips aufrichten will. Wie ich dort ausgeführt habe, ereignet es sich nur allzu häufig, daß sich der Wiederholungszwang von den Verpflichtungen dieses Bundes frei macht und sich nicht mit der Wiederkehr des Verdrängten in der Form von Traumbildern begnügt.

IX

So weit ich bis jetzt sehe, ergeben die Träume bei traumatischer Neurose die einzige wirkliche, die Strafträume die einzige scheinbare Ausnahme von der wunscherfüllenden Tendenz des Traumes. Bei diesen letzteren stellt sich der merkwürdige Tatbestand her, daß eigentlich nichts von den latenten Traumgedanken in den manifesten Trauminhalt aufgenommen wird, sondern daß an deren Stelle etwas ganz anderes tritt, was als eine Reaktionsbildung gegen die Traumgedanken, als Ablehnung und voller Widerspruch gegen sie beschrieben werden muß. Ein solches Einschreiten gegen den Traum kann man nur der kritischen Ichinstanz zutrauen und muß daher annehmen, daß diese, durch die unbewußte Wunscherfüllung gereizt, sich zeitweilig auch während des Schlafzustandes wiederhergestellt hat. Sie hätte auf diesen unerwünschten Trauminhalt auch mit Erwachen reagieren können, fand aber in der Bildung des Straftraumes einen Weg, die Schlafstörung zu vermeiden.

1) Ges. Schriften, Bd. VI, S. 206.

So ist also z. B. für die bekannten Träume des Dichters Rosegger, die ich in der „Traumdeutung“[1] erwähne, ein unterdrückter Text von hochmütigem, prahlerischem Inhalt zu vermuten, der wirkliche Traum aber hielt ihm vor: „Du bist ein unfähiger Schneidergeselle.“ Es wäre natürlich unsinnig, nach einer verdrängten Wunschregung als Triebkraft dieses manifesten Traumes zu suchen; man muß sich mit der Wunscherfüllung der Selbstkritik begnügen.

Das Befremden über einen derartigen Aufbau des Traumes ermäßigt sich, wenn man bedenkt, wie geläufig es der Traumentstellung im Dienste der Zensur ist, für ein einzelnes Element etwas einzusetzen, was in irgendeinem Sinne sein Gegenteil oder Gegensatz ist. Von da ab ist es nur ein kurzer Weg bis zur Ersetzung eines charakteristischen Stückes Trauminhalt durch einen abwehrenden Widerspruch, und ein Schritt weiter führt zur Ersetzung des ganzen anstößigen Trauminhaltes durch den Straftraum. Von dieser mittleren Phase der Verfälschung des manifesten Inhaltes möchte ich ein oder zwei charakteristische Beispiele mitteilen.

Aus dem Traum eines Mädchens mit starker Vaterfixierung, welches sich in der Analyse schwer ausspricht: Sie sitzt im Zimmer mit einer Freundin, nur mit einem Kimono bekleidet. Ein Herr kommt herein, vor dem sie sich geniert. Der Herr sagt aber: „Das ist ja das Mädchen, das wir schon einmal so schön bekleidet gesehen haben.“ — Der Herr bin ich, in weiterer Zurückführung der Vater. Mit dem Traum ist aber nichts zu machen, so lange wir uns nicht entschließen, in der Rede des Herrn das wichtigste Element durch seinen Gegensatz zu ersetzen: „Das ist das Mädchen, das ich schon einmal unbekleidet und dann so schön gesehen habe.“ Sie hat als Kind von drei bis vier Jahren eine Zeitlang im selben Zimmer mit dem Vater

1) Ges. Schriften, Bd. III, S. 138 ff.

geschlafen und alle Anzeichen deuten darauf hin, daß sie sich damals im Schlaf aufzudecken pflegte, um dem Vater zu gefallen. Die seitherige Verdrängung ihrer Exhibitionslust motiviert heute ihre Verschlossenheit in der Kur, ihre Unlust, sich unverhüllt zu zeigen.

Aus einer anderen Szene desselben Traumes: Sie liest ihre eigene, im Druck vorliegende Krankengeschichte. Darin steht, daß ein junger Mann seine Geliebte ermordet — Kakao — das gehört zur Analerotik. Das letztere ist ein Gedanke, den sie im Traum bei der Erwähnung des Kakao hat. — Die Deutung dieses Traumstückes ist noch schwieriger als die des vorigen. Man erfährt endlich, daß sie vor dem Einschlafen die „Geschichte einer infantilen Neurose" (fünfte Folge der Sammlung kleiner Schriften) gelesen hat, in welcher eine reale oder phantasierte Koitusbeobachtung der Eltern den Mittelpunkt bildet. Diese Krankengeschichte hat sie schon früher einmal auf die eigene Person bezogen, nicht das einzige Anzeichen, daß auch bei ihr eine solche Beobachtung in Betracht kommt. Der junge Mann, der seine Geliebte ermordet, ist nun eine deutliche Anspielung auf die sadistische Anffassung der Koitusszene, aber das nächste Element, der Kakao, geht weit davon ab. Zum Kakao weiß sie nur zu assoziieren, daß ihre Mutter zu sagen pflegt, vom Kakao bekomme man Kopfweh, auch von anderen Frauen will sie das gleiche gehört haben. Übrigens hat sie sich eine Zeitlang durch ebensolche Kopfschmerzen mit der Mutter identifiziert. Ich kann nun keine andere Verknüpfung der beiden Traumelemente finden als durch die Annahme, daß sie von den Folgerungen aus der Koitusbeobachtnng ablenken will. Nein, das hat nichts mit der Kinderzeugung zu tun. Die Kinder kommen von etwas, das man ißt (wie im Märchen), und die Erwähnung der Analerotik, die wie ein Deutungsversuch im Traum aussieht, vervollständigt die zu Hilfe gerufene infantile Theorie durch die Hinzufügung der analen Geburt.

X

Man hört gelegentlich Verwunderung darüber äußern, daß das Ich des Träumers zwei- oder mehrmals im manifesten Traum erscheint, einmal in eigener Person und die anderen Male hinter anderen Personen versteckt. Die sekundäre Bearbeitung hat während der Traumbildung offenbar das Bestreben gehabt, diese Vielheit des Ichs, welche in keine szenische Situation paßt, auszumerzen, durch die Deutungsarbeit wird sie aber wieder hergestellt. Sie ist an sich nicht merkwürdiger als das mehrfache Vorkommen des Ichs in einem wachen Gedanken, zumal wenn sich dabei das Ich in Subjekt und Objekt zerlegt, sich als beobachtende und kritische Instanz dem anderen Anteil gegenüberstellt oder sein gegenwärtiges Wesen mit einem erinnerten, vergangenen, das auch einmal Ich war, vergleicht. So z. B. in den Sätzen: „Wenn *ich* daran denke, was *ich* diesem Menschen getan habe" und „Wenn *ich* daran denke, daß *ich* auch einmal ein Kind war." Daß aber alle Personen, die im Traume vorkommen, als Abspaltungen und Vertretungen des eigenen Ichs zu gelten haben, möchte ich als eine inhaltslose und unberechtigte Spekulation zurückweisen. Es genügt uns, daran festzuhalten, daß die Sonderung des Ichs von einer beobachtenden, kritisierenden, strafenden Instanz (Ichideal) auch für die Traumdeutung in Betracht kommt.

BEITRÄGE ZU DEN WIENER DISKUSSIONEN

Von den Diskussionen, die in der „Wiener Psychoanalytischen Vereinigung" von Zeit zu Zeit stattfinden, sind zwei in Druckform veröffentlicht worden, u. zw. 1910: „Über den Selbstmord, insbesondere den Schülerselbstmord" und 1912: „Die Onanie" (beide bei J. F. Bergmann in Wiesbaden).

Es erscheinen hier abgedruckt aus der Selbstmorddiskussion die Einleitungsworte von Prof. Freud (denen das Referat eines Schulmannes, „Unus multorum", voranging) und das Schlußwort, — aus der Onaniediskussion die Einleitung zur Buchausgabe und das Schlußwort.

ZUR EINLEITUNG DER SELBSTMORD-DISKUSSION

Meine Herren! Sie haben alle mit hoher Befriedigung das Plaidoyer des Schulmannes gehört, der die ihm teure Institution nicht unter dem Drucke einer ungerechtfertigten Anklage lassen will. Ich weiß aber, Sie waren ohnedies nicht geneigt, die Beschuldigung, daß die Schule ihre Schüler zum Selbstmord treibe, leichthin für glaubwürdig zu halten. Lassen wir uns indes durch die Sympathie für den Teil, dem hier unrecht geschehen ist, nicht zu weit fortreißen. Nicht alle Argumente des Herrn Vorredners erscheinen mir stichhaltig. Wenn die Jugendselbstmorde nicht bloß die Mittelschüler, sondern auch Lehrlinge u. a. betreffen, so spricht dieser Umstand an sich die Mittelschule nicht frei; er erfordert vielleicht die Deutung, daß die Mittelschule ihren Zöglingen die Traumen ersetzt, welche andere Adoleszenten in ihren anderen Lebensbedingungen finden. Die Mittelschule soll aber mehr leisten, als daß sie die jungen Leute nicht zum Selbstmord treibt; sie soll ihnen Lust zum Leben machen und ihnen Stütze und Anhalt bieten in einer Lebenszeit, da sie durch die Bedingungen ihrer Entwicklung genötigt werden, ihren Zusammenhang mit dem elterlichen Hause und ihrer Familie zu lockern. Es scheint mir unbestreitbar, daß sie dies nicht tut, und daß sie in vielen Punkten hinter ihrer Aufgabe zurückbleibt, Ersatz für die Familie zu bieten und Interesse für das Leben draußen in der Welt zu erwecken. Es ist hier nicht die

Gelegenheit zu einer Kritik der Mittelschule in ihrer gegenwärtigen Gestaltung. Vielleicht darf ich aber ein einziges Moment herausheben. Die Schule darf nie vergessen, daß sie es mit noch unreifen Individuen zu tun hat, denen ein Recht auf Verweilen in gewissen, selbst unerfreulichen Entwicklungsstadien nicht abzusprechen ist. Sie darf nicht die Unerbittlichkeit des Lebens für sich in Anspruch nehmen, darf nicht mehr sein wollen als ein Lebensspiel.

SCHLUSSWORT
DER SELBSTMORD-DISKUSSION

Meine Herren, ich habe den Eindruck, daß wir trotz all des wertvollen Materials, das hier vorgebracht wurde, zu einer Entscheidung über das uns interessierende Problem nicht gelangt sind. Wir wollten vor allem wissen, wie es möglich wird, den so außerordentlich starken Lebenstrieb zu überwinden, ob dies nur mit Hilfe der enttäuschten Libido gelingen kann, oder ob es einen Verzicht des Ichs auf seine Behauptung aus eigenen Ichmotiven gibt. Die Beantwortung dieser psychologischen Frage konnte uns vielleicht darum nicht gelingen, weil wir keinen guten Zugang zu ihr haben. Ich meine, man kann hier nur von dem klinisch bekannten Zustand der Melancholie und von deren Vergleich mit dem Affekt der Trauer ausgehen. Nun sind uns aber die Affektvorgänge bei der Melancholie, die Schicksale der Libido in diesem Zustande, völlig unbekannt, und auch der Daueraffekt des Trauerns ist psychoanalytisch noch nicht verständlich gemacht worden. Verzögern wir also unser Urteil, bis die Erfahrung diese Aufgabe gelöst hat.

ZUR EINLEITUNG DER ONANIE-DISKUSSION

Die Diskussionen in der „Wiener Psychoanalytischen Vereinigung“ verfolgen niemals die Absicht, Gegensätze aufzuheben oder Entscheidungen zu gewinnen. Durch die gleichartige Grundauffassung der nämlichen Tatsachen zusammengehalten, getrauen sich die einzelnen Redner der schärfsten Ausprägung ihrer individuellen Variationen ohne Rücksicht auf die Wahrscheinlichkeit, den anders denkenden Hörer zu ihrer Meinung zu bekehren. Es mag dabei viel vorbeigeredet und vorbeigehört werden; die Endwirkung ist doch, daß jeder einzelne den klarsten Eindruck von abweichenden Anschauungen empfangen und selbst anderen vermittelt hat.

Die Diskussion über Onanie, von der hier eigentlich nur Bruchstücke veröffentlicht werden, dauerte mehrere Monate und spielte sich in der Weise ab, daß jeder Redner ein Referat erstattete, an welches sich eine ausführliche Debatte anschloß. In diese Publikation sind nur die Referate aufgenommen worden, nicht auch die an Anregung reichen Debatten, in denen die Gegensätze ausgesprochen und verfochten wurden. Dies Heft hätte sonst einen Umfang annehmen müssen, der seiner Verbreitung und Wirkung sicherlich im Wege gestanden wäre.

Die Wahl des Themas bedarf in unserer Zeit, in der endlich der Versuch gemacht wird, auch die Probleme des menschlichen Sexuallebens wissenschaftlicher Ergründung zu unterziehen, keiner

Entschuldigung. Mehrfache Wiederholungen derselben Gedanken und Behauptungen waren unvermeidlich; sie entsprechen ja Übereinstimmungen. Die vielen Widersprüche zwischen den Auffassungen der Vortragenden zu lösen, konnte ebensowenig eine Aufgabe der Redaktion sein wie ein Versuch, sie zu verheimlichen. Wir hoffen, daß weder die Wiederholungen noch die Widersprüche das Interesse der Leser abstoßen werden.

Unsere Absicht war, diesmal zu zeigen, auf welche Wege die Forschung über die Probleme der Onanie durch das Auftauchen der psychoanalytischen Arbeitsweise gedrängt worden ist. Wieweit uns diese Absicht gelungen ist, wird sich aus dem Beifall und vielleicht noch deutlicher aus dem Tadel der Leser ergeben.

Wien, im Sommer 1912.

SCHLUSSWORT DER ONANIE-DISKUSSION

Meine Herren! Die älteren Mitglieder dieses Kreises werden sich zu erinnern wissen, daß wir schon vor mehreren Jahren den Versuch einer solchen Sammeldiskussion — eines Symposions nach dem Ausdruck amerikanischer Kollegen — über das Thema der Onanie unternommen haben. Damals ergaben sich so bedeutende Abweichungen der geäußerten Meinungen, daß wir uns nicht getrauen konnten, unsere Verhandlungen der Öffentlichkeit vorzulegen. Seither haben wir — dieselben Personen wie auch neu hinzugekommene — in unausgesetzter Berührung mit den Tatsachen der Erfahrung und in fortlaufendem Gedankenaustausch untereinander unsere Ansichten soweit geklärt und auf gemeinsamen Boden gehoben, daß uns das damals unterlassene Wagnis nicht mehr so groß erscheinen muß.

Ich habe wirklich den Eindruck, daß die Übereinstimmungen unter uns über das Thema der Onanie jetzt stärker und tiefgehender sind als die — sonst nicht zu verleugnenden — Uneinigkeiten. Mancher Anschein eines Widerspruches wird nur durch die Vielseitigkeit der Gesichtspunkte, die Sie entwickelt haben, hervorgerufen, während es sich in Wahrheit um Ansichten handelt, die gut nebeneinander Raum finden.

Gestatten Sie mir, daß ich Ihnen ein Resumé vorführe, über welche Punkte wir einig oder uneinig zu sein scheinen.

Einig sind wir wohl alle:

a) über die Bedeutung der den onanistischen Akt begleitenden oder ihn vertretenden Phantasien,
b) über die Bedeutung des mit der Onanie verknüpften Schuldbewußtseins, woher immer dieses stammen mag,
c) über die Unmöglichkeit, eine qualitative Bedingung für die Schädlichkeit der Onanie anzugeben. (Hierüber nicht ohne Ausnahme einig.)

Unausgeglichene Meinungsverschiedenheiten haben sich gezeigt:
a) in Betreff der Leugnung des somatischen Faktors der Onaniewirkung,
b) in Betreff der Abweisung der Onanieschädlichkeit überhaupt,
c) in Bezug auf die Herkunft des Schuldgefühls, das die einen von Ihnen direkt aus der Unbefriedigung ableiten wollen, während andere soziale Faktoren oder die jeweilige Einstellung der Persönlichkeit mit heranziehen,
d) in Bezug auf die Ubiquität der Kinderonanie.

Endlich bestehen bedeutungsvolle Unsicherheiten:
a) über den Mechanismus der schädlichen Wirkung der Onanie, falls eine solche anzuerkennen ist,
b) über die ätiologische Beziehung der Onanie zu den Aktualneurosen.

In den meisten der zwischen uns strittigen Punkte danken wir die Infragestellung der auf starke und selbständige Erfahrung gestützten Kritik unseres Kollegen W. Stekel. Gewiß haben wir einer künftigen Schar von Beobachtern und Forschern noch sehr viel zur Feststellung und Klärung übrig gelassen, aber wir wollen uns damit trösten, daß wir ehrlich und nicht engherzig gearbeitet und dabei Richtungen eingeschlagen haben, auf denen sich auch die spätere Forschung bewegen wird.

Von meinen eigenen Beiträgen zu den uns beschäftigenden Fragen dürfen Sie nun nicht viel erwarten. Sie kennen meine Vorliebe für die fragmentarische Behandlung eines Gegenstandes zugunsten der Hervorhebung jener Punkte, die mir die gesichertsten scheinen. Ich habe nichts Neues zu geben, keine Lösungen, bloß einige Wiederholungen von Dingen, die ich schon früher einmal behauptet, einige Verteidigungen dieser alten Aufstellungen gegen Angriffe aus Ihrer Mitte, und dazu noch wenige Bemerkungen, wie sie sich dem Zuhörer bei Ihren Vorträgen aufdrängen mußten.

Ich habe bekanntlich die Onanie nach den Lebensaltern geschieden in *1)* die Säuglingsonanie, unter der alle autoerotischen, der sexuellen Befriedigung dienenden Vornahmen verstanden sind, *2)* die Kinderonanie, die aus ersterer unmittelbar hervorgeht und sich bereits an bestimmten erogenen Zonen fixiert hat, und *3)* die Pubertätsonanie, welche entweder an die Kinderonanie anschließt oder durch die Latenzzeit von ihr getrennt ist. In manchen der Darstellungen, die ich von Ihnen gehört habe, ist diese zeitliche Scheidung nicht ganz zu ihrem Recht gekommen. Die durch den medizinischen Sprachgebrauch nahegelegte angebliche Einheit der Onanie hat manche allgemeine Behauptung veranlaßt, wo die Differenzierung nach jenen drei Lebensepochen eher berechtigt gewesen wäre. Ich habe es auch bedauert, daß wir die Onanie des Weibes nicht in ähnlichem Maße wie die des Mannes berücksichtigen konnten, und meine, die weibliche Onanie sei eines besonderen Studiums wert, und gerade bei ihr fiele ein starker Akzent auf die durch das Lebensalter bedingten Modifikationen.

Ich komme nun zu den Einwendungen, die Reitler gegen mein teleologisches Argument für die Ubiquität der Säuglingsonanie gerichtet hat. Ich bekenne, daß ich dies Argument preisgebe. Wenn die „Sexualtheorie“ noch eine Auflage erleben sollte, so wird diese den beanstandeten Satz nicht mehr enthalten. Ich werde darauf verzichten, die Absichten der Natur erraten zu wollen, und werde mich damit begnügen, den Sachverhalt zu beschreiben.

Auch Reitlers Bemerkung, daß gewisse nur dem Menschen eigentümliche Einrichtungen am Genitalapparat die Hintanhaltung des Sexualverkehrs im Kindesalter anzustreben scheinen, muß ich für sinnreich und bedeutsam erklären. Aber hier knüpfen meine Bedenken an. Der Verschluß der weiblichen Sexualhöhlung und der Wegfall des die Erektion versichernden Penisknochens sind doch nur gegen den Koitus selbst gerichtet, nicht gegen die sexuellen Erregungen überhaupt. Reitler scheint mir die Zielstrebigkeit der Natur allzu menschenähnlich zu erfassen, als handle es sich bei ihr wie bei Menschenwerk um die konsequente Durchführung einer einzigen Absicht. Soviel wir sehen, gehen aber in den natürlichen Vorgängen meist eine ganze Reihe von Zielstrebungen nebeneinander her, ohne einander aufzuheben. Wenn wir schon in menschlichen Terminis von der Natur sprechen, müssen wir sagen, sie erscheine uns als das, was wir beim Menschen inkonsequent heißen würden. Ich glaube meinerseits, Reitler sollte nicht soviel Gewicht auf seine eigenen teleologischen Argumente legen. Die Verwertung der Teleologie als heuristische Hypothese hat ihre Bedenken; man weiß im einzelnen Falle nie, ob man an eine „Harmonie“ oder an eine „Disharmonie“ geraten ist. Es ist, wie wenn man einen Nagel in eine Zimmerwand einzuschlagen hat; man weiß nicht, trifft man auf eine Fuge oder auf den Stein.

In der Frage des Zusammenhanges der Onanie und der Pollutionen mit der Verursachung der sog. Neurasthenie befinde ich mich, wie viele von Ihnen, im Gegensatz zu Stekel und halte gegen ihn meine früheren Angaben mit einer später anzuführenden Einschränkung aufrecht. Ich sehe nichts, was uns nötigen könnte, auf die Unterscheidung von Aktualneurosen und Psychoneurosen zu verzichten, und kann die Genese der Symptome bei den ersteren nur als eine toxische hinstellen. Kollege Stekel scheint mir hier die Psychogeneität wirklich sehr zu überspannen. Ich sehe es noch immer so, wie es mir zuerst vor mehr als fünfzehn Jahren erschienen ist, daß die beiden Aktualneurosen — Neurasthenie und Angstneurose — (vielleicht ist die eigentliche Hypochondrie als dritte Aktualneurose anzureihen) das somatische Entgegenkommen für die Psychoneurosen leisten, das Erregungsmaterial liefern, welches dann psychisch ausgewählt und umkleidet wird, so daß, allgemein gesprochen, der Kern des psychoneurotischen Symptoms — das Sandkorn im Zentrum der Perle — von einer somatischen Sexualäußerung gebildet wird. Dies ist für die Angstneurose und ihr Verhältnis zur Hysterie freilich deutlicher als für die Neurasthenie, über welche sorgfältige psychoanalytische Untersuchungen noch nicht angestellt worden sind. Bei der Angstneurose ist es, wie Sie sich oftmals überzeugen konnten, im Grunde ein Stückchen der nicht abgeführten Koituserregung, welches als Angstsymptom zum Vorschein kommt oder den Kern einer hysterischen Symptombildung abgibt.

Kollege Stekel teilt mit mehreren außerhalb der Psychoanalyse stehenden Autoren die Neigung, die morphologischen Differenzierungen, die wir innerhalb des Gewirres der Neurosen statuiert haben, zu verwerfen und sie alle unter einen Hut — etwa den der Psychasthenie — zu bringen. Wir haben ihm darin oftmals widersprochen und halten an der Erwartung fest, daß sich die morphologisch-klinischen Differenzen als noch unverstandene Anzeichen wesensverschiedener Prozesse wertvoll erweisen werden. Wenn er uns — mit Recht — vorhält, daß er bei den sog. Neurasthenikern regelmäßig dieselben Komplexe und Konflikte vorgefunden hat wie bei anderen Neurotikern, so trifft dies Argument wohl nicht die Streitfrage. Wir wissen längst, daß wir die nämlichen Komplexe und Konflikte auch bei allen Gesunden und Normalen zu erwarten haben. Ja, wir haben uns daran gewöhnt, jedem Kulturmenschen ein gewisses Maß von Verdrängung perverser Regungen, von Analerotik, Homosexualität u. dgl. sowie ein Stück Vater- und Mutterkomplex und noch andere Komplexe zuzumuten, wie wir bei der Elementaranalyse eines organischen Körpers die Elemente: Kohlenstoff, Sauerstoff, Wasserstoff, Stickstoff und etwas Schwefel mit Sicherheit nachzuweisen hoffen. Was die organischen Körper voneinander unterscheidet, ist das Mengenverhältnis dieser Elemente und die Konstitution der Verbindungen, die sie miteinander eingehen. So handelt es sich bei den Normalen und Neurotikern nicht um die Existenz dieser Komplexe und Konflikte, sondern um die Frage, ob dieselben pathogen geworden sind, und wenn, welche Mechanismen sie dabei in Anspruch genommen haben.

Das Wesentliche meiner seinerzeit aufgestellten und heute verteidigten Lehren über die Aktualneurosen liegt in der auf den Versuch gestützten Behauptung, daß deren Symptome nicht wie die psychoneurotischen analytisch zu zersetzen sind. Also daß die Obstipation, der Kopfschmerz, die Ermüdung der sog. Neurastheniker nicht die historische oder symbolische Zurückführung auf wirksame Erlebnisse gestatten, sich nicht als sexuelle Ersatzbefriedigungen, als Kompromisse entgegengesetzter Triebregungen verstehen lassen wie die (eventuell selbst gleichartig erscheinenden) psychoneurotischen Symptome. Ich glaube nicht, daß es gelingen wird, diesen Satz mit Hilfe der Psychoanalyse umzustürzen. Dagegen räume ich heute ein, was ich damals nicht glauben konnte, daß eine analytische Behandlung indirekt auch einen heilenden Einfluß auf die Aktualsymptome nehmen kann, indem sie entweder dazu führt, daß die aktuellen Schädlichkeiten besser vertragen werden, oder indem sie das kranke Individuum in den Stand setzt, sich durch Änderung des sexuellen Regimes diesen aktuellen Schädlichkeiten zu entziehen. Das sind ja gewiß erwünschte Aussichten für unser therapeutisches Interesse.

Sollte ich aber in der theoretischen Frage der Aktualneurosen am Ende des Irrtums überwiesen werden, so werde ich mich mit dem Fortschritt unserer Erkenntnis, der den Standpunkt des

Einzelnen entwerten muß, zu trösten wissen. Sie werden nun fragen, warum ich bei so lobenswerten Einsichten in die notwendige Begrenztheit der eigenen Unfehlbarkeit nicht lieber gleich den neuen Anregungen nachgebe und es vorziehe, das oft gesehene Schauspiel des alten Mannes zu wiederholen, der starr an seinen Meinungen festhält. Ich antworte, weil ich die Evidenz noch nicht erkenne, der ich nachgeben soll. In früheren Jahren haben meine Ansichten manche Veränderung erfahren, die ich vor der Öffentlichkeit nicht verheimlicht habe. Man hat mir aus diesen Wandlungen Vorwürfe gemacht, wie man sie heute aus meinen Beharrungen machen wird. Nicht, daß mich diese oder jene Vorwürfe abschrecken würden. Aber ich weiß, ich habe ein Schicksal zu erfüllen. Ich kann ihm nicht entkommen und brauche ihm nicht entgegen zu gehen. Ich werde es abwarten und mich unterdes gegen unsere Wissenschaft so verhalten, wie ich es von früher her erlernt habe.

Ungern nehme ich Stellung zu der von Ihnen viel behandelten Frage nach der Schädlichkeit der Onanie, denn dies ist kein ordentlicher Zugang zu den Problemen, die uns beschäftigen. Aber wir müssen es wohl alle. Die Welt scheint sich für nichts anderes an der Onanie zu interessieren. Wir hatten, wie Sie sich erinnern, an unseren ersten Diskussionsabenden über das Thema einen distinguierten Kinderarzt dieser Stadt als Gast in unserer Mitte. Was verlangte er in wiederholten Anfragen von uns zu erfahren? Nur, inwiefern die Onanie schädlich sei, und warum sie dem einen schade, dem anderen nicht. So müssen wir denn unsere Forschung nötigen, diesem praktischen Bedürfnis Rede zu stehen.

Ich gestehe es, ich kann auch hierin nicht den Standpunkt Stekels teilen, trotz der vielen tapferen und richtigen Bemerkungen, die er uns über diese Frage vorgetragen hat. Für ihn ist die Schädlichkeit der Onanie eigentlich ein unsinniges Vorurteil, welchem wir nur infolge persönlicher Beengung nicht gründlich genug abschwören wollen. Ich meine aber, wenn wir das Problem *sine ira et studio* — soweit es eben uns möglich ist — ins Auge fassen, müssen wir eher aussagen, daß solche Parteinahme unseren grundlegenden Ansichten über die Ätiologie der Neurosen widerspricht. Die Onanie entspricht im wesentlichen der infantilen Sexualbetätigung und dann der Festhaltung derselben in reiferen Jahren. Die Neurosen leiten wir ab von einem Konflikt zwischen den Sexualstrebungen eines Individuums und seinen sonstigen (Ich-)Tendenzen. Nun könnte jemand sagen: für mich liegt der pathogene Faktor dieses ätiologischen Verhältnisses nur in der Reaktion des Ichs gegen seine Sexualität. Er würde damit etwa behaupten, jede Person könnte sich frei von Neurose halten, wenn sie nur ihre sexuellen Strebungen ohne Einschränkung befriedigen wollte. Aber es ist offenbar willkürlich und sichtlich auch unzweckmäßig, so zu entscheiden und nicht auch die Sexualstrebungen selbst an der Pathogeneität teilnehmen zu lassen. Geben Sie aber zu, daß die sexuellen Antriebe pathogen wirken können, so dürfen Sie diese Bedeutung nicht mehr der Onanie streitig machen, die ja nur in der Ausführung solcher sexuellen Triebregungen besteht. Gewiß werden Sie in jedem Falle, der die Onanie als pathogen zu beschuldigen scheint, die Wirkung weiter zurückführen können, auf die Triebe, die sich in der Onanie äußern, und auf die Widerstände, die sich gegen diese Triebe richten; die Onanie ist ja weder somatisch noch psychologisch etwas Letztes, kein wirkliches Agens, sondern nur ein Name für gewisse Tätigkeiten, aber trotz aller Weiterführungen bleibt das Urteil über die Krankheitsverursachung doch mit Recht an diese Tätigkeit geknüpft. Vergessen Sie auch nicht daran, die Onanie ist nicht gleichzusetzen der Sexualbetätigung überhaupt, sondern ist solche Betätigung mit gewissen einschränkenden Bedingungen. Es bleibt also auch möglich, daß gerade diese Besonderheiten der onanistischen Betätigung die Träger ihrer pathogenen Wirkung seien.

Wir werden also vom Argument weg wieder an die klinische

Beobachtung gewiesen, und diese mahnt uns, die Rubrik „Schädliche Wirkungen der Onanie" nicht zu streichen. Jedenfalls haben wir es bei den Neurosen mit Fällen zu tun, in denen die Onanie Schaden gebracht hat.

Dieser Schaden scheint sich auf drei verschiedenen Wegen durchzusetzen:

a) als organische Schädigung nach unbekanntem Mechanismus, wobei die von Ihnen oft erwähnten Gesichtspunkte der Maßlosigkeit und der inadäquaten Befriedigung in Betracht kommen.

b) auf dem Wege der psychischen Vorbildlichkeit, insoferne zur Befriedigung eines großen Bedürfnisses nicht die Veränderung der Außenwelt angestrebt werden muß. Wo sich aber eine ausgiebige Reaktion auf diese Vorbildlichkeit entwickelt, können die wertvollsten Charaktereigenschaften angebahnt werden.

c) durch die Ermöglichung der Fixierung infantiler Sexualziele und des Verbleibens im psychischen Infantilismus. Damit ist dann die Disposition für den Verfall in Neurose gegeben. Als Psychoanalytiker müssen wir für diesen Erfolg der Onanie — gemeint ist hier natürlich die Pubertätsonanie und die über die Zeit hinaus fortgesetzte — das größte Interesse aufbringen. Halten wir uns vor Augen, welche Bedeutung die Onanie als Exekution der Phantasie gewinnt, dieses Zwischenreiches, welches sich zwischen dem Leben nach dem Lust- und dem nach dem Realitätsprinzip eingeschaltet hat, wie die Onanie es ermöglicht, in der Phantasie sexuelle Entwicklungen und Sublimierungen zu vollziehen, die doch keine Fortschritte, sondern nur schädliche Kompromißbildungen sind. Derselbe Kompromiß macht allerdings nach Stekels wichtiger Bemerkung schwere Perversionsneigungen unschädlich und wendet die ärgsten Folgen der Abstinenz ab.

Eine dauernde Abschwächung der Potenz kann ich nach meinen ärztlichen Erfahrungen nicht aus der Reihe der Onaniefolgen ausschließen, wenngleich ich Stekel zugebe, daß sie in einer Anzahl von Fällen als bloß scheinbare zu entlarven ist. Gerade diese Folge der Onanie kann man aber nicht ohne weiteres zu den Schädigungen rechnen. Eine gewisse Herabsetzung der männlichen Potenz und der mit ihr verknüpften brutalen Initiative ist kulturell recht verwertbar. Sie erleichtert dem Kulturmenschen die Einhaltung der von ihm geforderten Tugenden der sexuellen Mäßigkeit und Verläßlichkeit. Tugend bei voller Potenz wird meist als eine schwierige Aufgabe erfunden.

Wenn Ihnen diese Behauptung zynisch erscheint, so nehmen Sie an, daß sie nicht als Zynismus gemeint ist. Sie will nichts sein als ein Stück dürrer Beschreibung, dem es gleich gilt, ob es Wohlgefallen oder Ärgernis erwecken kann. Die Onanie hat eben auch, wie so vieles andere, *les défauts de ses vertus* und umgekehrt *les vertus de ses défauts.* Wenn man einen komplizierten sachlichen Zusammenhang in einseitig praktischem Interesse auf Schaden oder Nutzen zerfasert, wird man sich solche unliebsame Funde gefallen lassen müssen.

Ich meine übrigens, daß wir mit Vorteil von einander trennen können, was man die direkten Schädigungen durch die Onanie heißen kann, und was sich in indirekter Weise aus dem Widerstand und der Auflehnung des Ichs gegen diese Sexualbetätigung ableitet. Auf diese letzteren Wirkungen bin ich hier nicht eingegangen.

Nun noch einige notgedrungene Worte zur zweiten der an uns gerichteten peinlichen Fragen. Vorausgesetzt, daß die Onanie schädlich werden kann, unter welchen Bedingungen und bei welchen Individuen erweist sie sich als schädlich?

Ich möchte mit der Mehrzahl von Ihnen eine allgemeine Beantwortung dieser Frage ablehnen. Sie deckt sich ja zu einem Teil mit der anderen umfassenderen Frage, wann die sexuelle

Betätigung überhaupt für ein Individuum pathogen wird. Ziehen wir dieses Stück ab, so erübrigt eine Detailfrage, welche sich auf die Charaktere der Onanie bezieht, insoferne sie eine besondere Art und Weise der Sexualbefriedigung darstellt. Hier gälte es nun, Bekanntes und in anderem Zusammenhange Vorgebrachtes zu wiederholen, den Einfluß des quantitativen Faktors und des Zusammenwirkens mehrfacher pathogen wirksamer Momente zu würdigen, vor allem aber müßten wir den sogenannten konstitutionellen Dispositionen des Individuums einen großen Platz einräumen. Gestehen wir es aber nur: es ist eine üble Sache, mit diesen zu arbeiten. Wir pflegen die individuelle Disposition nämlich ex post zu erschließen; nachträglich, wenn die Person bereits erkrankt ist, schreiben wir ihr diese oder jene Disposition zu. Wir haben kein Mittel zur Hand, sie vorher zu erraten. Wir benehmen uns da wie jener schottische König in einem Roman von Victor Hugo, der sich eines unfehlbaren Mittels rühmte, um die Hexerei zu erkennen. Er ließ die Beschuldigte in heißem Wasser abbrühen, und dann kostete er die Suppe. Je nach dem Geschmack urteilte er dann: Ja, das war eine Hexe, oder: Nein, das war keine.

Ich könnte Sie noch auf ein Thema aufmerksam machen, welches in unseren Besprechungen zu wenig behandelt worden ist, das der sogenannten unbewußten Onanie. Ich meine die Onanie im Schlafe, in abnormen Zuständen, in Anfällen. Sie erinnern sich, wieviel hysterische Anfälle den onanistischen Akt in versteckter oder unkenntlicher Weise wiederbringen, nachdem das Individuum auf diese Art der Befriedigung verzichtet hat, und wieviel Symptome der Zwangsneurose diese einst verbotene Art der Sexualbetätigung zu ersetzen und zu wiederholen suchen. Man kann auch von einer therapeutischen Wiederkehr der Onanie sprechen. Mehrere von Ihnen werden bereits wie ich die Erfahrung gemacht haben, daß es einen großen Fortschritt bedeutet, wenn der Patient sich während der Behandlung wiederum der Onanie getraut, wenngleich er nicht die Absicht hat, dauernd auf dieser infantilen Station zu verweilen. Ich darf Sie dabei auch daran mahnen, daß eine ansehnliche Zahl gerade der schwersten Neurotiker in den historischen Zeiten ihrer Erinnerung die Onanie vermieden hat, während sich durch die Psychoanalyse nachweisen läßt, daß ihnen diese Sexualtätigkeit in vergessenen Frühzeiten keineswegs fremd geblieben war.

Doch ich denke, wir brechen hier ab. Wir sind ja alle in dem Urteil einig, daß das Thema der Onanie schier unerschöpflich ist.

INHALT DES DRITTEN BANDES

Seite

Ergänzungen und Zusatzkapitel zur Traumdeutung

Zu Abschnitt I „Die wissenschaftliche Literatur der Traumprobleme" 3
Zu Abschnitt II „Die Methode der Traumdeutung" 16
Zu Abschnitt III „Der Traum ist eine Wunscherfüllung" . . 21
Zu Abschnitt IV „Die Traumentstellung" 25
Zu Abschnitt V „Das Traummaterial und die Traumquellen" . 33
Zu Abschnitt VI „Die Traumarbeit" (Ergänzung 1—28) . . 51
Zusatzkapitel A: Die Darstellung durch Symbole in Traum — Weitere typische Träume 66
Der Hut als Symbol des Mannes (des männlichen Genitales) . . . 77
Das Kleine ist das Genitale — das Überfahrenwerden ist ein Symbol des Geschlechtsverkehres 78
Darstellung des Genitales durch Gebäude, Stiegen, Schachte . . . 80
Das männliche Genitale durch Personen, das weibliche durch eine Landschaft symbolisiert 83
Kastrationsträume bei Kindern 83
Zur Harnysmbolik 84
Ein Stiegentraum 85
Ein modifizierter Stiegentraum 88
Wirklichkeitsgefühl und Darstellung der Wiederholung 88
Zur Frage der Symbolik in den Träumen Gesunder 90
Ein Traum Bismarcks 95
Traum eines Chemikers 100
Zu Abschnitt VI „Die Traumarbeit" (Fortsetzung: Ergänzung 29—43) 124
Zusatzkapitel B: Sekundäre Bearbeitung und funktionales Phänomen 144
Zu Abschnitt VI „Die Traumarbeit" (Schluß: Ergänzung 44, 45) 149

Seite
Zu Abschnitt VII „Zur Psychologie der Traumvorgänge" . . 151
Zusatzkapitel C: Einige Nachträge zum Ganzen der Traumdeutung:
a) Die Grenzen der Deutbarkeit 172
b) Die sittliche Verantwortung für den Inhalt der Träume . . 176
c) Die okkulte Bedeutung des Traumes 180
Zu Abschnitt VIII „Literaturverzeichnis" 185

Über den Traum 187

Beiträge zur Traumlehre

Märchenstoffe in Träumen 259
Ein Traum als Beweismittel 267
Traum und Telepathie 278
Bemerkungen zur Theorie und Praxis der Traumdeutung 305

Beiträge zu den Wiener Diskussionen

Zur Einleitung der Selbstmorddiskussion 321
Schlußwort der Selbstmorddiskussion 323
Zur Einleitung der Onaniediskussion 324
Schlußwort zur Onaniediskussion 326